国际教育研究书系

国际留学教育研究报告 2012

刘建丰 等 著

教育科学出版社
·北 京·

丛书总序

为打造具有国家水准、国际视野的教育科研成果，更好地服务于办好人民满意的教育，服务于全面建成小康社会，在中央级公益性科研院所基本科研业务费专项基金的支持下，我院系统开展了对国内国际重大教育理论与实践问题的研究，形成了“国情、国视、国菁、国际”四大书系。

“国情”书系以年度发展报告的形式，全面反映我国各级各类教育的成就、经验和挑战，对全国各省、自治区、直辖市教育发展和政策进行区域比较，对我国各级各类教育的发展水平进行国际比较，力求对我国教育的数量、规模、结构、效益和质量做出科学判断。

“国视”书系着眼于社会关注的教育热点问题，着眼于基础性、前瞻性问题，以了解事实、回应关切、提供政策建议为主要目的，探索教育发展规律。

“国菁”书系专门研究大中小学生的生活状态，涉及学校生活、家庭生活、社会生活、网络生活等，通过调查研究，了解当代学生的行为特点和思想情感，为研究如何促进学生的全面发展提供科学依据。

“国际”书系分为著作和译作两类，主要反映国际教育改革发展动态，回顾国际教育的历史进程，跟踪国际教育的改革动态，把握国际教育的发展趋势。

四大书系既各自独立又相互联系，在保持各书系特点的同时，力求做到：

一、“用数据说话”。数据是研究和决策的基础。四大书系力图建立在数据和事实的基础之上，通过对数据的搜集、提炼、整合、分析，发现问题，探索规律。

二、“通过比较说话”。没有比较就没有鉴别。书系力求通过国别比较、区域比较、类型比较、结构比较，发现真知，提供卓见。

三、“协同创新”。协同创新是提高创新效率和创新水平的战略要求。书系研究调动院内外、系统内外、国内外资源，注重人员交叉、学科交叉、方法交叉，力求有所创新、有所突破。

四大书系的编辑出版是我院全面提高教育科研水平的一项整体努力，也是建设国家一流教育智库的客观要求。在研究和写作过程中，书系得到了相关机构和同仁的大力支持，特别是得到了教育部相关司局及有关部委的大力支持，在此一并致谢！我们将以此为起点，不懈努力，为推动中国教育事业在新的历史起点上向前发展发挥不可替代的作用。

中国教育科学研究院

2012 年 12 月

目 录
CONTENTS

前　言

本书是中国教育科学研究院2012年度基本科研基金“国际留学教育政策比较研究”课题的成果报告，也是中国教育科学研究院根据“十二五”规划重点打造的“四大书系”之“国际”系列的一部作品。本报告立足国际比较的视角，描述了国际留学教育发展的现状与趋势，解读了主要留学目的地国留学教育发展战略和政策，回顾了近年来中国留学教育发展历程和政策走向，分析了中国留学教育的国际竞争力、显性优势及问题，并展望未来十年国际留学发展趋势，提出了促进我国留学教育科学有序发展的政策建议。

教育是伴随着人类社会发展而发展的活动，教育活动在人类社会出现国家以前就存在了。国家产生后，教育活动并没有受到严格的国家限制，一直是超越国家空间而存在的。这是因为：第一，教育活动不断专业化、组织化，在每一个阶段，教育的内容和方式越来越体现人类的共同价值和追求，成为各国争相学习的目标；第二，自古以来，人类的迁徙从来没有停止过，不同种族和国家的民众从来没有停止过交往。教育活动伴随着人们的跨国交往而开展。从这个意义上说，留学教育活动古已有之。从古代中华文化在东亚、东南亚的广泛流传，到欧洲近现代科学技术在世界的迅速普及，都深刻地打上了留学教育的鲜明烙印。

19世纪以来，随着现代高等教育的迅猛发展，留学教育得到更加广泛的重视。留学教育不仅是教育的重要组成部分，也是人类社会活动的重要组成部分。留学教育的重要功能体现在以下几个方面：第一，留学教育可以促进各国教育要素之间的相互交融，促进各国教育之间的借鉴与学习，从而促进各国教育的发展。通过留学活动，各国教师、学生、教育管理人员之间相互学习，推动了教育理念、体制、课程和教学内容及方法的彼此融会，取长补短，为我所用。第二，留学教育可以利用他国教育资源为本国培养急需和高水平人才。学校体系的建设是一个长期积累的过程，也是需要有足够人力和财力投入的事业。借助他国优质资源培育本国急需和高质量的人才是一个便捷和高效的途径。第三，留学教育可以利用本国教育资源服务外国学生，进而带来经济利益。教育服务贸易概念的提出将教育的输出视为一种产业，最终形成一条产业链。大量外国留学生的涌入为国家增加了可观的经济收益。许多教育发达国家十分重视留学的经济效益。同时，这些国家还从中挑选适合本国需要的人才而留用。第四，留学教育在跨国、跨文化的交流中扮演了增进不同国家和民族间相互理解的桥梁角色，对各国宣传本国文化、培养亲近本国价值理念的情感功不可没。

正因为此，近些年来，留学教育在各国的发展不断加速，并呈现出许多新的趋势和特点。留学教育也成为教育研究工作者重要的研究领域，并产生了许多研究成果。

本研究报告的主要内容包括：国际留学教育回顾、国际留学教育现状、国际留学教育政策、国际留学教育展望共四章八节，在国际留学教育发展和国际教育服务格局中，系统分析和研究了中国留学教育发展历程、现状、政策和未来展望，并基于实证研究和数据分析，提出了进一步完善留学教育体制机制、提高留学教育管理水平、加强留学服务市场监管的政策建议。

本报告的第一章首先阐明了国际留学教育的基本概念、主要形式、与教育国际化和国际教育的关系，以及全球化背景下国际留学教育对人才培养的特殊意义。分析了国际留学教育发展的社会条件和影响因素，总结了中世纪以来各主要历史时期国际留学教育的阶段性、区域性发展特征，回顾了近代中国留学教育的起源以及新中国成立初期、改革开放以后直到21世纪的来华和出国留学发展的几大关键期、重大事件和显著成就。

在回顾历史的基础上，本报告第二章全面描述了国际留学教育概貌，留学教育市场规模，国际学生来源、流向、教育层次结构和学科专业分布等发展现状。同时对主要留学目的地国、主要生源国的生源结构、学科结构、留学生总量等发展现状以及地域文化、经济发展、社会背景等各种影响因素进行对比分析，以国际组织发布的统计数据为依据，客观呈现各主要留学目的地国和主要留学生源国的国际学生接收和派出现状。同时以大量的第一手资料和翔实的数据，着重展现了进入21世纪以来中国来华留学和出国留学事业的长足发展，分析论证了中国留学教育的影响因素和现存问题，为提出改善留学管理、提高留学教育质量、扩大来华留学规模的政策建议提供研究依据。

国际留学教育的主要形式是留学生境外购买教育服务。因此各主要留学目的地国的留学教育相关政策对我国公民出国留学具有重要的参考价值，同时对于制定我国来华留学的相关政策法规也有一定的借鉴意义。为此，本报告的第三章系统研究和分析了主要留学目的地国的留学教育相关政策对吸引外国留学生的影响力度，包括签证政策、移民政策、奖学金政策、打工政策以及相关就业和人才政策，不仅可作为留学家庭选择留学目的地国的重要参考依据，还可为政府制定留学政策和开展留学管理工作提供有价值的参考。同时，本章还以大量的文献资料为依据，系统研究了新中国成立以来，特别是改革开放以后我国留学生政策的历次修改对来华留学、出国留学以及人才回流的积极促进作用。

基于本课题的研究结果，本报告在第四章重点预测了后金融危机和教育服务贸易背景下，国际留学教育的发展趋势、中国留学教育的政策走向以及实施“走出去”战略的政策建议。

本研究报告的主要特色如下。

一是以国际视野研究和把握中国留学教育发展的本土问题。本报告在全球留学教育发展的整体格局中定位中国留学教育的发展水平；在国际教育服务贸易框架内，思考中国留学教育管理和市场发展空间；在提高综合国力的前提下，分析留学教育与经济社会发展的密切关系。本报告力求借鉴中坚留学目的地国发展教育服务贸易的成功经验，为实现留学中国计划提供可参照的政策建议。

二是侧重关注了后金融危机时代背景下，各国留学教育的规模变化和市场份额的调整状况。随着金融危机影响的逐渐消退，各国实体经济和金融业缓慢回升，这些变化直接影响到高等教育对人才培养格局的调整，也显现于留学教育的学科与专业结构以及留学目的地国家与地区选择的新变化，进而改变了世界留学教育市场格局和规模。

三是采用第一手资料加强数据分析，突出实证性研究。本报告搜集和采用的大量数据资料均来自于有关国家和国际组织正式出版和公布的最新数据，尝试以数据说话，加强实证研究。与此同时，本报告着力于对数字的深层解析，努力展示数字背后的故事，解读数字之间的逻辑关系，分析留学教育发展的影响因素。

四是突出了政策研究，重点解读各国发展留学教育的政策措施及现实影响。留学教育已经成为各国自觉的行为，教育发达国家主动调整留学政策，抢占留学市场。教育发展中国家变被动为主动，在应对大批人才被吸引到国外留学的过程中，主动制定政策，采取吸引外国留学生的新措施。本报告详细列举了各类留学目的地国吸引国际学生的政策，并对这些政策的成因进行了讨论分析，从而发现影响因素、预测趋势。

五是对中国留学教育发展状况进行了较大篇幅的系统研究。“西学东渐”不仅是我国近代留学教育的起源，而且在构建中国现代教育体制过程中发挥了重要作用。与其他国家相比较，中国近现代的教育，在教育理念、方法及办学的制度上以学习借鉴发达国家为主。在教育、教学的内容上，除部分反映中国传统文化的内容外，绝大部分的自然科学及技术的内容，以及一部分人文和社会科学的内容均来自国外。留学教育在中国教育的现代化进程中，扮演着举足轻重的角色。新中国成立以来，尤其是改革开放以来，与其他国家的留学教育相比，中国政府制定留学教育政策的主动性更加强烈。从政策制定的角度上看，中国既重视吸引外国留学生来华留学，又重视派出本国学生出国留学。随着中国经济的发展和中国高等教育的发展，中国正在经历从单纯输出留学生到输出与输入并重的转变。

我们期待这本书能为政府教育决策提供参考依据，为教育研究工作者的研究提供新的视野，为关心教育发展的社会人士打开一扇了解的窗口，同时也为有志于出国留学的莘莘学子及家长提供有用信息。

由于编者水平有限，不周之处在所难免，恳请广大读者批评指正。

第一章

国际留学教育回顾

国际留学教育是教育国际化（education internationalization）的一个重要方面，是国际教育（international education）的基本形式。国际留学教育一般指高等教育阶段跨境远距离教育，包括国际学生流动、访问学者、人员互访、学术交流与合作研究等多种形式。在全球化背景下，国际留学教育逐渐上升为各国人才发展战略的重要组成部分，成为获取国际人才的重要渠道和培养创新人才的主要平台。伴随着国际教育服务贸易的日益发展，国际留学教育市场规模不断扩大，留学教育服务逐渐向产业化、规模化发展。在澳大利亚等主要留学目的地国家和地区，留学教育已成为国家经济发展的支柱性产业。在经济全球化、知识经济和信息技术的推动下，教育国际化成为当今世界发展的一大趋势。随着国际学生、教师以及教育项目的流动性不断增强，国际留学教育在世界各国也迅速发展壮大起来。本章将对国际留学教育和中国留学教育的发展历程进行简要回顾，主要梳理中世纪国际留学起源以及近现代国际与中国留学教育发展的历史进程。

一、国际留学教育历史回顾

国际留学教育与国际政治、经济、文化等因素的发展密切相关，在漫长的历史发展过程中，其功能与特征也不断演变着。第二次世界大战前的国际留学教育是区域内零星、个别的学术交流活动。第二次世界大战后尤其是20世纪80年代以来，随着全球化进程的加速，国际留学服务市场逐渐形成，其功能也更加多元，发展留学教育不仅成为各国应对知识经济进行人才争夺的重要战略，也是提高教育服务贸易竞争力的重要途径。

（一）第二次世界大战前的区域国际学术交流

留学以及与之伴随的学者移居国外是自古就有的普遍现象。它最早可以追溯到公元前500—前300年的古希腊时代。那时，跨国的“游教”和“游学”之风相当盛行。在其后的几个世纪里，学者们纷纷迁居到亚历山大、罗马等世界文化中心①。这一时期，国际交流是一种狭小范围内的文化交流活动，吸引留学生的主要因素是文化大国的灿烂文明。传播文化思想、促进世界文明是第二次世界大战之前国际学术交流和国际留学的主要动因。

1. 欧洲中世纪大学模式开创国际留学篇章

欧洲中世纪大学本身就具有国际化的生源结构特征，学生与学者的跨国流动成为大学独特的风景。世界上最古老的大学——博洛尼亚大学就建成于中世纪。中世纪大学以追求普遍的知识为己任，重视博雅教育，明确地把教学和学问作为目的，一般大学都开设神学、法学、文学、医学四科。中世纪大学采用共通的语言——拉丁语进行教学，在入学方面没有国籍限制，有着相似的组织结构、共同的课程和教材以及相似的录取和毕业要求，吸收来自不同地区、民族的学生和学者。当时大学的数量很少，爱尔兰、苏格兰以及东欧等地的学生和教师不得不去往国外的大学，且不同的大学在不同研究领域中负有盛名，如博洛尼亚大学的法学，巴黎大学和牛津大学的文学和神学，博洛尼亚、帕多瓦大学以及巴黎大学的医学②。

---

① 邵巍．现代留学与二十一世纪中国留学战略研究［M］．澳门：星光书店有限公司，2006：56－57.

② Kemal Gürüz. Higher Education and International Student Mobility in the Global Knowledge Economy［M］. Albany：State University of New York Press，2008：121.

此外，中世纪的大学享有一些特权，在税费和司法方面给予游学的学生和教师一定的优待和保护政策，如居住权、罢课和迁徙权、免税免役权①。这些因素在很大程度上加速了中世纪欧洲学生和教师的流动。

中世纪的国际学术流动对于传播思想和文化、促进欧洲融合起到了重要作用。例如，伊拉斯谟（Desiderius Erasmus）曾经在巴黎大学和都灵大学接受教育，而后在法国、英国、意大利、德国、比利时、瑞士求学，并将人文主义思想传播到整个西欧。哥白尼（Nicholas Copernicus）、伽利略（Galileo Galilei）、维萨里（Andreas Vesalius）这些科学家也各自去过不同的国家学习和从教②。通过到不同国家学习，学者不仅将学术知识，还将经验、思想、政治原则带回自己的母国。

2. 德国研究型大学模式构建19世纪国际学术中心

19世纪，民族国家开始形成。一方面，大学开始“去欧洲化”而国家化，教学语言也转变为各个国家的语言，政府将高等教育视为发展国家认同、满足国家需要、加强社会凝聚的重要工具，高等教育机构尤其是大学在世界各地纷纷建立起来，学生可选择的学习地点开始增加，学生和学者通过会议、科学组织互相交流。另一方面，随着工业化的进步，自然科学、哲学以及人文学科的蓬勃发展，学科日益细化和专业化，自然科学逐渐从哲学中分离出来，并发展成为相对独立的学科。

这一时期，英国、法国、德国成为世界的学术中心，很多国家都模仿它们的模式建立自己的高等教育机构，尤其以柏林大学为代表的德国研究型大学走出了自己独特的模式，包括实行教学与研究相统一、大学自治、讲座制、教授聘任制、导师制和研讨制，并开始设立博士学位，大学实验室中的研究成果也开始转化为新技术，为工业发展奠定了基础。在这种模式下，德国研究型大学成为十分活跃的科学研究中心，在自然科学领域的研究和发现中处于独领风骚的地位。第一次世界大战前全部42名诺贝尔自

① 张斌贤，孙益．西欧中世纪大学的特权［J］．北京师范大学学报：社会科学版，2004（04）：16－23.

② Kemal Gürüz. Higher Education and International Student Mobility in the Global Knowledge Economy［M］. Albany：State University of New York Press，2008：121.

然科学奖金获得者中，有 14 人是德国学者，法国和英国学者分别为 10 人和 5 人，美国学者仅 2 人。14 名德国学者全部是大学教授，仅柏林大学一校就有 8 人①。德国大学的学术和教育水平使外国人羡慕不已，来自其他国家尤其是英、美等国的留学者蜂拥而至。1911—1912 年，德国大学的外国留学生人数达到 1940 年以前的最高值，为 7088 人，占德国高等教育在校生总数的 10.7%，其中来自欧洲的留学生人数占外国留学生总数的 92.3%，来自美国的留学生人数占 4.6%，来自亚洲的留学生人数占 2.6%②。德国研究型大学模式脱颖而出以及科学学科的建立是促进这一时期国际学术流动的根本原因。

从 19 世纪中期开始，德国研究型大学模式对美国高等教育产生了重要影响。1815—1914 年，从美国到德国求学的学生达到一万人③，他们之中有不少人后来成为美国一些著名大学的校长和教授，直接参与和领导了美国高等教育的改革，将德国大学的组织模式和深层理念移植到美国大学。美国的一些新大学，如麻省理工学院、约翰·霍普金斯大学、康奈尔大学、芝加哥大学、加州大学伯克利分校以及斯坦福大学都模仿德国研究型大学，把教学和科研相结合置于中心位置。约翰·霍普金斯大学的首任校长丹尼尔·C. 吉尔曼（Daniel Coit Gilman）在担任校长之前曾到德国大学招聘教师并学习其组织结构。芝加哥大学首任校长哈珀（William Rainey Harper）学习德国大学模式，建立了这所大学。

3. 美国现代大学引领 20 世纪国际留学发展

美国大学的坚实基础是在南北战争之后约半个世纪里奠定的。这一时期，美国一方面大举向德国学习，朝着繁荣学术的方向前进，另一方面结合自己的国情，朝着为工农业生产发展服务的方向前进，最终殊途同归，形成了独具特色的美国高等教育体制，以学术性和实用性的完美结合确立

---

① 贺国庆．德国和美国大学发达史［M］．北京：人民教育出版社，1998：79.

② Kemal Gürüz. Higher Education and International Student Mobility in the Global Knowledge Economy［M］. Albany：State University of New York Press，2008：131－132.

③ Kemal Gürüz. Higher Education and International Student Mobility in the Global Knowledge Economy［M］. Albany：State University of New York Press，2008：133.

了适应现代社会发展需求的高等教育功能定位①。美国于1876年仿效德国柏林大学建立了约翰·霍普金斯大学，这所大学的建立标志着现代美国大学的诞生，体现了学术与实用并举的现代大学发展之路。

1933年纳粹上台后，德国大学逐渐衰落，美国大学却在此时崛起并走向兴盛，大量德国学者移民到美国，他们的研究领域涉及自然科学、工程学、医学、人文学科和社会科学的各个学科分支，其中有12位诺贝尔奖得主。1933年，德国大学的外国留学生人数骤降为4853人，到1940年仅为1927人，直到第二次世界大战结束后才开始回升②。第二次世界大战期间，美国大学科研成果倍增，原子弹、雷达和盘尼西林等都出自大学实验室，大学科研对战争的最终胜利发挥了举足轻重的作用。这一时期，美国大学开始超越德国大学成为学术交流的中心，吸引了来自世界各地的科学家和学者，逐渐成为世界上吸引留学生最多的国家，同时成为国际教育服务贸易背景下最大的教育出口国。1921年美国大学的外国留学生数为6488人，1931年上升为9961人，1950年达到2.64万人③。

真正意义上的国际教育交流起始于20世纪，随着高等教育领域的国际合作和交流日益增多，开始有了专门的机构来组织这种国际交流和合作。美国国际教育研究所（Institute of International Education，IIE）成立于1919年，是世界上最早成立的专门进行国际教育交流的非政府组织。德国学术交流协会（Deutscher Akademischer Austausch Dienst，DAAD）1925年成立，英国文化协会（British Council）1934年成立，就是这一趋势的反映④。

（二）第二次世界大战后的全球国际留学热潮

第二次世界大战后，随着全球经济发展和科技变化，很多国家从工业

① 贺国庆．德国和美国大学发达史［M］．北京：人民教育出版社，1998：184.

② Kemal Gürüz. Higher Education and International Student Mobility in the Global Knowledge Economy［M］. Albany：State University of New York Press，2008：131.

③ Kemal Gürüz. Higher Education and International Student Mobility in the Global Knowledge Economy［M］. Albany：State University of New York Press，2008：171.

④ Hans de Wit. Internationalization of Higher Education in the United States of America and Europe：A Historical，Comparative，and Conceptual Analysis［M］. Westport，Conn.：Greenwood Press，2002：10.

经济转变为后工业经济，需要更多具有良好教育背景的劳动力。在发达国家，服务业的兴起也增加了人们对高等教育入学机会的需求，发展高等教育因而被视作是促进社会流动和经济发展的重要途径。20世纪下半期，包括美国、英国、澳大利亚、日本在内的发达国家都对高等教育进行扩张，相继从高等教育大众化迈向普及化时代。另一方面，随着殖民主义的终结，前殖民地国家的独立促进社会和教育迅速发展，发展中国家对高等教育的需求不断增强。20世纪80年代，经济全球化的发展不断深入，高等教育国际化开始兴起，掀起了世界范围的留学教育热潮。国际留学教育成为世界各国争夺优秀人才、实现人才发展战略的重要途径。同时，在《服务贸易总协定》（General Agreement on Trade in Service，GATS）的促进下，国际留学教育市场化进展迅速，留学教育在一些国家已成为其服务业的新兴产业、“朝阳产业”和支柱产业。

1. 冷战时期以政治文化渗透为目的的留学教育

第二次世界大战结束之后一直到20世纪70年代，国际留学的主要目的就是实现政治文化渗透。第二次世界大战后，人们意识到维护和平和相互理解的必要性，从政治角度强调教育的国际合作。由于欧洲忙于重建，美国成为超级大国，迅速成为教育学术中心，美国的国际教育交流也迅速发展。同时，另一个超级大国苏联也加强了同东欧及其他地区社会主义国家的教育联系和交流①。在冷战的影响下，苏联、美国空出有限的大学名额接纳留学生，提供经济补贴以吸引优秀留学人才，进行“政治文化渗透”。西欧、加拿大、澳大利亚也向发展中国家的高等教育提供援助。1972—1973年经合组织（Organisation for Economic Co-operation and Development，OECD）成员国向发展中国家提供的教育援助资金为13.42亿美元②。这一时期的国际留学教育主要由政府推动，表现为学生从发展中国

① Hans de Wit. Internationalization of Higher Education in the United States of America and Europe: A Historical, Comparative, and Conceptual Analysis [M]. Westport, Conn.: Greenwood Press, 2002: 10.

② Herbert Moore Phillips. Educational Cooperation Between Developed and Developing Countries [M]. New York: Praeger, 1976: 313.

家向发达国家的单向流动，留学也成为世界性现象。

（1）输出美国文化的“富布莱特计划”

第二次世界大战后，美国高等教育进入全面发展和改革时期，高等教育迅速扩张，迎来了发展的黄金时代。在这一时期，美国政府出台多项政策，将高等教育机构纳入其对外权力扩张框架之内，试图通过推动教育国际化进行文化和价值观的渗透从而赢得冷战的胜利。1946 年，美国通过《富布莱特法案》（*The Fulbright Act of 1946*）并颁布《富布莱特交流计划》，支持外国研究生和学者赴美、美国研究生和学者出国学习和交流。1961 年，美国政府颁布《富布莱特—海斯法》（*Fulbright-Hays Act*）进一步巩固富布莱特法案，并提出为研究生和学者从事海外研究提供固定资金支持，邀请社会主义和第三世界国家人文学科、社会科学专家赴美留学，以宣扬美国生活方式和输出美国文化精神。1946—1966 年，富布莱特计划共资助了 1.47 万名美国学生、3147 名学者赴世界各地交流、学习，并资助了世界各地的 3.33 万名学生、7393 名学者到美国从事科研、交流活动①。在美国政府的积极推动下，美国的外国留学生人数从 1950 年的 2.64 万人上升到 1965 年的 8.26 万人②。

（2）社会主义国家的国际教育援助

与此同时，苏联和东欧社会主义国家也大力开展国际教育援助活动，以宣传共同的政治理念和价值观、扩大社会主义国家的政治文化影响为主要目标，重点为其他社会主义国家和亚洲、非洲、拉丁美洲的 40 多个发展中国家培养留学生，并派遣教育专家，帮助其发展高等教育和师范教育。苏联还在莫斯科设立了以培养外国留学生为基本任务的卢蒙巴大学。20 世纪 60 年代后半期，苏联和东欧国家每年接收的发展中国家留学生都保持在 1.6 万人左右③。

---

① Irwin T. Sanders, Jennifer G. Ward. Bridges to Understanding: International Programs of American College and Universities [M]. New York: Mcgraw-Hill, 1970: 135.

② Kemal Gürüz. Higher Education and International Student Mobility in the Global Knowledge Economy [M]. Albany: State University of New York Press, 2008: 171.

③ Herbert Moore Phillips. Educational Cooperation Between Developed and Developing Countries [M]. New York: Praeger, 1976: 313.

2. 20 世纪七八十年代以发展经济为目标的留学教育

20 世纪七八十年代，经济全球化趋势开始显现，一种全球文化和社会开始形成。国际留学教育再次大发展，这不仅表现为留学生总量的成倍增加，而且留学教育从区域范围遍及全球。这一时期，经济动因开始取代政治方面的考虑成为主导因素，各个国家都强调“经济竞争力”，将留学教育商品化作为解决高等教育财政危机的方式。

（1）经济全球化掀起世界范围的留学热潮

经济全球化给世界各国在经济、政治、外交、教育等领域带来了极其深远的影响，促进了高等教育国际化进程的迅猛发展。劳动力、资金、技术与知识在全球范围的自由流动，使各主权国家之间相互依赖程度不断加深。现代信息技术与交通运输条件的不断发展使得学生出国留学更加便利。20 世纪七八十年代，留学教育得到了空前的发展。据联合国教科文组织统计，1975—1999 年，世界留学生人数以平均每年增长 11.7% 的速度持续上升①。1975 年全世界的留学生总数为 60 万人，1980 年上升到 80 万人，1990 年上升到 120 万人②。自 20 世纪 70 年代起，欧盟委员会开展了一系列促进教育流动的项目，致力于促进欧洲一体化建设。由于伊拉斯谟（Erasmus）计划、苏格拉底（Socrates）计划和莱昂纳多（Leonardo）计划的大力资助，国际学生流动的规模不断扩张。自 1987 年伊拉斯谟计划开始的 20 多年间，大约有 200 万名欧洲学生获得该项目的资助，到 31 个参与国的 3000 多所高等教育机构学习③。

（2）高等教育财政危机刺激留学教育商品化发展

1973 年中东石油危机导致发达国家经济发展减缓，为了摆脱财政赤字

---

① UNESCO Institute for Statistics. Global Education Digest 2009：Comparing Education Statistics Across the World [M]. Montreal：UNESCO Institute for Statistics，2009：36.

② N. V. Varghese. Globalization of Higher Education and Cross-Border Student Mobility [EB/OL]. (2008-06) [2013-01-12]. http：//www. unesco. org/iiep/PDF/pubs/2008/Globalization_HE. pdf：15.

③ Rajika Bhandari，Shepherd Lauglin. Higher Education on the Move：New Developments in Global Mobility (Global Education Research Reports) [M]. New York：Institute of International Education，2009：18.

的困扰，在新自由主义理念的指导下，很多发达国家政府调整公共政策，降低了教育经费占政府公共支出的比例，进行教育市场化改革；另一方面，发达国家高等教育大众化程度不断提高，并向普及化发展，而人口出生率降低带来的高等教育适龄人口逐渐减少，使很多大学面临生源萎缩的问题。在此背景下，发达国家国内高等教育的竞争进一步加剧，因而将留学教育商品化作为摆脱财务危机、获取生源的途径，对发展中国家的国际教育交流开始了“由贸易取代援助”（From Aid to Trade）的转变，国际留学教育市场由此孕育形成并不断扩大。

自20世纪70年代末期开始，以英国、澳大利亚和新西兰为代表的国家开始将留学教育商品化，获取商业利益。1979年撒切尔夫人上台后宣布缩减20%的中央政府高等教育拨款，并对外国留学生收取“全额成本费”（full-cost tuition fee），即按照本国学生学费的四倍向外国留学生收费①。1979年，面对经济危机，澳大利亚政府开始实施“外国留学生收费条例”（Overseas Student Charge），规定留学生必须缴纳培养成本10%的费用。1987年，澳大利亚政府发布了《高等教育：一份政策辩论报告》（*Higher Education: A Policy Discussion Paper*）绿皮书，提出将招收外国留学生作为一项出口产业来对待。1988年，澳大利亚的外国留学生缴纳的费用上升为培养成本的55%②。20世纪80年代初，美国政府也鼓励高等教育积极主动走向世界，招收外国学生，“招收外州、外国学生，获得全额学费”成了80年代美国公立大学重要的预算外收入和弥补公共教育经费不足的重要措施③。这一时期，法、德等国也都逐渐改变了过去对外无偿援助的政策，开始追求国际留学教育的经济利益。

留学教育不仅为教育出口国带来政治、外交、经济、文化和人才等方

---

① 崔庆玲．国际留学市场中来华留学教育发展研究［M］．哈尔滨：黑龙江教育出版社，2012：18－19.

② Rajika Bhandari, Shepherd Lauglin. Higher Education on the Move: New Developments in Global Mobility (Global Education Research Reports) [M]. New York: Institute of International Education, 2009: 108.

③ 崔庆玲．国际留学市场中来华留学教育发展研究［M］．哈尔滨：黑龙江教育出版社，2012：19.

面的巨大收益，而且从海外学生身上收入的高额费用也使教育出口国的高等教育走出了因政府经费削减造成的困境。1989 年，美国通过接收外国留学生获得了 45. 75 亿美元的收入，占该国服务贸易出口收入的 4. 4%；英国获得了 22. 14 亿美元的收入，占该国服务贸易出口收入的 4. 5%；澳大利亚获得了 5. 3 亿美元的收入，占该国服务贸易出口收入的 6. 6%[①]。

3. 20 世纪 90 年代以高级人才竞争为特征的留学教育

20 世纪 90 年代，国际留学市场迅速扩张。随着美国、日本等经济发达国家率先进入后工业经济发展时代，创新发展成为经济增长的主要模式，国家创新体系开始在各国建立起来。中国、印度等发展中国家开始成为新兴经济体，与发达国家展开竞争。另一方面，全球经济一体化带动人才、商品、资金和技术等在全球范围内自由流动，促进了全球劳动力市场的形成。正如克拉克·科尔（Clark Kerr）所谈到的："20 世纪 90 年代，一个真正意义上的以知识为中心的、竞争高度激烈的、国际化的世界开始兴起。"[②] 对高水平创新人才和具有国际竞争力的跨国人才的大量需求，使许多国家将发展留学教育作为本国人才战略的重要措施，在争取留学生、学者和资源方面展开竞争，促进了国际留学市场蓬勃发展，并呈现出多样化、被分割的市场竞争态势。

（1）国际留学市场规模迅速扩张

知识经济时代人们对高等教育的需求进一步提高，在知识创新的领域中，大多数工作岗位都要求具有高等教育学历背景，越来越多的学生希望获得高质量、国际化的高等教育以提高自身在全球劳动力市场中的竞争力。此外，1995 年国际《服务贸易总协定》为包括教育在内的所有国际服务贸易订立了一系列多边规则。在《服务贸易总协定》的框架下，国际留学教育的发展得到了促进，国际留学市场也进一步扩大。1995 年，全球留

① Kemal Gürüz. Higher Education and International Student Mobility in the Global Knowledge Economy［M］. Albany：State University of New York Press，2008：143.

② Kemal Gürüz. Higher Education and International Student Mobility in the Global Knowledge Economy［M］. Albany：State University of New York Press，2008：76.

学生总数为135万人，1999年上升至175万人①。与此同时，国际留学教育也成为一个能够带来数百亿美元经济效益的新兴产业。根据OECD的统计，1998年，其成员国通过接收国际留学生所产生的出口收入约达300亿美元，占全球服务贸易出口收入的3%②。1997年，澳大利亚通过接收外国留学生获得了21.9亿美元的收入，占该国服务贸易出口收入的11.8%；新西兰获得了2.8亿美元的收入，占该国服务贸易出口收入的6.6%③。澳大利亚、新西兰和美国的教育服务贸易产业分别成为本国的第三、第四和第五大出口产业。

（2）经济发达国家占据人才竞争优势

在国际人才竞争中，发展中国家希望引入西方国家先进的教育理念、模式和经验，发达国家也愿意并积极地向国外输出自己过剩的教育资源。因此，少数发达国家特别是美国、英国、德国、澳大利亚等国家长期占据人才竞争优势，以人才输入为主。例如，美国的外国留学生数从1995年的45.8万人增加至1999年的49.09万人；英国的外国留学生数从1990年的8.02万人增加至1999年的21.93万人；德国的外国留学生数从1990年的9.2万人增加至1999年的16.6万人；澳大利亚的外国留学生数从1990年的2.5万人增加至1999年的6.09万人④。而亚洲、拉丁美洲等中等收入国家和一些发展中国家则以人才输出为主。例如，中国输出的留学生数从1990年的7.08万人增加至1999年的14.2万人，主要到美国、日本、英国、澳大利亚和德国留学。印度输出的留学生数从1990年的2.49万人增加至1995年的4.23万人。印度留学生已经成为美国高技能劳动力的重要来源，在美获科学与工程领域博士学位的印度留学生中，在美居留率从

---

① Kemal Gürüz. Higher Education and International Student Mobility in the Global Knowledge Economy [M]. Albany: State University of New York Press, 2008: 162.

② Kemal Gürüz. Higher Education and International Student Mobility in the Global Knowledge Economy [M]. Albany: State University of New York Press, 2008: 114.

③ Kemal Gürüz. Higher Education and International Student Mobility in the Global Knowledge Economy [M]. Albany: State University of New York Press, 2008: 143.

④ Kemal Gürüz. Higher Education and International Student Mobility in the Global Knowledge Economy [M]. Albany: State University of New York Press, 2008: 171 – 205.

1992 年的 72% 上升到了 2001 年的 86%①。

由于发达国家以其强大的经济实力和优质的高等教育作后盾，大量吸引着国际留学生，导致中等收入国家以及发展中国家面临着“人才外流”的风险和问题。2000 年，全世界 90% 的熟练劳动力移民居住在 OECD 国家，主要居住在美国（50.7%）、英国（6.2%）、德国（4.9%）、法国（3.0%）、澳大利亚（7.5%）和加拿大（13.4%）这些世界上最大的留学目的地国。与之形成对比的是，2000 年，印度是世界上第三大熟练劳动力移民输出国（104 万人），墨西哥是第四大熟练劳动力移民输出国（92.3 万人），中国是第六大熟练劳动力移民输出国（81.7 万人）②。

二、中国留学教育发展历程

我国留学教育是国际留学教育的重要组成部分。在我国，留学教育自古就是中外文化交流的一条重要途径。唐朝时，中日文化交流十分频繁，日本政府多次派“遣唐使”研究和吸收中国的先进文化。由于“遣唐使”是外交使节，在中国停留时间有限，无法对中国文化深入而系统地了解和研究。所以，日本政府从第二次派遣唐使起，同时派来了“留学生”或“还学生”。还学生在遣唐使回国时便一起回国，而留学生则在遣唐使回国后继续留在中国学习。最早的中国人出国留学，始于中国向外学习佛法，玄奘西行求学，为中印文化交流做出了重要的贡献。明朝时郑和率船队七下西洋，在中外文化教育交流史上也具有重要的成效和影响。然而，有规模、有计划的真正意义上的留学教育，是从清朝末年开始的。从清末留学教育的开端到改革开放以来留学教育的繁荣发展，既是我国留学教育发展的历史也是近现代中国社会的变迁史，折射出了我国从“教育救国”到

---

① Kemal Gürüz. Higher Education and International Student Mobility in the Global Knowledge Economy [M]. Albany: State University of New York Press, 2008: 214 –217.

② Kemal Gürüz. Higher Education and International Student Mobility in the Global Knowledge Economy [M]. Albany: State University of New York Press, 2008: 233.

“科教兴国”的强国之路。

（一）“西学东渐”的清末留学教育

“西学东渐”的清末留学教育主要发生在1872—1911年。19世纪中期，列强的侵入使中国陷入了半殖民地半封建的境地，封闭的社会体系被西方殖民者的坚船利炮打破，中国的有识之士开始放眼世界，寻求自强之路。清政府开始有选择地学习西方，出现了“中学为体、西学为用”的思想，西方教育开始影响中国。大批中国留学生在接受了新的思想文化和知识的启迪后，成为推动中国社会近代化的重要力量。

1. 容闳开创了我国留学教育的先河

1872—1875年清廷派出的120名留美幼童是近代中国最早的官派留学生，这一史无前例的创举的最早倡导者是容闳。容闳1847年赴美留学，后毕业于耶鲁大学，成为第一位接受了西方系统高等教育的中国人。1870年，容闳向曾国藩建议，选派热爱学习的有志青年留洋，造就优秀人才，并向清廷提出了由政府组织和派遣学生到美国留学的计划。1872年，清政府将第一批幼童30人派往美国，而后三年每年派出30人，四批幼童共120人成为中国第一代官派留学生。由于国内保守势力的反对，这批幼童绝大多数并未完成原订的留学计划，1881年回国时，只有少数人在美国大学毕业。但是，幼童留美计划的实施开创了中国向西方学习的新纪元，为中国培养了造船、制造、火器、电报、铁路、矿务及海防工程等方面的第一批科技专门人才，返国后为近代中国的各行各业做出了杰出贡献（见表1.1），如“中国铁路之父”詹天佑、“中华民国”第一任国务总理唐绍仪、晚清外交家及民初交通总长梁敦彦、清华大学第一任校长唐国安、北洋大学校长蔡绍基等。

表1.1　留美幼童返国后职业分布表

职业	人数	职业	人数	职业	人数
国务总理	1	税务司	1	电报局官员	16
外交部长	2	海关官员	2	经营商业	8

续表

职业	人数	职业	人数	职业	人数
公使	2	教师	3	政界	3
外交官员	12	铁路局长	3	医生	3
海军元帅	2	铁路官员	5	律师	1
海军军官	14	铁路工程师	6	报界	2
军医	4	冶矿技师	9	合计	99

【资料来源】谢长法. 中国留学教育史［M］. 太原：山西教育出版社，2006：13.

2. 赴欧留学生成为中国军事自强的中坚力量

以“自强”、“求富”为目标的洋务派深深认识到海防近代化建设的必要性和重要性，因此在创办水师、船政等新式学堂，培养海军专门人才、增强海防力量的同时，洋务派也提出要“造材异域”，通过向造船、驾驶技术先进的英、法、德这些欧洲国家派遣留学生，求得其益精之学，达到“军事自强”的目的。1877—1886 年，清政府共派出三批留欧学生共计 81 名，每届留学期限均为三年①。赴欧留学生都是已近成人的留学生，在出国前已经具有一定的专业和英语知识，因而他们不少人在国外都取得了优异的成绩，学成回国后为中国海军建设以及近代科技创新、民主思想启蒙发挥了重要作用，成为推动中国近代化发展的强劲动力，其中最杰出的代表是严复。

3. 留日大潮促进中国社会变革

中国在甲午战争中的失败宣告了清政府洋务运动的破产，也使国人开始重新审视日本并向日本学习。1898 年，清政府向日本呈递派遣留学生的决议，同时，随着科举制度的废除，中国和日本纷纷创设专门为出国留学和接收留学生准备的特殊学校，留学日本的热潮逐渐弥漫全国。自 1896 年清政府派出第一批官派留日学生共 13 人开始，1905 年，留日人数达到高潮，有 8000 多人，1896—1911 年共有 4.47 万人赴日本留学②。清末留日

① 谢长法. 中国留学教育史［M］. 太原：山西教育出版社，2006：16.

② 王辉耀. 中国留学发展报告 2012［M］. 北京：社会科学文献出版社，2012：2.

运动不仅规模庞大，而且留学生所学习的内容十分广泛，几乎涵盖了当时日本学校中的所有科目，其中尤其以学习师范、法政、军事的留学生居多。留日大潮回来的学生成为推动教育近代化的有生力量和变革社会的主力军。

4. “庚子兴学”培养优秀民主人才

1901 年清政府与俄、德、法、美等国签订了《辛丑条约》，各国均获得清政府的“庚子赔款”。1906 年年初美国伊利诺伊大学校长爱德蒙·詹姆士（Edmund J. James）送呈总统罗斯福一份备忘录，要求美国政府加速吸引中国留学生去往美国。1908 年美国驻华公使正式声明将美国所得“庚子赔款”的半数退还中国，资助留美学生①。按照中美双方拟定的协议，清政府在京师设立游美学务处，负责留美学生的考选、遣送、调查稽核等一切事宜，游美学务处附设肄业馆一所（1911 年 4 月改名清华学堂），选择学生入馆实验，择其学行优美、资性纯笃者随时送往美国肄业②。1909 年考选的三批 180 名庚款留学生是继洋务运动时期幼童留美后又一次大规模的官派留学生③，虽然人数不多，但是由于是通过严格考试选出来的精英人才，素质好，质量高，不仅对西方民主思想接受较快，而且回国后得到重用，委以重要职位较多，对推进国内民主进程起到了积极的作用，也为随后不久即将诞生的民主共和国培养了一批优秀人才。

（二）制度化发展的民国时期留学教育

民国时期（1912—1948 年）的出国留学已逐渐形成一种制度性规定。民初和北洋政府统治时期，派遣留学生成为培养各种专门人才的重要途径，留学教育在当时中外文化教育交流中居于重要地位。由于政局动荡、财政困难，中央难以独立承担派遣留学生的费用，因而有中央各部派出、各省直接派出以及清华学校遣派等多种形式。1916 年，北洋政府教育部核

① 冯洁，陈何芳．我国公派留学政策的历史演变及其启示［J］．教育与职业，2011（24）：22－25.

② 吴霓．留学与中国社会的发展［M］．南宁：广西人民出版社，2004：44.

③ 谢长法．中国留学教育史［M］．太原：山西教育出版社，2006：107.

定的各省派遣欧美各国留学生总额为318名，留日定额为1075名，分别由19个省承担①。除教育部外，北洋政府陆军部、海军部和交通部等也派出了少量的官费生，很多地方政府也出资遣派留学生。此外，由清华学校（1928年更名为国立清华大学）主持实施利用庚款向美国派遣留学生。1912—1929年清华学校（国立清华大学）共派遣1109名学生赴美留学②。

1927—1937年是国民政府经济建设的“黄金建设十年”，南京国民政府向欧美各国派遣了一批批官费留学生。在此期间，留学教育走向规范化、制度化，出台了多个出国留学政策，使留学生的派遣呈现出较为有序的状态。1933年国民政府教育部公布的《国外留学规程》对公费、自费留学生的资格做出了规定。1933年6月，国民政府教育部颁布《考选清华留美公派生办法纲要》，由清华大学继续选派留学生。1933年我国留学生人数为621人，而后持续上升至1936年的1002人。到了1937年抗日战争爆发，出国留学人数则锐减为366人③。1945年，抗日战争胜利催生了新的留学潮，1945—1949年赴美留学的中国学生在5000人以上④。

（三）冷战格局中的新中国成立初期留学教育

新中国成立初期（1949—1978年），由于冷战的影响，世界上社会主义和资本主义两大阵营间的教育交流陷于停顿状态。这一时期我国主要向苏联和东欧社会主义国家派遣留学生，与此同时，来华留学教育也进入了初创阶段。

1. 向苏联派遣留学生学习社会主义建设经验

在新中国成立初期，西方对中国实行了全面封锁，为了培养社会主义建设人才，我国主要向苏联和东欧等社会主义国家派遣留学生，学习社会主义建设经验和先进科学技术。1950年9月，我国分别向波兰、捷克斯洛伐克、罗马尼亚、匈牙利、保加利亚5国派出留学生35名，揭开了新中国

① 谢长法．中国留学教育史［M］．太原：山西教育出版社，2006：114.
② 谢长法．中国留学教育史［M］．太原：山西教育出版社，2006：135.
③ 吴霓．留学与中国社会的发展［M］．南宁：广西人民出版社，2004：131.
④ 王辉耀．中国留学发展报告2012［M］．北京：社会科学文献出版社，2012：4.

政府正式向国外派遣留学生的序幕。1950—1965年，经过教育部（高教部）选派，我国共向苏联、东欧、朝鲜、古巴等29个国家派出留学生10698人，平均每年700余人，其中向苏联派遣留学生8320人，约占派出留学生总数的78%①。这时，依据国内建设与发展的需要，中国政府开始制定并着手具体实施吸引在外留学人员回国工作的政策。1950—1965年毕业回国的留学生人数为8213人，占同期派出人数的77%。在新中国的号召下，以钱三强、李四光、华罗庚、赵忠尧、黄昆、钱学森为代表的一批爱国学者、饱学之士，满怀献身于新中国科学事业的报国之志，克服重重阻挠从海外回到国内，组建科研队伍，全身心致力于国家急需的科技计划的制定和实施②。

这一时期，除了向苏联等社会主义国家派遣留学生外，为了培养更广泛的人才，我国还向部分资本主义国家派遣少量的留学生，但主要是学习外语。据统计，我国自1957年开始向意大利、比利时、瑞士、瑞典、挪威、丹麦等国派出留学生，至1965年1月共派出200名留学生③。

1966年“文化大革命”使我国教育陷入停顿状态，停止向外派遣留学人员达6年之久。1972年我国开始恢复向国外派遣留学生，截至1978年共向49个国家派出1977名留学生④。

2. 开创来华留学，扩大社会主义政治影响力

新中国成立初期百废待兴，我国高等教育和科学技术发展水平还不具备较强的国际竞争力，多种原因导致来华留学生的主要生源国集中于社会主义国家。1950年，我国接收了第一批33名外国留学生，分别来自东欧的捷克、波兰等5个社会主义国家。1955年万隆会议后，我国与广大亚非拉发展中国家的交往加强。为完成国际援助义务，我国开始接收亚非拉第三世界国家的大批留学生。1955年，高等教育部制定了与民族独立国家互

---

① 王辉耀．中国留学发展报告2012［M］．北京：社会科学文献出版社，2012：4－5.

② 苗丹国．出国留学六十年：当代中国的出国留学政策与引导在外留学人员回国政策的形成、变革与发展［M］．北京：中央文献出版社，2010：63.

③ 吴霓．留学与中国社会的发展［M］．南宁：广西人民出版社，2004：162.

④ 王辉耀．中国留学发展报告2012［M］．北京：社会科学文献出版社，2012：5.

派留学生的试行办法，给予来华留学生学费、住宿费、医疗方面的便利条件，建立起来华留学教育的制度和政策保障。1950—1965 年，我国共接收了来自 70 个国家和地区的 7529 名来华留学生，其中社会主义国家来华留学生共有 6591 名，占来华留学生总数的 90.8%①。其间，日、美、英、法等国也相继派遣少量留学生来华学习。

“文化大革命”期间，受国内政治因素的影响，我国接收留学生的范围和数量极其有限，来华留学教育一度中断，直到 1973 年才重新恢复。1973—1977 年，我国共接收来自 69 个国家的 2066 名来华留学生，其中来自社会主义国家的来华留学生为 570 名，比例仅占总数的 27.6%；来自日本、欧美和大洋洲的 19 个发达国家的留学生 623 名，占同期来华留学生总数的 30.2%；来自撒哈拉以南的 24 个非洲国家的留学生 486 名，占总数的 23.5%②。来华留学生生源国分布逐渐拓宽，表明世界迫切希望了解中国，改革开放是顺应国际发展趋势的明智选择。

新中国成立初期的 28 年时间里，全国 30 余所院校累计共接收培养了 1.28 万余名留学生，几乎全部由我国政府提供奖学金③。可见，在当时百废待兴、经费严重匮乏的情况下，为实现改革开放的宏伟蓝图，中国政府仍然将发展来华留学教育事业作为提升社会主义国家政治影响力的重要任务之一。

（四）跨越式发展的改革开放后的留学教育

改革开放之后（1978—2000 年），经历了“文化大革命”的中国急需大量人才从事国家的发展和现代化建设，为了多出人才、快出人才，国家十分重视发展留学教育事业。在国家政策的大力支持下，我国的留学教育进入跨越式发展的 30 年。

1. 出国留学教育快速发展

1979 年，邓小平在谈到恢复和发展“文化大革命”中受到严重破坏的

① 董泽宇．来华留学教育研究［M］．北京：国家行政学院出版社，2012：43.
② 董泽宇．来华留学教育研究［M］．北京：国家行政学院出版社，2012：46－47.
③ 朱晋伟．留学生教育对高校国际化的影响［J］．外国留学生工作研究，2010（4）：5.

科学和教育秩序时，强调我们国家要赶上世界先进水平，派人出国留学“是一项具体措施”，要“成千上万地派遣留学生”，邓小平的讲话对于改革开放时期的出国留学工作具有划时代的意义，从此，我国出国留学呈现出一派崭新的局面。1978—2000 年，我国共输出了 34 万名留学生①。

（1）公派出国留学规范化发展

改革开放以后，我国不断加大公派留学人员的力度。1979 年，我国公派出国留学人员为1277 人，到1989 年年底上升至3 万人②。与此同时，公派留学也向规范化、制度化方向发展。1986 年发布的《关于出国留学人员工作的若干暂行规定》是我国第一个公开发表的关于出国留学教育政策的法规性文件，提出了“按需派遣，保证质量，学用一致”的留学工作指导方针，并开始强调“学成及时回国，为祖国建设做贡献”。1996 年，国家留学基金委员会成立，实行“个人申请，专家评审，公平竞争，择优录取，签约派出，违约赔偿”的新办法，公派留学生的选拔也从指派转变为开放竞争，标志着我国公派留学逐步法制化、规范化。

（2）自费出国留学成为主流

1981 年，国务院批转了教育部等七部门《关于自费出国留学的请示》，并指出，自费出国留学是我国留学工作的组成部分，自费留学是培养人才的一条渠道，对自费留学人员和公费留学人员在政治上应一视同仁。1984 年，国务院颁发《关于自费出国留学的暂行规定》，明确指出自费出国是培养人才的一条渠道，也是贯彻改革开放、引进国外智力的一个方面，规定我国公民通过正当和合法手续取得外汇资助或国外奖学金，办好入学许可证件者，不受学历、年龄和工作年限的限制，均可自费留学，开始打开自费留学之门。1986 年，国务院批转了国家教育委员会《关于出国留学人员工作的若干暂行规定》，它是我国第一份公开发表的全面阐述出国留学教育政策的法规性文件，标志着我国出国留学走上法制化轨道。1986—

① 王辉耀．中国留学发展报告 2012［M］．北京：社会科学文献出版社，2012：6.

② 苗丹国．出国留学六十年：当代中国的出国留学政策与引导在外留学人员回国政策的形成、变革与发展［M］．北京：中央文献出版社，2010：192，303.

1990 年的 5 年间，我国自费出国学习者超过 13 万人①。随着改革开放的深入，我国经济平稳、快速发展，人民生活水平日益提高，自费出国的人员已经成为留学生的主流，工薪阶层留学人数增加，留学也逐渐从精英教育演变成大众化教育。2000 年，我国自费出国留学人数达到 3.2 万人，占留学生总数的 82.05%②。

（3）设立奖励计划，鼓励留学生回国

为了鼓励留学生学成归来，1992 年，邓小平指出："希望所有出国学习的人回来。不管他们过去的政治态度怎么样，都可以回来，回来后妥善安排。"③ 1993 年，中共十四届三中全会通过的《中共中央关于建设社会主义市场经济体制若干问题的决定》中，首次明确提出了"支持留学、鼓励回国、来去自由"的十二字留学工作方针。为了鼓励海外留学人员回国工作，教育部先后设立了"百人计划"、"春晖计划"、留学回国人员科研启动基金、"长江学者奖励计划"。随着改革开放以来我国经济迅速发展和留学回国人员优惠政策的出台，1978—2000 年，我国留学回国人数达到 13 万人④。

2. 来华留学教育全面兴起

改革开放之后，来华留学教育逐渐步入正轨。来华留学教育的开放政策为我国高等院校招收外国留学生敞开了大门，增加了来华留学的招生渠道，丰富了来华留学的层次与类型，极大地促进了来华留学教育的发展。1979—1990 年的 20 多年间，来华留学生总数从 1979 年的 1593 名增长为 1990 年的 7494 名，增加了 3.7 倍⑤。20 世纪 90 年代以后，在全球化和教育服务贸易背景下，随着我国经济的规模不断扩大，在国际事务中的影响越来越大，我国接收的来华留学生人数也逐年上升，来华留学事业进入发展的快车道。1992 年，来华留学生总数首次超过万人。到 2000 年，来华

---

① 王辉耀．中国留学发展报告 2012［M］．北京：社会科学文献出版社，2012：5.

② 王辉耀．中国留学发展报告 2012［M］．北京：社会科学文献出版社，2012：8.

③ 邓小平．邓小平文选：第三卷［M］．北京：人民出版社，1993：378.

④ 王辉耀．中国留学发展报告 2012［M］．北京：社会科学文献出版社，2012：12.

⑤ 于富增．改革开放 30 年的来华留学生教育［M］．北京：北京语言大学出版社，2009：284.

留学生总数超过 5 万人[①]。

（1）市场经济体制改革促进了自费来华留学的发展

改革开放以后，自费来华留学生和短期来华留学生从“零”起步，规模迅速壮大，占据了来华留学生的绝大部分比例。1978 年，我国首次实行在国外通过考试录取留学生的做法，使来华留学生的素质有了保证。1979 年，国务院批准了《关于自费外国留学生收费标准问题的请示》，为自费来华留学提供了条件。1989 年，教育部正式发文规定高校可以接收自费来华留学生。1979 年，我国自费来华留学生为 315 名。1989 年，自费来华留学生人数发展到 2508 名。1990 年，自费来华留学生的人数首次超过通过政府奖学金来华留学的学生人数，达到 3810 人，比 1979 年增加了 11 倍[②]。1993 年国务院颁布了《中国教育改革和发展纲要》，要求建立“与社会主义市场经济体制和政治体制改革相适应的教育新体制”，提出了转变政府职能，从政府角度加强国家教委宏观领导和调控的功能，该规定扩大了高等学校的办学自主权。1997 年，我国自费来华留学生人数达到 39035 人，占来华留学生总数的 89. 3%[③]。

（2）高等教育质量提高吸引更多来华留学生

改革开放以后，我国高等教育也进入了快速发展时期。1998 年我国开始实施高等教育扩招政策，推动了我国高等教育进入大众化发展阶段，开始具备了大规模接纳留学生的办学能力。同时，随着“985 工程”、“211 工程”的建设，我国高等教育质量也不断提高，已与德国、英国、法国、澳大利亚、新西兰、奥地利、俄罗斯等 32 个国家和地区签署了学历学位证书互认的协议，标志着我国高等教育质量和标准逐渐得到国际社会的普遍

---

① 于富增. 世界留学生流动的规律与我国外国留学生教育的发展［J］. 外国留学生工作研究，2007（3）：4 – 14.

② 于富增. 改革开放 30 年的来华留学生教育［M］. 北京：北京语言大学出版社，2009：284.

③ 于富增. 改革开放 30 年的来华留学生教育［M］. 北京：北京语言大学出版社，2009：284.

承认[①]。高等教育质量的提高以及“世界一流大学”的建设提高了来华留学的吸引力。

综观国际留学教育的发展历史可以看出，国际留学教育受到以下几个因素的影响。第一，受政治因素的影响。国际关系的变化对留学产生影响。国际关系包括国家间的政治、经济、文化、地缘关系等。留学作为一种国际人员的流动，国际关系的变化势必对其产生直接的、重大的影响。国与国之间关系正常，留学生交流就活跃，留学人数就可能明显上升，反之，就出现交流困难，若出现战争，留学人数就减少。第二，受经济因素的影响。当一个国家经济运行态势良好、经济实力较强的时候，该国或该地区的留学教育就呈现良好势头。除此之外，发展留学教育还给发达国家带来了可观的外汇收入。第三，受地域和语言文化因素的影响。英语作为国际语言，使盎格鲁—撒克逊国家在提供留学教育方面具有比较优势。第四，受到“教育输出”政策的影响。目前，发达国家为了促进本国高等教育的发展，吸引大量高技能人才，纷纷把吸引外国留学生作为重点工作，大力推行“教育输出”政策。全球化背景下的国际留学教育不仅是发展教育服务贸易的市场角逐，更是获取高水平国际化人才的战略竞争。

① 刘宝利．来华留学工作面临的形势和任务：在外国留学生教育管理分会第四届第四次常务理事会上的讲话［J］．外国留学生工作研究，2008（2）：1－6.

第二章

国际留学教育概况

国际留学教育与跨境教育（cross-border education）等概念相互交织，跨境教育是指教师、学生、教育项目、教育机构/提供者或课程内容的跨越国家司法界限的情形[①]，留学教育是围绕国际留学生开展的教育，以留学生境外购买教育服务为主要形式。联合国教科文组织将国际留学生（internationally mobile students）定义为离开自己原先的国家或地区到另外一个国家或地区求学的学生，通过以下几种特征进行划分：（1）学生不是求学国家的永久性居民；（2）学生在目前的学历层次上获得了到其他国家入学的资格；（3）学生不是他们求学接收国的公民。学生只有同时满足了前两项条件，才被定义为留学生[②]。进入21世纪以来，随着全球化程度的不断提高，人、财、物和智力的国际流动日益频繁，国际留学教育越来越发挥出重要的人才培养作用。本章主要以国际组织和我国政府发布的最新数据描述和分析21世纪国际留学教育市场现状，以及我国来华留学、出国留学发展的最新动态和现存问题。

---

① OECD. Internationalization and Trade in Higher Education: Opportunities and Challenges [M]. Paris: OECD Publishing, 2004: 19.

② UNESCO Institute for Statistics. Global Education Digest 2009: Comparing Education Statistics Across the World [M]. Montreal: UNESCO Institute for Statistics, 2009: 36.

一、国际留学教育现状（2000—2010 年）

21 世纪，现代信息技术和交通技术的不断发展与进步使得世界各国人民之间的沟通更为便捷，各国高等教育机构积极开展国际学术交流与合作，国际化进程不断深入。随着世界高等教育规模不断扩大，人们对高质量高等教育和留学的需求不断提高。为了获得高技能的劳动力，在知识经济时代保持竞争优势，获取巨大的经济收益，不仅发达国家，发展中国家也在国际留学市场上参与竞争。在此背景下，全球兴起了新一轮的留学热潮。

（一）国际留学教育规模变化

进入 21 世纪以来，随着经济全球化和教育国际化的迅猛发展，世界留学生总数持续上升。根据《教育概览 2012》（*Education at a Glance 2012*）的统计，全世界留学生人数从 2001 年的 214.67 万人增加至 2010 年的 411.90 万人。其中以 OECD 国家的增长为主，在 OECD 国家留学的人数从 2001 年的 164.76 万人增加至 2010 年的 318.19 万人，占世界留学生总数的 77.25%[①]（见图 2.1）。从留学生的流向看，除了从发展中国家向发达国家流动，从南到北、从东到西流动的趋势一直保持以外，发达国家之间的学生流动也非常频繁。北美和西欧地区仍然是世界上最大的留学目的地，然而，随着亚洲国家的经济发展以及高等教育质量的提高，除日本一直保持亚洲主要留学目的地国地位之外，韩国、中国和新加坡也成为新兴的留学目的地国。

1. 留学目的地国（地区）分布现状

从留学目的地的分布来看，北美和西欧地区的发达国家由于具备多方面的优势，仍然是接收留学生最多的目的地国。然而，近年来，包括中

① OECD. Education at a Glance 2012: OECD Indicators [M]. Paris: OECD, 2012: 360.

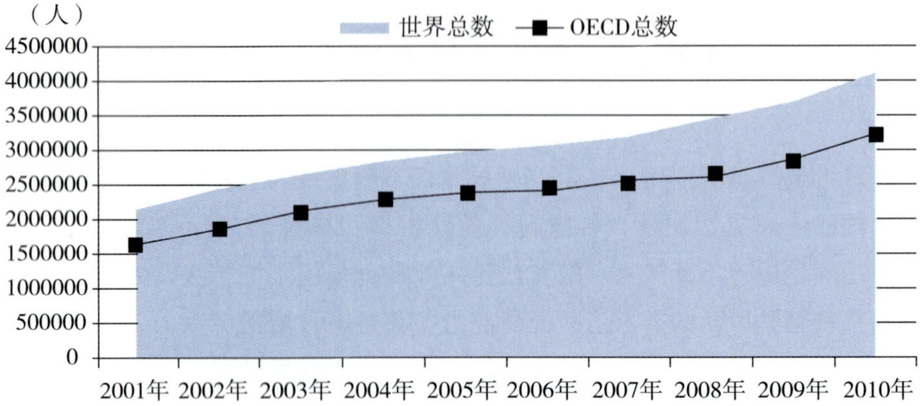

图 2.1　2001—2010 年世界留学生规模变化

国、印度和马来西亚在内的很多发展中国家作为东道主也吸纳了大量的留学生，可见，当前留学目的地国（地区）的分布更为广泛。

（1）北美和西欧地区接收留学生份额最大但明显下降

2010 年，北美和西欧地区在世界留学生市场中所占份额最高，接收留学生人数占世界留学生总数的比例达到 57.68%，然而与 2001 年的 73.00% 相比，下降了 15 个百分点。与此同时，东亚和太平洋地区所占份额有所上升，从 2001 年的 12.61% 上升为 2010 年的 21.05%（见图 2.2 和图 2.3）。美国自 20 世纪中期开始就一直是外国留学生的首选目的地国，一方面因为其在世界经济、政治、科技、军事、文化领域的领导地位，另一方面也因为其优异的高等教育体系。欧洲留学生人数的增加则在很大程度上得益于欧盟自 20 世纪 80 年代开始实施的一系列促进教育流动的项目，如伊拉斯谟计划、苏格拉底计划和莱昂纳多计划以及博洛尼亚进程的推动。

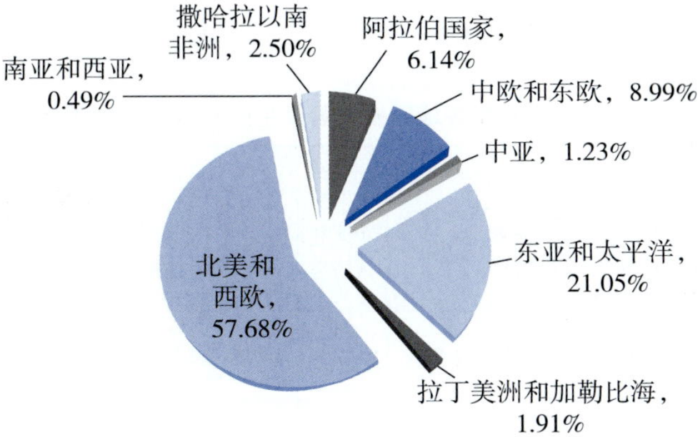

图 2.2　2010 年各地区接收留学生所占份额

【数据来源】UNESCO Institute for Statistics. Global Education Digest 2012 [EB/OL]. [2013-01-01]. http://www.uis.unesco.org/Education/Pages/global-education-digest.aspx. 附录表 9.

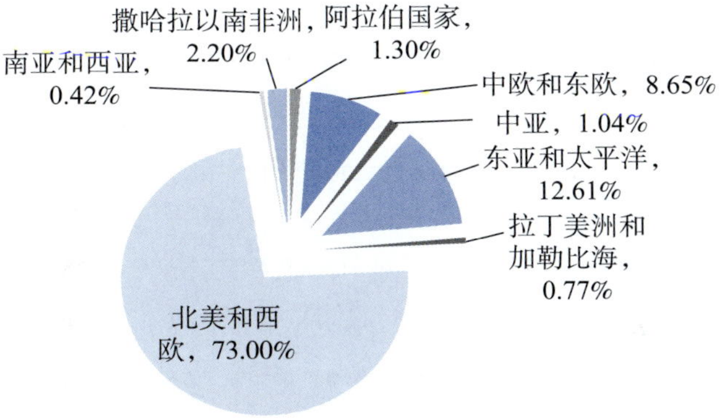

图 2.3　2001 年各地区接收留学生所占份额

【数据来源】UNESCO Institute for Statistics [EB/OL]. [2013-01-01]. http://www.uis.unesco.org/Education/Pages/default.aspx.

北美和西欧地区吸引了来自世界各地的留学生。2010 年，北美和西欧地区接收留学生人数达 206.07 万人，占世界留学生总数的一半以上，达到 57.68%。其中来自东亚和太平洋地区（25.27%）以及北美和西欧地区（22.74%）的留学生最多；其次是来自南亚和西亚地区（11.84%）以及中欧和东欧地区（11.42%）的留学生。来自阿拉伯地区、拉丁美洲和加勒比海地区以及撒哈拉以南非洲地区的留学生均占7%左右（见图2.2和表2.1）。

表2.1　2010年各地区接收留学生的数量及其生源地

留学目的地	留学生源地									
	接收留学生总数(人)	阿拉伯国家	中欧和东欧	中亚	东亚和太平洋	拉丁美洲和加勒比海	北美和西欧	南亚和西亚	撒哈拉以南非洲	不明来源
阿拉伯国家	219389	20.48%	0.43%	0.83%	1.42%	0.06%	2.15%	2.02%	3.73%	68.89%
中欧和东欧	321270	4.88%	41.57%	22.42%	9.00%	0.46%	8.13%	4.69%	2.32%	6.53%
中亚	43782	0.93%	27.73%	48.43%	8.62%	0.05%	0.31%	11.36%	0.08%	2.49%
东亚和太平洋	752253	2.88%	0.66%	0.76%	59.30%	0.85%	4.43%	8.96%	2.75%	19.41%
拉丁美洲和加勒比海	68306	0.57%	0.33%	0.05%	5.99%	59.92%	12.38%	1.93%	9.59%	9.24%
北美和西欧	2060749	7.85%	11.42%	0.96%	25.27%	7.18%	22.74%	11.84%	7.26%	5.49%
南亚和西亚	17629	23.66%	0.58%	1.26%	10.37%	0.27%	4.47%	35.06%	11.33%	13.00%
撒哈拉以南非洲	89462	0.26%	0.07%	0.00%	0.16%	0.00%	0.57%	0.02%	70.00%	28.92%

【数据来源】UNESCO Institute for Statistics. Global Education Digest 2012［EB/OL］.［2013-01-01］. http：//www. uis. unesco. org/Education/Pages/global-education-digest. aspx. 附录表9.

（2）亚太及其他地区主要接收本地区的留学生

2010年，亚太及其他地区所接收的留学生中，来源于本地区的留学生比例最高。在全球化背景下，亚太等其他地区都纷纷采取各种举措吸引外国留学生，凭借地缘优势在国际留学市场中参与竞争。

东亚和太平洋地区接收留学生人数为75.23万人，占世界留学生总数的21.05%。其中大部分留学生来自于东亚和太平洋本地，占

59.30%；其次是来自南亚和西亚的留学生，占8.96%；再次是来自于北美和西欧地区的留学生，占4.43%；来自于阿拉伯国家等其他地区的留学生共占7.9%。

中欧和东欧地区接收留学生人数为32.13万人，占世界留学生总数的8.99%。其中大部分留学生来自于中欧和东欧地区；其次是来自于中亚的留学生，占22.42%；再次是来自于东亚和太平洋地区（9.00%）以及北美和西欧地区（8.13%）的留学生；来自于阿拉伯国家等其他地区的留学生共占12.34%。

阿拉伯国家接收留学生21.93万人，占世界留学生总数的6.14%。其中大部分留学生（68.89%）的来源地不明。从可获得的数据来看，来自于阿拉伯国家本地的留学生比例最高，占20.48%；来自于撒哈拉以南非洲的留学生占3.73%；来自于南亚和西亚等其他地区的留学生共占6.9%。

撒哈拉以南非洲地区接收留学生8.95万人，占世界留学生总数的2.50%。来源于撒哈拉以南非洲本地的留学生达70%。

拉丁美洲和加勒比海地区接收留学生6.8万人，占世界留学生总数的1.91%。来源于拉丁美洲和加勒比海本地的留学生占59.92%。

中亚地区接收留学生4.38万人，占世界留学生总数的1.23%。来源于中亚本地的留学生占48.43%。

南亚和西亚地区接收留学生1.76万人，占世界留学生总数的0.49%。来源于南亚和西亚本地的留学生比例最高，占35.06%。

（3）五大传统留学目的地国接收了全世界半数以上的留学生

2010年，排名前20位的留学目的地国接收了全世界75.21%的留学生，在美国（19.17%）、英国（10.91%）、澳大利亚（7.59%）、法国（7.28%）、德国（5.62%）这五大传统目的地国留学的人数占全世界留学生总数的50.57%；日本作为第六大留学目的地国，接收了全世界3.96%的留学生；中国接收留学生人数占世界留学生总数的比例为2.01%，成为第七大留学目的地国。

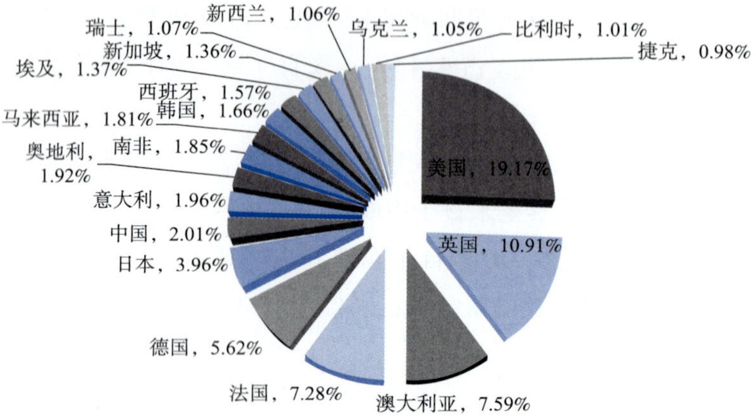

图 2.4　2010 年排名前 20 位的留学目的地国在世界留学市场中所占的份额

【数据来源】UNESCO Institute for Statistics [EB/OL]. [2013-01-01]. http://www.uis.unesco.org/Education/Pages/default.aspx.

2001 年排名前 20 位的留学目的地国中，2010 年仍然位列前 20 位的有 14 个国家，即美国、英国、澳大利亚、法国、德国、日本、西班牙、南非、比利时、奥地利、意大利、瑞士、马来西亚和乌克兰。其中美国、英国、澳大利亚、法国、德国保持接收留学生人数最多的五大留学目的地国地位不变。

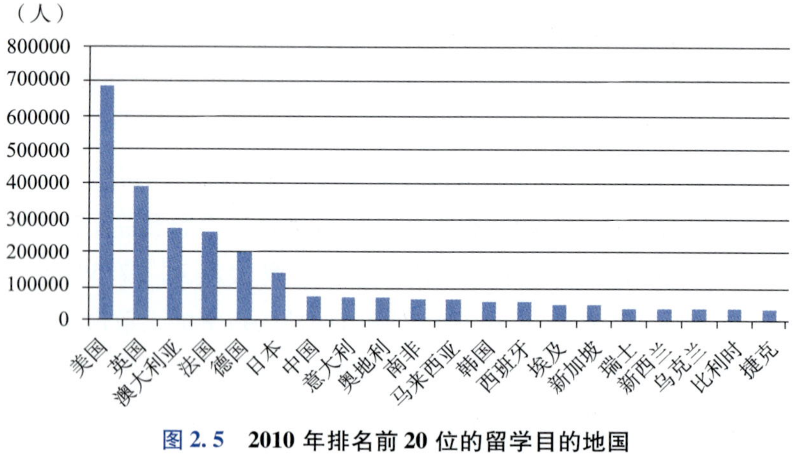

图 2.5　2010 年排名前 20 位的留学目的地国

【数据来源】UNESCO Institute for Statistics [EB/OL]. [2013-01-01]. http://www.uis.unesco.org/Education/Pages/default.aspx.

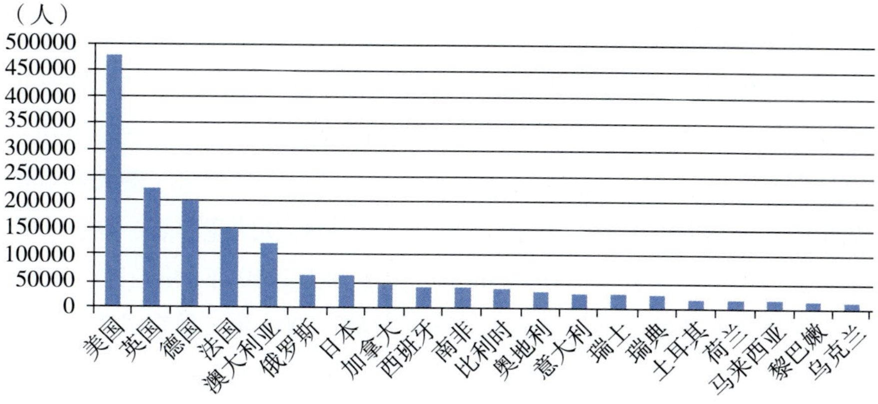

图 2.6 2001 年排名前 20 位的留学目的地国

注：中国和新加坡 2001 年数据缺失。

【数据来源】UNESCO Institute for Statistics [EB/OL]. [2013 - 01 - 01]. http://www.uis.unesco.org/Education/Pages/default.aspx.

从 2001—2010 年五大传统留学目的地国接收留学生人数的变化来看，除德国有一定下降趋势外，其他四国的增长趋势明显。在美国留学的人数从 2001 年的 47.52 万人增长至 2010 年的 68.48 万人，增长了 44.12%；在英国留学的人数从 2001 年的 22.57 万人增长至 2010 年的 39 万人，增长了 72.76%；在澳大利亚留学的人数从 2001 年的 12.10 万人增长至 2010 年的 27.12 万人，增长了 124.18%；在法国留学的人数从 2001 年的 14.74 万人增长至 2010 年的 25.99 万人，增长了 76.34%；在德国留学的人数从 2001 年的 19.91 万人增长至 2010 年的 20.09 万人，增长了 0.8%（见图 2.7）。可见，美国接收留学生人数最多，澳大利亚接收留学生人数增幅最高，德国留学生人数增幅最小。进入 21 世纪以来，凭借着一流的高等教育和富有吸引力的移民政策，美国保持着世界上接收留学生最多的国家的地位不变，由此也形成了对外国优秀人才的高度依赖。自 2006 年开始，外国留学生占到了美国获得数学、计算机科学、物理学、工程学和经济学博士学位人数的 50%，其中大部分来自中国、印度和韩国。以工程学为例，2007 年外国留学生获取了该领域 68% 的博士学位。外国出生的教师在美国研究型大学中的比例也不断提高，几乎占到所有科学、技术、工程和数学（STEM）科系教师总数的一半①。英国凭借其与前殖民地在历史上的联系、地理优势，以及牛津大学和剑桥大学等传统的世界一流大学的强大吸引力，也一直保持第二大留学目的地国的地位。此外，英国文化协会在世界范围内对英国大学的宣传也功不可没。21 世纪以来，澳大利亚实行的教育出口政策极大地促进了澳大利亚留学生数量的增长，使该国成为国际留学市场上最为强劲的竞争者，在五大传统留学目的地国中的位置从 2001 年的第五位上升为 2010 年的第三位。留学教育输出为澳大利亚的出口经济做出了巨大贡献。2009 年，教育成为澳大利亚第三大产业，为该国贡献了 180 亿美元的出口收入，创造了 18.8 万个工作岗位②。德国和法国主要接收具有相似语言文化背景的欧洲国家的留学生，除此之外，还接收了大量来自中国和印度的留学生。

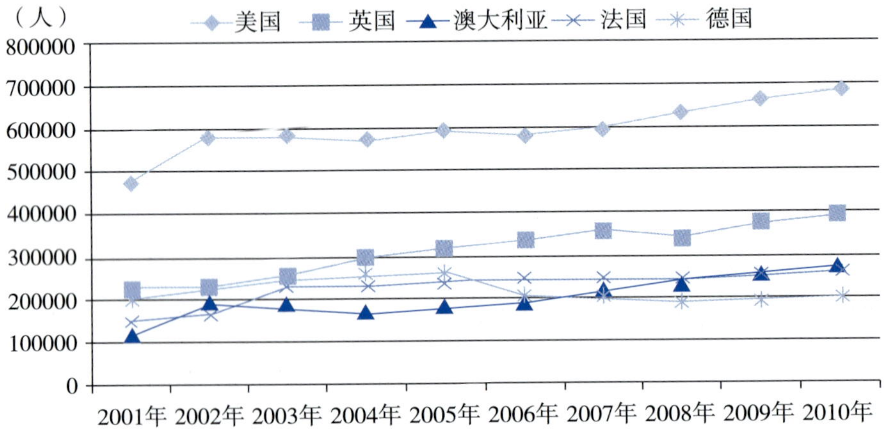

图 2.7　2001—2010 年五大传统留学目的地国接收留学生的人数变化

【数据来源】UNESCO Institute for Statistics [EB/OL]. [2013－01－01]. http://www.uis.unesco.org/Education/Pages/default.aspx.

---

① Rajika Bhandari, Peggy Blumenthal. International Students and Global Mobility in Higher Education: National Trends and New Directions [M]. New York: Palgrave Macmillan, 2011: 12.

② Peter Kell, Gillian Vogl. Internaitonal Students in the Asia Pacific: Mobility, Risk and Global Optimism [M]. New York, 2012: 30.

（4）亚洲国家成为主要的新兴留学目的地国

相较于 2001 年，2010 年跻身接收留学生人数前 20 位的有 6 个新兴留学目的地国，依次是中国、韩国、埃及、新加坡、新西兰和捷克。2010 年，中国成为世界第七大留学目的地国，而韩国和新加坡在 20 个留学目的地国中分别排在第 12 位和第 15 位（见图 2.5 和图 2.6）。从 2001—2010 年的六大新兴留学目的地国的数据来看，韩国和中国接收留学生人数增势最为明显，韩国接收留学生的人数从 2001 年的 3850 人持续增长至 2010 年的 5.91 万人，10 年间增长了 14.37 倍，年增长率为 143.75%。中国接收留学生的人数从 2006 年的 3.64 万人增长至 2010 年的 7.17 万人，5 年间增长了 96.98%，年增长率为 19.4%。新加坡接收留学生的人数从 2009 年的 4.04 万人增长至 2010 年的 4.86 万人，两年间增长了 20.35%，年增长率为 10.18%。可见，亚洲国家接收留学生人数增长迅速，已成为新兴的留学目的地国（见图 2.8）。

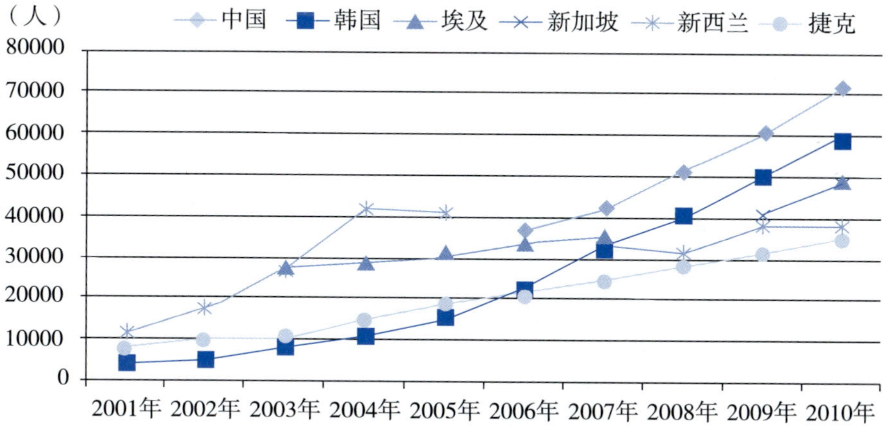

图 2.8　2001—2010 年六大新兴留学目的地国接收留学生的人数变化

注：中国缺失 2001—2005 年的数据，埃及缺失 2001—2002 年、2008—2009 年的数据，新加坡缺失 2001—2008 年的数据，新西兰缺失 2006 年的数据。

【数据来源】UNESCO Institute for Statistics [EB/OL]. [2013 - 01 - 01]. http://www.uis.unesco.org/Education/Pages/default.aspx.

21 世纪以来，包括新加坡、中国和韩国在内的亚洲国家积极追求发展“世界一流”的教育体系，吸引了越来越多的外国留学生。中国积极开展

“211 工程”、“985 工程”，高等学校综合实力显著提高；韩国提出的“21世纪智慧韩国”计划把 15 所大学建设成世界一流学府，并实施“学在韩国”计划，增设奖学金吸引海外留学生。新加坡的一流大学建设以及“教育枢纽”建设计划的实施也吸引了大批外国留学生。除此之外，提供英语授课以及较低的学费也是这些国家留学生数量上升的重要原因。

2. 留学生生源国（地区）情况分析

（1）东亚和太平洋地区输出留学生份额最大且有所上升

自 20 世纪 80 年代至今，随着全球化的到来，以中国、韩国、日本为代表的东亚和太平洋地区开始积极鼓励国际学生流动，成为世界最大的留学生源地。从留学生输出情况来看，2010 年，东亚和太平洋地区是最大的留学生源国，输出的留学生人数占世界留学生总数的四分之一以上；其次是北美和西欧地区；然后依次是中欧和东欧地区、南亚和西亚地区、撒哈拉以南非洲地区、阿拉伯国家、拉丁美洲和加勒比海地区和中亚地区。与 2001 年相比，东亚和太平洋地区输出留学生所占的份额有所上升，从 2001 年的 25. 63% 上升至 2010 年的 28. 23%。而北美和西欧地区的留学生输出份额有所下降，从 2001 年的 26. 97% 下降为 2010 年的 15. 59%（见图 2. 9 和图 2. 10）。

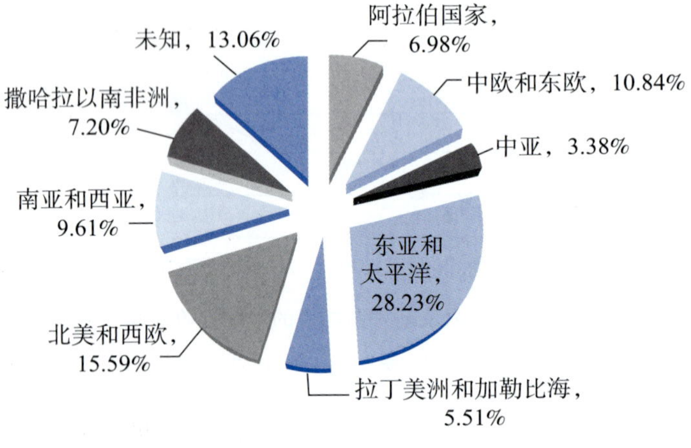

图 2. 9　2010 年各地区输出留学生所占的份额

【数据来源】UNESCO Institute for Statistics. Global Education Digest 2012 [EB/OL]. [2013 - 01 - 01]. http: //www. uis. unesco. org/Education/Pages/global-education-digest. aspx. 附录表 10.

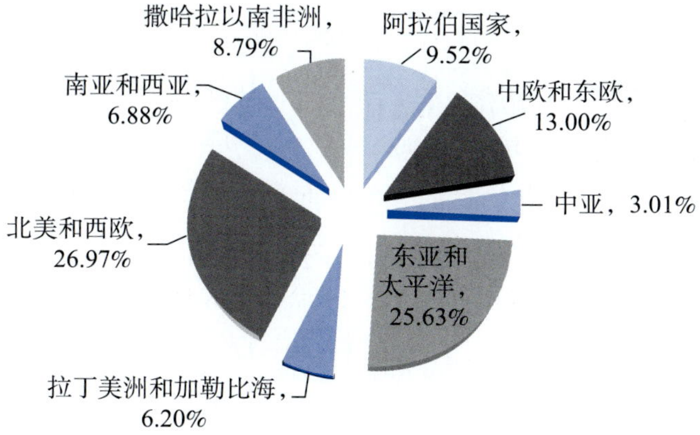

图 2.10 2001 年各地区输出留学生所占的份额

【数据来源】UNESCO Institute for Statistics［EB/OL］.［2013－01－01］. http：//www. uis. unesco. org/Education/Pages/default. aspx.

2010 年，东亚和太平洋地区出国留学的人数为 100.87 万人，占世界留学生总数的 28.23%。其中到北美和西欧地区留学的人数最多，占 51.63%；其次是在东亚和太平洋本地区留学，占 44.22%；而到中欧和东欧等其他地区的留学生占 4.15%（见图 2.9 和表 2.2）。

表 2.2 2010 年各地区输出留学生的数量及其留学目的地

留学生源地	留学目的地								
	输出留学生数（人）	撒哈拉以南非洲	阿拉伯国家	中欧和东欧	中亚	东亚和太平洋	拉丁美洲和加勒比海	北美和西欧	南亚和西亚
阿拉伯国家	249277	18.02%	6.29%	0.16%	8.70%	0.16%	64.91%	1.67%	0.09%
中欧和东欧	387245	0.25%	34.49%	3.14%	1.28%	0.06%	60.75%	0.03%	0.02%
中亚	120795	1.50%	59.64%	17.55%	4.72%	0.03%	16.37%	0.18%	0.00%
东亚和太平洋	1008732	0.31%	2.87%	0.37%	44.22%	0.41%	51.63%	0.18%	0.01%

续表

留学生源地	留学目的地								
	输出留学生数（人）	撒哈拉以南非洲	阿拉伯国家	中欧和东欧	中亚	东亚和太平洋	拉丁美洲和加勒比海	北美和西欧	南亚和西亚
拉丁美洲和加勒比海	196888	0.06%	0.75%	0.01%	3.26%	20.79%	75.10%	0.02%	0.00%
北美和西欧	542654	0.87%	4.81%	0.03%	6.14%	1.56%	86.36%	0.15%	0.09%
南亚和西亚	343377	1.29%	4.39%	1.45%	19.63%	0.38%	71.05%	1.80%	0.01%
撒哈拉以南非洲	257099	3.18%	2.90%	0.01%	8.05%	2.55%	58.18%	0.78%	24.36%

【数据来源】UNESCO Institute for Statistics. Global Education Digest 2012 [EB/OL]. [2013 - 01 - 01]. http://www.uis.unesco.org/Education/Pages/global-education-digest.aspx. 附录表 10.

（2）留学去向以北美和西欧地区及本地区留学为主

从留学目的地来看，各地留学生普遍偏好到北美和西欧地区留学或是在本地区的其他国家留学。北美和西欧地区输出留学生数量仅次于亚太地区，其中绝大部分留学生都在本地其他国家留学，体现出发达国家之间的学生流动也非常频繁。

2010 年，北美和西欧地区出国留学的人数为 54.27 万人，占世界留学生总数的 15.59%。这些留学生中绝大部分(86.36%)都在北美和西欧本地区范围内留学；其次是到东亚和太平洋地区（6.14%）以及中欧和东欧地区（4.81%）留学；而到其他地区的留学生一共只占 2.69%（见图 2.9 和表 2.2）。

中欧和东欧地区出国留学的人数为 38.72 万人，占世界留学生总数的 10.84%。这些留学生中有 60.75% 到北美和西欧留学；其次在中欧和东欧本地区留学，占 34.49%；到其他地区的留学生占 4.7%。

南亚和西亚地区出国留学的人数为 34.34 万人，占世界留学生总数的

9.61%。这些留学生中有71.05%的学生到北美和西欧留学；其次是到东亚和太平洋地区留学，占19.63%；再次是到中欧和东欧留学，占4.39%；在南亚和西亚本地区留学的人数仅占1.8%；到其他地区的留学生占3.13%。

阿拉伯国家出国留学的人数为24.93万人，占世界留学生总数的6.98%。这些留学生中大部分（64.91%）在北美和西欧地区留学；其次是在阿拉伯国家本地留学，占18.02%；再次是到东亚和太平洋地区留学，占8.70%；到其他地区的留学生占8.38%。

拉丁美洲和加勒比海地区有19.69万人出国留学，占世界留学生总数的5.51%。这些留学生中有75.10%的学生到北美和西欧地区留学；其次是在本地留学，占20.79%；再次是到东亚和太平洋地区留学，占3.26%；到其他地区的留学生占0.85%。

撒哈拉以南非洲地区有25.7万人出国留学，占世界留学生总数的7.2%。这些留学生中有58.18%的学生到北美和西欧地区留学；其次是在本地区留学，占24.36%；再次是到东亚和太平洋地区留学，占8.05%；而到其他地区的留学生占9.41%。

中亚地区出国留学的人数为12.08万人，占世界留学生总数的3.38%。这些留学生中有59.64%的学生到中欧和东欧地区留学；其次是在中亚本地区留学，占17.55%；再次是到北美和西欧留学，占16.37%；到其他地区的留学生占6.44%（见图2.9和表2.2）。

（3）中、印、韩是最大留学生源国

2010年，排名前20位的留学生源国输出了全世界47.96%的留学生，其中中国（15.79%）、印度（5.69%）和韩国（3.55%）这三个最大的留学生源国输出留学生人数占世界留学生总数的25.04%。在排名前20位的留学生源国中，既包括中国、印度、马来西亚、越南等发展中国家，也包括韩国、德国、法国、美国等发达国家，但是发展中国家所占的份额大于发达国家。这体现出留学生从发展中国家向发达国家流动以及发达国家内部留学生流动频繁这两大趋势（见图2.11）。

2001年排名前20位的留学生源国中，2010年仍然位列前20位的有14个国家，即中国、印度、韩国、德国、法国、马来西亚、美国、俄罗斯、

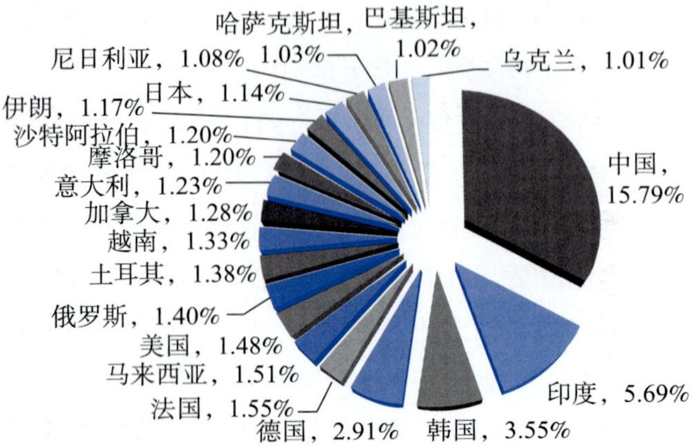

图 2.11　2010 年排名前 20 位的留学生源国输出留学生数占全世界留学生总数的比例

【数据来源】UNESCO Institute for Statistics [EB/OL]. [2013-01-01]. http://www.uis.unesco.org/Education/Pages/default.aspx.

土耳其、加拿大、意大利、摩洛哥、日本、哈萨克斯坦。中国、印度、韩国、德国这四个国家在2010年输出留学生人数超过了10万人，并且中国、韩国、印度在2010年和2001年均是输出留学生最多的三大留学生源国（见图2.12和图2.13）。

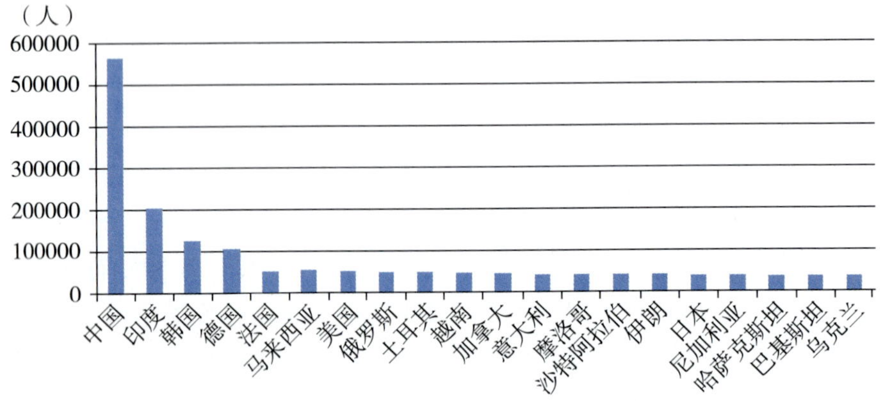

图 2.12　2010 年排名前 20 位的留学生源国

【数据来源】UNESCO Institute for Statistics [EB/OL]. [2013-01-01]. http://www.uis.unesco.org/Education/Pages/default.aspx.

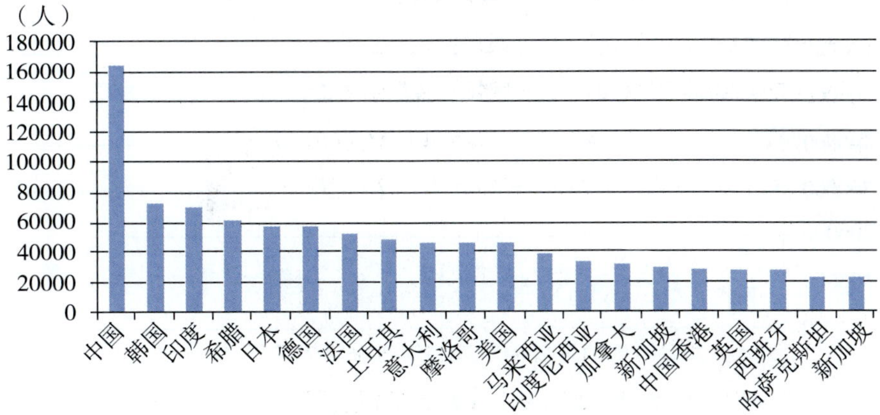

图 2.13　2001 年排名前 20 位的留学生源国（地区）

【数据来源】UNESCO Institute for Statistics [EB/OL]. [2013 - 01 - 01]. http://www.uis.unesco.org/Education/Pages/default.aspx.

从中、印、韩、德这四大留学生源国 2001—2010 年输出留学生人数变化情况来看，中国不仅输出留学生人数最多，是世界上最大的留学生源国，而且输出留学生的增长速度也很快。中国输出留学生人数从 2001 年的 16.51 万人增长至 2010 年的 56.42 万人，增长了 2.42 倍；印度输出留学生人数从 2001 年的 7 万人增长至 2010 年的 20.35 万人，增长了 1.91 倍；韩国输出留学生人数从 2001 年的 7.36 万人增长至 2010 年的 12.69 万人，增长了 72.28%；德国输出留学生人数从 2001 年的 5.67 万人增长至 2010 年的 10.41 万人，增长了 83.47%（见图 2.14）。德国从 2001 年的第六大留学生源国跃升为 2010 年的第四位（见图 2.12 和图 2.13）。21 世纪以来，随着中国和印度等发展中国家经济的迅速增长，人们的可支配收入增加，迅速崛起的中产阶级对高质量教育的需求和投入也增加，而与此同时国内高质量教育的供给不足，因此中国和印度输出留学生数量的增幅最大。

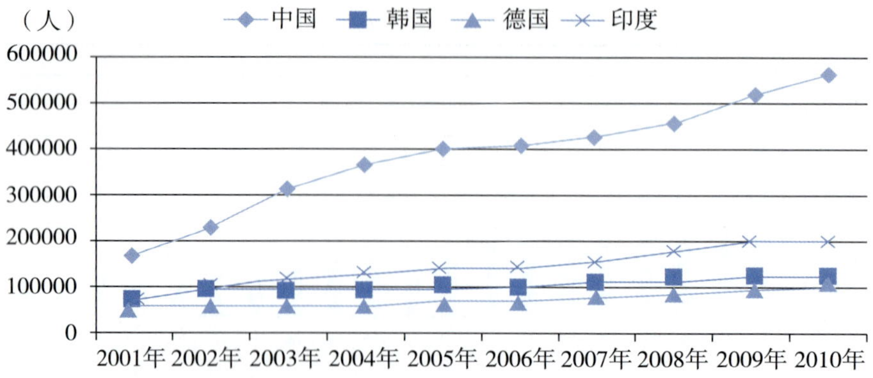

图 2.14　2001—2010 年四大留学生源国输出留学生人数变化

【数据来源】UNESCO Institute for Statistics [EB/OL]. [2013-01-01]. http://www.uis.unesco.org/Education/Pages/default.aspx.

3. OECD 国家留学生流动率分析

进入 21 世纪以来，发达国家的国际学生流动日趋频繁，不论是流入率还是流出率都处于较高水平，但流入率远高于流出率。由于发达国家选择出国留学的学生常常不在国外拿学位，而是在国外短期学习，留学生的流出有利于为本国培养具有国际化视野的人才。而来自发展中国家的很多外国留学生毕业后都在发达国家工作或生活，因而外国留学生的流入有利于发达国家吸引大量优秀人才。不论是留学生的流入还是流出都得到发达国家政府的支持。

从 29 个 OECD 国家 2010 年留学生流入率①的情况来看，多数（21 个）国家外国留学生占本国高等教育在校生数的比例均高于 3%。这一比例高于 10% 的国家有澳大利亚、奥地利、英国、瑞士、新西兰和法国；该比例在 5%—10% 的国家有比利时、捷克、丹麦、挪威、爱尔兰、瑞典。在留学生流入率最高的这 12 个 OECD 国家之中，除爱尔兰以外，其他的 11 个国家的留学生流入率均高于流出率（见图 2.15）。

① 留学生流入率是指外国留学生流入数占本国高等教育在校生数的比例。

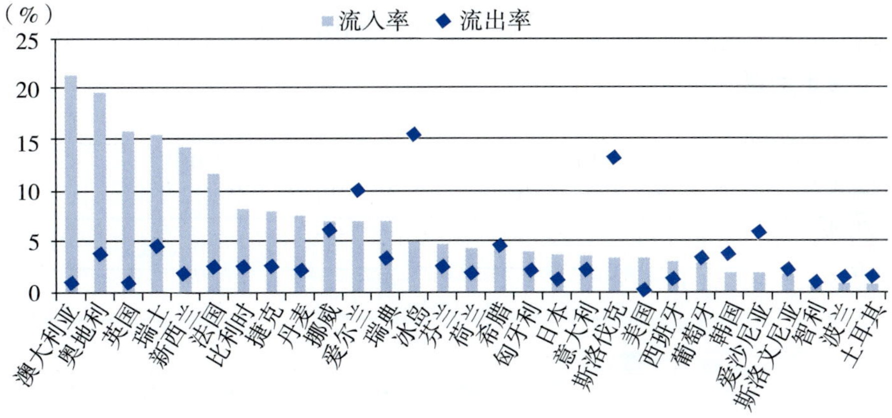

图 2.15　2010 年 OECD 国家留学生流入率和流出率对比

【数据来源】UNESCO Institute for Statistics［EB/OL］.［2013－01－01］. http://www.uis.unesco.org/Education/Pages/default.aspx.

从 29 个 OECD 国家 2010 年留学生流出率①的情况来看，留学生流出率在多数（22 个）国家低于 4%。流出率高于 5% 的 OECD 国家有冰岛、斯洛伐克、爱尔兰、挪威、爱沙尼亚。留学生流出率最低的 OECD 国家是美国（0.23%）、澳大利亚（0.82%）、智利（0.90%）和英国（0.95%）（见图 2.15）。

在数据可得的 29 个 OECD 国家中，有 19 个国家的留学生流入率高于流出率。其中澳大利亚、奥地利、英国、瑞士、新西兰、法国、比利时、捷克、丹麦的留学生流入率均高于流出率 5 个百分点以上（见图 2.15）。

OECD 国家平均的留学生流入率和流出率均处于较高水平，流入率高于流出率且差距逐渐扩大。2001—2010 年，OECD 国家的外国留学生占高等教育在校生数的比例（流入率）从 2001 年的 5.44% 上升为 2010 年的 6.62%，10 年间增加了 1.18 个百分点，上升趋势明显。2001—2010 年，OECD 国家的留学生流出率的平均值从 2001 年的 4.42% 下降为 2010 年的 3.60%，10 年间下降了 0.82 个百分点，下降趋势明显。2001—2010 年，

① 留学生流出率是指本国留学生流出数占本国高等教育在校生数的比例。

OECD 国家的留学生流入率与流出率之间的差距逐步拉大，从 2001 年留学生流入率高于流出率 1.02 个百分点发展为 2010 年的留学生流入率高于流出率约 3 个百分点（见图 2.16）。

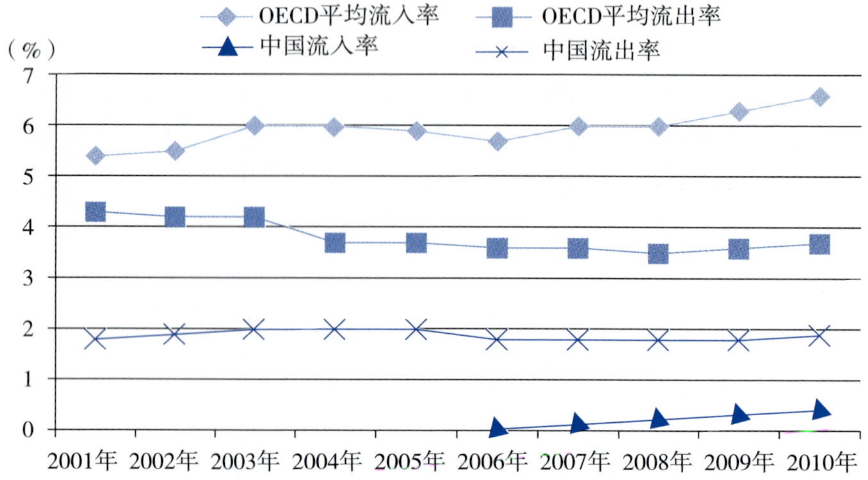

图 2.16　2001—2010 年 OECD 国家平均留学生流动率与中国留学生流动率对比

注：中国缺失 2001—2005 年流入率数据。

【数据来源】UNESCO Institute for Statistics［EB/OL］.［2013 - 01 - 01］. http：//www. uis. unesco. org/Education/Pages/default. aspx.

相较于 OECD 平均水平来说，中国的留学生流入率和流出率均较低，且流出率高于流入率。2006—2010 年，中国的外国留学生占高等教育在校生数的比例（流入率）仅从 2006 年的 0.2% 上升为 2010 年的 0.3%，5 年间上升了 0.1 个百分点，流入率远低于 OECD 平均水平，且增长缓慢。2001—2010 年，中国的留学生流出率从 2001 年的 1.76% 上升为 2010 年的 1.82%，10 年间上升了 0.06 个百分点，流出率远低于 OECD 平均水平，且发展趋势保持稳定。2006—2010 年，中国留学生的流入率和流出率之间的差距也保持稳定，从 2006 年的留学生流出率高于流入率 1.6 个百分点略微缩小为 2010 年的留学生流出率高于流入率 1.5 个百分点（见图 2.16）。可见，虽然中国已经成为世界第一大留学生源国和第七大留学目的地国，派出和接收留学生的绝对数目均在迅速上升，但相较于 OECD 国家来说，留学生流入率和流出率均较低，出国留学和来华留学事业均有较大发展空间。

（二）国际留学市场中的留学生结构

1. 国际留学生的学历结构

大多数留学生到发达国家学习本科层次的高等教育课程，然而，如果从留学生在不同学历层次高等教育在校生中的比例来看，则研究生课程中的留学生比例最高，这是因为发达国家在更高的教育阶段更倾向于招收能为本国研发做出贡献的国际学生。

（1）多数 OECD 国家研究生课程中国际留学生的比例最高

从国际留学生占不同学历层次高等教育在校生数的比例来看，在大多数 OECD 国家，研究生课程中国际留学生的比例最高。在 29 个数据可得的 OECD 国家中，2010 年，研究生课程中国际留学生的比例高于 15% 的有 15 个国家：卢森堡的研究生课程中国际留学生的比例高达 80. 2%；高于 30% 低于 50% 的有瑞士、法国、英国、新西兰；高于 20% 低于 30% 的有澳大利亚、美国、爱尔兰、瑞典、奥地利、丹麦、加拿大；高于 15% 低于 20% 的国家有比利时、日本和冰岛。研究生课程中国际留学生的比例高于 10% 低于 15% 的国家有智利、西班牙、捷克。研究生课程中国际留学生的比例在其余 11 个 OECD 国家均高于 2% 低于 10%（见图 2. 17）。

在 32 个数据可得的 OECD 国家中，2010 年，学术类高等教育课程的学生数中国际留学生所占的比例高于 10% 的有卢森堡、澳大利亚、英国、奥地利、瑞士、法国、新西兰、比利时；高于 5% 低于 10% 的有德国、捷克、加拿大、爱尔兰、瑞典、丹麦；高于 1% 低于 5% 的国家有 16 个；低于 1% 的国家有波兰和智利（见图 2. 17）。

在 30 个数据可得的 OECD 国家中，2010 年，职业类高等教育课程的学生数中国际留学生的比例在多数国家低于 5%。该比例高于 5% 的国家有 8 个：卢森堡、澳大利亚、新西兰、丹麦、西班牙、意大利、英国、比利时。这一比例高于 1% 低于 5% 的国家有 9 个。该比例低于 1% 的国家有 13 个（见图 2. 17）。

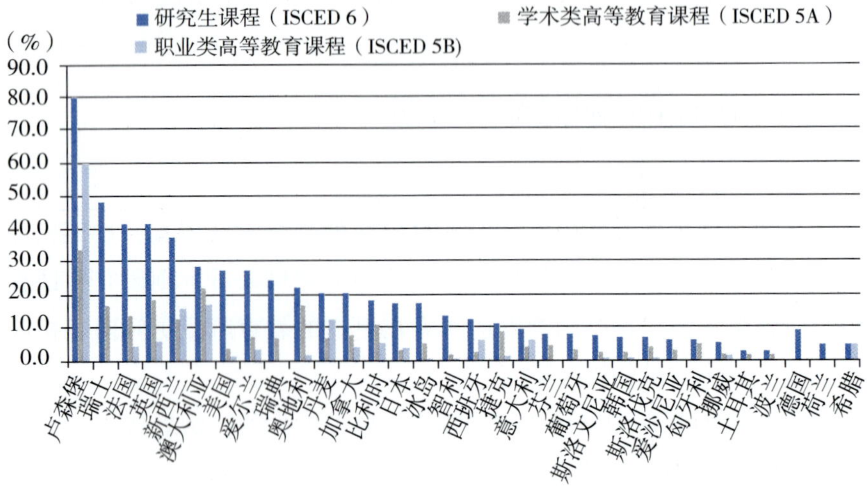

图 2.17　2010 年 OECD 国家不同学历层次高等教育中国际留学生的比例

注：捷克、法国、希腊、意大利、韩国和土耳其的数据为外国留学生的数据，其他为国际留学生的数据。国际留学生是指学生不是求学国家的永久性居民并且在目前的学历层次上获得了到其他国家入学的资格。如果学生不是所采数据国的公民，就被归为外国留学生。

【数据来源】OECD. Education at a Glance 2012：OECD Indicators［M］. Paris：OECD，2012.

2010 年 OECD 国家研究生课程中国际留学生的比例平均为 17.8%，学术类高等教育课程中国际留学生的比例平均为 6.5%，职业类高等教育课程中国际留学生的比例平均为 3.4%。与之形成对比的是，我国高等教育各学历层次中国际留学生的比例小得多。2010 年我国研究生课程中国际留学生仅占学生总数的 0.8%，比 OECD 国家平均水平低 17 个百分点；学术类高等教育课程中国际留学生的比例为 0.4%，比 OECD 国家平均水平低 6.1 个百分点；职业类高等教育课程中国际留学生的比例为 0.0%，比 OECD 国家平均水平低 3.4 个百分点（见图 2.18）。

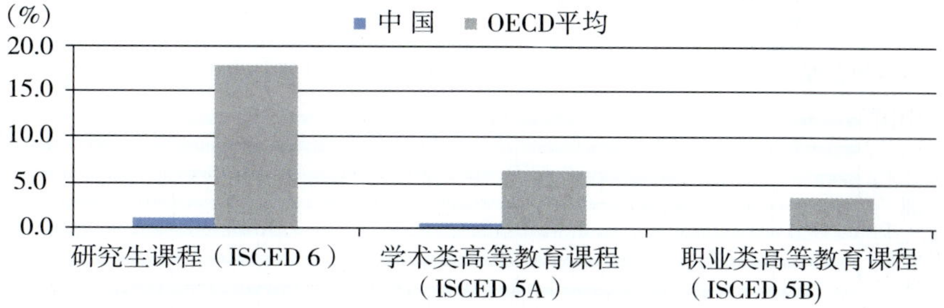

图 2.18　2010 年中国与 OECD 国家不同学历层次高等教育中国际留学生比例对比

注：1. OECD 国家平均水平基于 OECD 成员国中 31 个国家的数据进行计算，由于卢森堡的数据过大，因而在计算 OECD 国家平均水平时不计入。

2. 中国、捷克、法国、希腊、意大利、韩国和土耳其的数据为外国留学生的数据，其他为国际留学生的数据。

【数据来源】OECD. Education at a Glance 2012：OECD Indicators ［M］. Paris：OECD，2012.

（2）OECD 国家中主修学术类高等教育课程的留学生比例最高

在 OECD 国家，修读学术类高等教育课程的国际学生都占到了留学生总数的 50% 以上。在荷兰、匈牙利、波兰、意大利、俄罗斯、冰岛、捷克、土耳其、斯洛伐克这 9 个国家，修读学术类高等教育课程的留学生占到了留学生总数的 90% 以上（见图 2. 19）。

修读研究生课程的留学生占留学生总数的比例在大多数国家不高于 15%，高于 15% 的国家有瑞士（25. 4%）、美国（19. 4%）、爱尔兰（16. 9%）、瑞典（15. 3%）和西班牙（15. 3%）（见图 2. 19）。

修读职业类高等教育课程的留学生占留学生总数的比例在大多数国家不高于 20%，高于 20% 的国家有希腊（35. 8%）、智利（33. 5%）、西班牙（31%）、新西兰（29. 7%）、卢森堡（26. 5%）、比利时（26. 4%）、日本（23. 7%）（见图 2. 19）。

在来华留学生中，修读学术类高等教育课程的国际留学生占留学生总数的比例较高，占 77. 7%；其次是修读研究生课程的留学生，占来华留学生总数的 20. 9%；来我国修读职业类高等教育课程的留学生比例很低，仅占来华留学生总数的1.4%（见图2.19）。

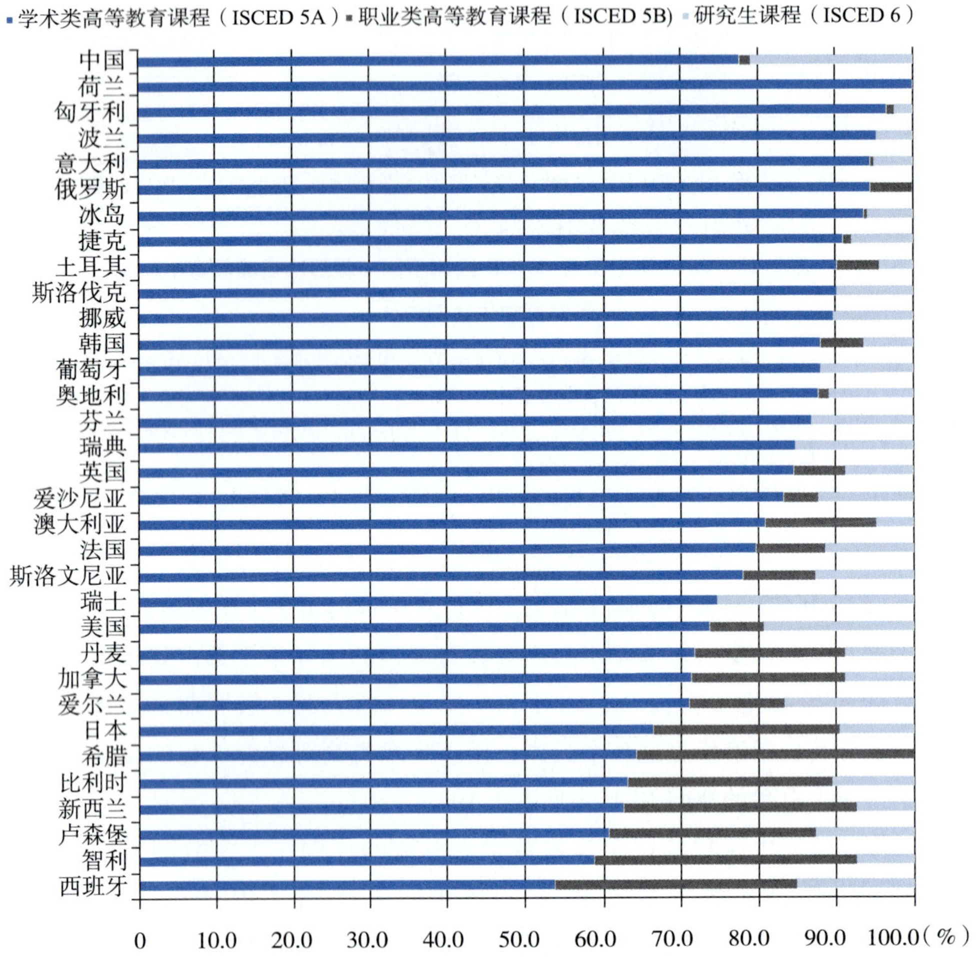

图2.19　2010年OECD国家和中国留学生中不同学历层次留学生所占比例

注：捷克、法国、希腊、意大利、韩国和土耳其的数据为外国留学生的数据，其他为国际留学生的数据。

【数据来源】OECD. Education at a Glance 2012: OECD Indicators［M］. Paris: OECD, 2012.

2. 国际留学生的专业结构

留学生的专业结构与国际以及生源国劳动力市场的需求密切相关。近年来，由于中国和印度等留学生源国对商科与管理领域高级人才的价值认可度提高，因此，学习该专业的留学生比例也有所提高，相对而言，学习科学和工程专业的留学生比例有所下降①。

从 OECD 国家平均水平来看，学习社会科学、商科与法律专业的留学生比例最高，占 35.69%；其次是学习人文、艺术和教育专业的留学生，占 18.30%；再次是学习卫生与福利专业以及工程、制造与建筑专业的留学生，分别占 13.67% 和 13.42%；学习科学专业的留学生占 10.91%；学习服务专业和农业的留学生比例较低，分别占 3.12% 和 2.25%（见图 2.20）。

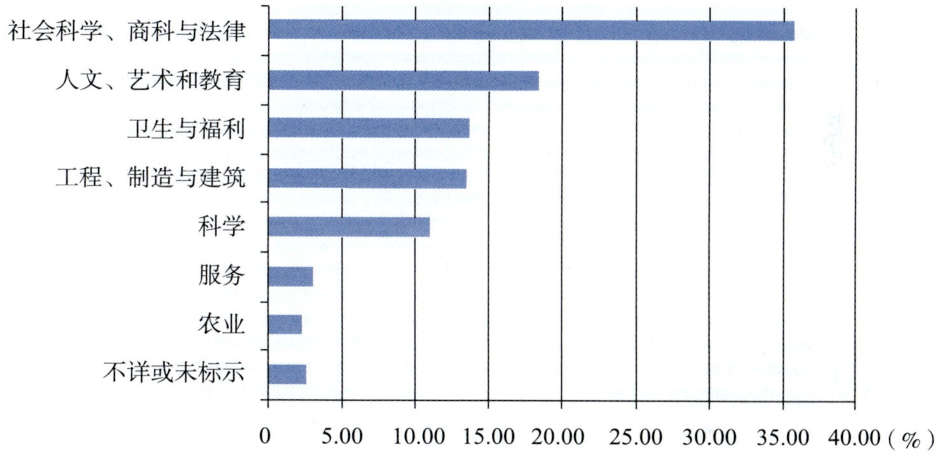

图 2.20　2010 年留学生专业分布情况（OECD 国家平均水平）

【数据来源】OECD. Education at a Glance 2012: OECD Indicators [M]. Paris: OECD, 2012.

从各国留学生专业分布情况来看，修读社会科学、商科与法律专业的留学生比例最高，修读该专业的留学生比例在 9 个国家超过 40%：卢森堡、澳大利亚、荷兰、爱沙尼亚、葡萄牙、英国、加拿大、法国和捷克。修读该专业的留学生比例在匈牙利等 18 个国家低于 40% 但高于 20%（见图 2.21）。

① Rajika Bhandari, Shepherd Lauglin. Higher Education on the Move: New Developments in Global Mobility (Global Education Research Reports) [M]. New York: Institute of International Education, 2009: 6.

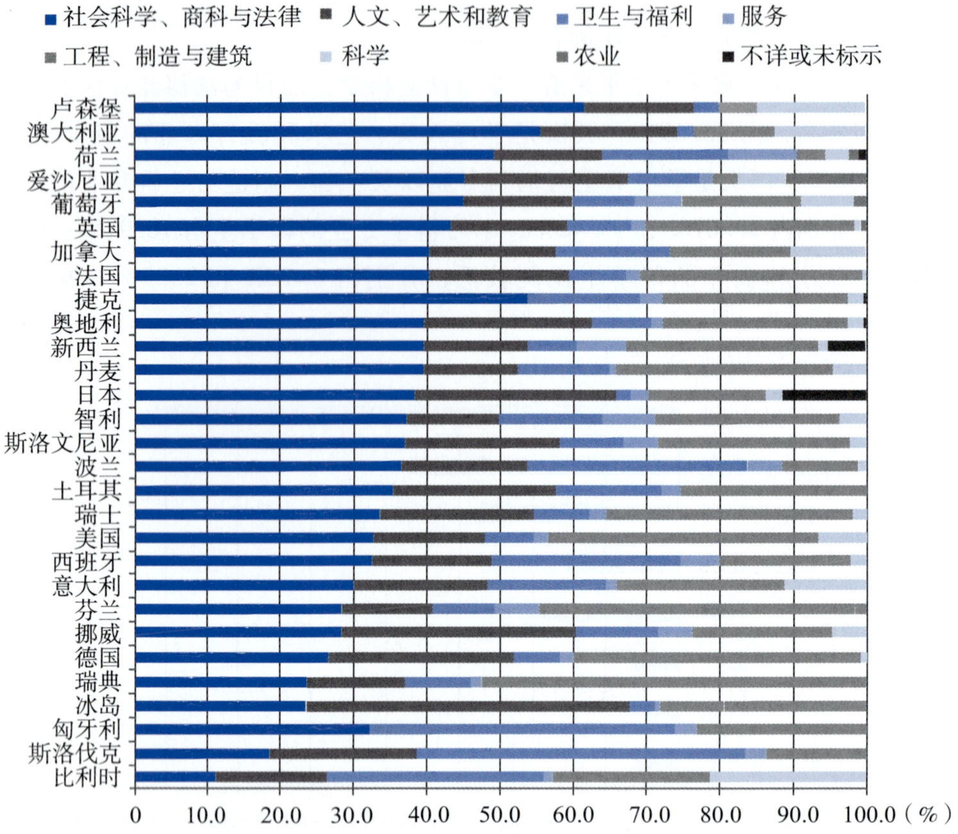

图 2.21　2010 年 OECD 各国留学生专业分布情况

注：捷克、法国、意大利、波兰、斯洛伐克、土耳其的数据为外国留学生的数据，其他为国际留学生的数据。

【数据来源】OECD. Education at a Glance 2012：OECD Indicators［M］. Paris：OECD，2012.

修读人文、艺术和教育专业的留学生比例在大多数国家不超过 20%，超过 20% 的国家有 10 个：冰岛、挪威、日本、德国、奥地利、爱沙尼亚、土耳其、瑞士、斯洛文尼亚、斯洛伐克。

修读卫生与福利专业的留学生比例在大多数国家不超过 15%，超过 15% 的国家有 8 个：斯洛伐克、匈牙利、波兰、比利时、西班牙、荷兰、意大利、捷克。

修读工程、制造与建筑专业的留学生比例在大多数国家不超过 15%，超过 15% 的国家有 11 个：瑞典、芬兰、德国、丹麦、美国、意大利、葡萄牙、斯洛文尼亚、瑞士、加拿大、日本。

修读科学专业的留学生比例在大多数国家不超过 15%，超过 15% 的国家有 9 个：新西兰、冰岛、美国、法国、瑞典、瑞士、德国、加拿大、卢森堡。

修读服务专业的留学生比例在大多数国家不超过 5%，超过 5% 的国家有 6 个：荷兰、智利、新西兰、葡萄牙、芬兰、西班牙。

修读农业的留学生比例在大多数国家不超过 5%，超过 5% 的国家有 2 个：爱沙尼亚和匈牙利。

（三）国际留学教育影响因素分析

进入 21 世纪以来，国际留学教育规模迅速增长，留学生的流向受到“推力”和“拉力”两方面多种因素的影响，包括高等教育的成本和质量、学位的含金量、未来就业的专业资格、专业设置、签证政策、语言和地理文化环境、目的地国的吸引力以及未来的就业机会①。总的来看，国际留学教育主要受到以下几个方面的因素影响。

1. 留学政策加速本国留学教育的发展

随着世界各国将留学教育作为一项人才战略进行实施，不论是在传统还是新兴的留学目的地国，政府都出台了吸引国际留学生的政策，推行大规模的举措促进留学教育的发展。例如，为了加强欧洲高等教育的流动性、质量和国际竞争力，1999 年 6 月，欧洲 29 个国家代表齐聚意大利博洛尼亚，共同签署了《博洛尼亚宣言》（*Bologna Declaration*），启动了欧洲高等教育一体化进程，大大加快了欧洲的学生和教师流动。美国、加拿大、英国、澳大利亚等国长期以来实行的移民政策吸引着大量优秀留学生到本国学习和定居。印度有六分之五的留学生前往澳大利亚、英国和美国

① Rajika Bhandari，Shepherd Lauglin. Higher Education on the Move：New Developments in Global Mobility（Global Education Research Reports） ［M］. New York：Institute of International Education，2009：3.

留学[①]。2000 年以来，英国政府打造“Education UK”品牌，推行英国—中国高等教育项目以及英国—印度教育与研究计划，在很大程度上加大了英国高等教育在世界范围内的吸引力。亚洲国家也推行了各种举措，促进留学教育的发展。日本是目前亚洲最大的留学接收国，计划在未来十年大幅增加外国留学生的数量。2008 年日本制定了“三十万留学生计划”，提出到 2020 年接收留学生 30 万人的目标。2000 年韩国仅招收了 3850 名外国留学生，为了遏制留学收支赤字，提高国内高等教育质量，2004 年韩国政府加大了吸引外国留学生赴韩留学的力度，制定了《吸引来韩留学综合方案》（*Study Korea Project*），计划到 2010 年前吸引 5 万名优秀外国留学生到韩国学习。2010 年，在韩留学人数猛增到 5.92 万人[②]。新加坡先后推出引进世界一流大学、全球校园（Global Schoolhouse）等政策，目标是在 2015 年之前吸纳 15 万外国留学生，使新加坡发展成全球首要的教育服务枢纽[③]。

2. 优质高等教育吸引国际留学生

一国发达的高等教育体系往往会成为吸引国际学生的直接因素。高校卓著的国际声望，往往有助于招徕更多的海外学生。从上海交通大学发布的 2010 年世界大学学术排名来看，世界百强大学分布于 16 个发达国家。其中美国大学所占份额超过一半，包括哈佛大学、加州大学伯克利分校、斯坦福大学、麻省理工学院等 53 所大学进入百强；英国的大学占 11%，包括剑桥大学、牛津大学、伦敦大学等 9 所大学进入百强；德国的大学占 5%，慕尼黑工业大学、海德堡大学等 4 所大学进入百强；日本的大学占 5%，东京大学、京都大学等 4 所大学进入百强；加拿大的大学占 4%，多伦多大学等 4 所大学进入百强；法国、澳大利亚、瑞典、瑞士、荷兰、丹麦各占 3%；比利时、以色列、芬兰、挪威和俄罗斯各占 1%。在世界百强大学中，有 57 所集中在北美地区，16 所在北欧地区，14 所在西欧地区，5

---

① Peter Kell, Gillian Vogl. International Students in the Asia Pacific: Mobility, Risk and Global Optimism [M]. New York: Springer, 2012: 29.

② 董泽宇. 来华留学教育研究 [M]. 北京：国家行政学院出版社，2012：116 - 117.

③ Rajika Bhandari, Peggy Blumenthal. International Students and Global Mobility in Higher Education: National Trends and New Directions [M]. New York: Palgrave Macmillan, 2011: 9.

所在大洋洲地区（澳大利亚），4 所在东亚地区（日本），3 所在西亚地区，1 所在东欧地区①（见图 2.22）。这些世界一流大学集中的国家和地区因而也成为留学生的主要目的地。

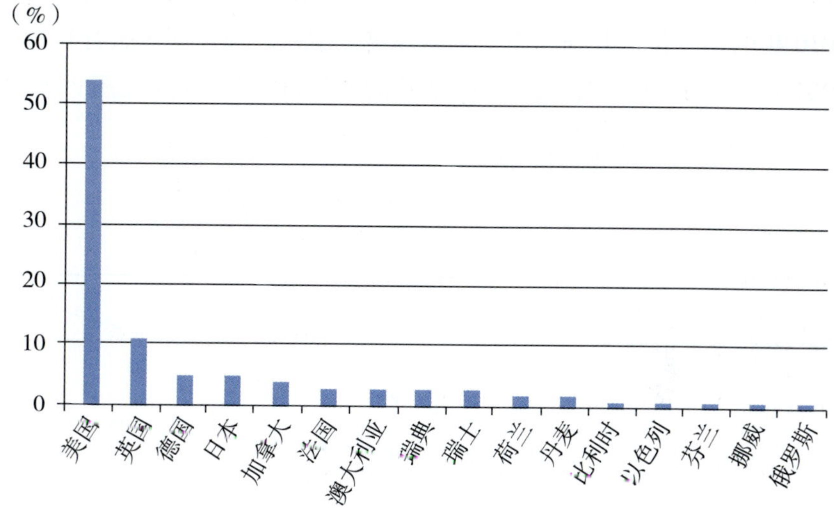

图 2.22　2010 年世界大学学术排名中世界百强大学在各国的分布

【数据来源】世界大学学术排名［EB/OL］.［2013 - 01 - 01］. http：//www. shanghairanking. cn/ARWU2012. html.

3. 高等教育需求增长刺激出国留学

留学生规模的扩张与世界高等教育的扩张密不可分，知识经济的兴起极大地增加了世界范围内对高等教育的需求。2001—2010 年，世界高等教育在校生总数从 2001 年的 1.06 亿人增长至 2010 年的 1.8 亿人，增长了 69.03%。从各地区高等教育在校生数来看，东亚和太平洋地区从 2001 年的 2766.27 万人增长至 2010 年的 5510.09 万人，成为高等教育在校生数最多的地区，其中中国高等教育在校生数从 2001 年的 939.86 万人增长至

① 数据来源：世界大学学术排名［EB/OL］.［2013 - 01 - 01］. http：//www. shanghairanking. cn/ARWU2012. html.

2010 年的 3104. 67 万人①，起到了重要的驱动作用；北美和西欧地区从 2001 年的 2840. 49 万人增长至 2010 年的 3730. 63 万人，从高等教育在校生数最多的地区降至第二位。南亚和西亚的高等教育在校生数增幅最大，从 2001 年的 1295. 60 万人增长至 2010 年的 2847. 68 万人，由 2001 年的第四位上升为 2010 年的第三位，其增长主要依靠印度的推动，印度高等教育在校生数从 2001 年的 940. 45 万人增长至 2010 年的 2074. 07 万人②（见图 2. 23）。

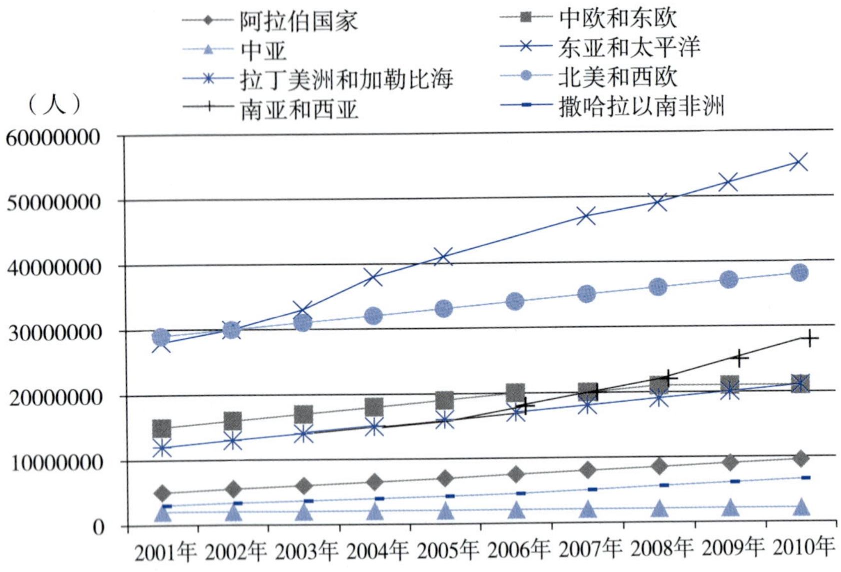

图 2. 23　世界各地区高等教育在校生数变化（2001—2010 年）

【数据来源】UNESCO Institute for Statistics [EB/OL]. [2013 - 01 - 01]. http: //www. uis. unesco. org/Education/Pages/default. aspx.

从 2001—2010 年各地区高等教育在校生数增长率来看，增长最快的是南亚和西亚、撒哈拉以南非洲以及东亚和太平洋地区，分别增长了 119. 80%、102. 66% 和 99. 19%。增长最慢的地区是北美和西欧地区，为

① 数据来源：UNESCO Institute for Statistics [EB/OL]. [2013 - 01 - 01]. http: //www. uis. unesco. org/Education/Pages/default. aspx.

② 数据来源：UNESCO Institute for Statistics [EB/OL]. [2013 - 01 - 01]. http: //www. uis. unesco. org/Education/Pages/default. aspx.

31.95%（见图2.24）。

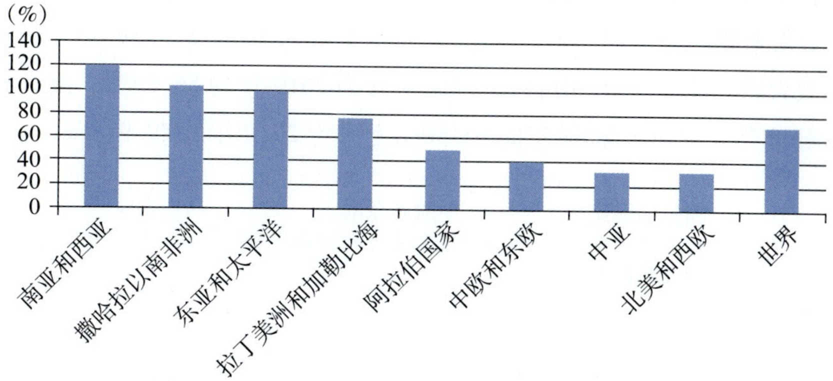

图2.24　2001—2010年世界各地区高等教育在校生数增长率对比

【数据来源】UNESCO Institute for Statistics［EB/OL］.［2013-01-01］. http://www.uis.unesco.org/Education/Pages/default.aspx.

虽然发展中国家对高等教育的需求增长迅速，但是从世界各地的高等教育入学率来看，发展中国家和地区仍然处于较低水平。北美和西欧地区的高等教育入学率最高，从2001年的61.10%上升至2010年的76.48%。中欧和东欧地区的高等教育入学率从2001年的46.73%上升至2010年的67.86%。其他地区的高等教育入学率则位于50%以下。拉丁美洲和加勒比海地区的高等教育入学率从2001年的24.43%上升至2010年的41.17%；东亚和太平洋地区从2001年的17.22%上升至2010年的29.08%；中亚地区从2001年的22.79%上升至2010年的24.30%；阿拉伯国家和地区从2001年的18.73%上升至2010年的23.45%；南亚和西亚地区从2001年的8.98%上升至2010年的17.11%。

尽管一些发展中国家高等教育在校生数绝对值高、增长迅速，但仍然处于高等教育大众化阶段，高等教育机构的容量难以满足迅速增长的高等教育需求，而发达国家的高等教育已经普及，这促使了发展中国家的大量学生到发达国家和地区留学。从发展中国家的高等教育入学率来看，2001年中国高等教育入学率仅为10.10%，虽然到2010年上升为25.95%，但仍远低于发达国家的平均水平。印度高等教育入学率也仅仅从2001年的

9.62%上升为2010年的17.87%。而发达国家的高等教育入学率很高，并且仍在上升，美国高等教育入学率从2001年的69.49%上升为94.81%；英国高等教育入学率从2001年的59.02%上升为2010年的59.75%；法国高等教育入学率从2001年的53.74%上升为2010年的56.69%；澳大利亚的高等教育入学率从2001年的65.50%上升为2010年的79.92%①。

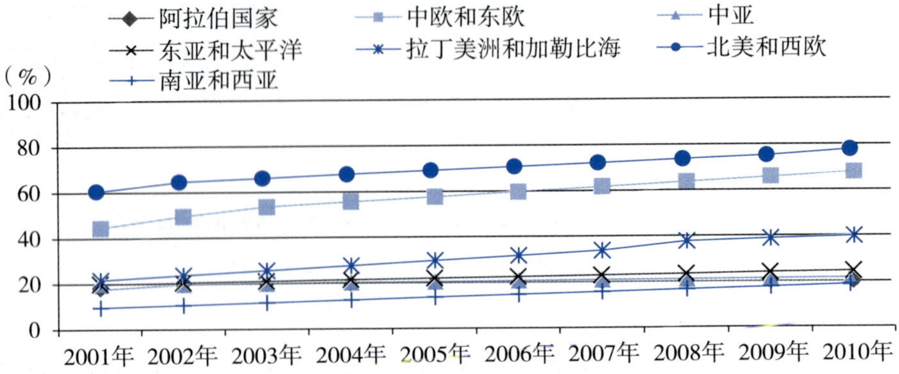

图2.25　2001—2010年世界各地区高等教育入学率对比

【数据来源】UNESCO Institute for Statistics [EB/OL]. [2013-01-01]. http://www.uis.unesco.org/Education/Pages/default.aspx.

4. 地缘文化促进区域间留学交流

文化传统相同或相近的国家和地区之间较易开展学生交流。因而，世界各地留学生除了到发达的北美和西欧地区留学以外，就是到本地区的其他国家留学。例如，欧洲和北美的留学生相当一部分来自具有相同文化传统的国度，阿拉伯国家的留学生除了到发达国家留学外，另一大趋势是到埃及、伊拉克、叙利亚等国的几所著名伊斯兰大学学习。OECD国家有较大比例的外国留学生来自邻国。

国际留学市场还具有很强的地缘政治性。殖民文化中的主从国家之间由于文化的输出与输入，也分享有某种程度的相近文化传统，从而也影响

① 数据来源：UNESCO Institute for Statistics [EB/OL]. [2013-01-01]. http://www.uis.unesco.org/Education/Pages/default.aspx.

了这些国家和地区的国际学生的走向。例如，法国的教育出口市场主要在过去的法属殖民地国家；英国的市场主要在英联邦成员国；澳大利亚的市场主要在南太平洋国家；美国的市场最主要的是亚太地区；在俄罗斯求学的留学生以“独联体”各国学生和亚洲学生居多①；在日本，中国大陆、中国台湾以及韩国的留学生占据了绝大部分；德国的外国留学生除了中国和土耳其学生外，很多都来自东欧的邻国。

英语作为国际语言，使美国、澳大利亚和英国这些英语国家在国际留学市场上具有比较优势，前英属殖民地如新西兰、南非、马来西亚和新加坡也由于同样的优势而对留学生更具吸引力。除此之外，那些采用广泛使用的语言（如英语、法语、德语、俄语和西班牙语）作为教学语言的国家也是外国留学生青睐的目的地国，因此越来越多的非英语国家也开始提供运用英语进行教学的国际课程，以克服在国际留学市场中的竞争劣势。

二、中国留学教育现状（2001—2011 年）

本节主要以国际教育服务贸易背景下，中国留学教育发展速度和市场规模为主线，通过大量的数据对比，展现最近 10 余年来中国来华留学和出国留学事业的发展现状和面临的问题。2001 年我国加入世界贸易组织，正式签署包括《服务贸易总协定》在内的所有 WTO 多边贸易协定，这使我国市场在更大范围内向全球开放。留学教育作为服务贸易的一种形式，被纳入《服务贸易总协定》的框架体系②。我国由于政治环境稳定、社会安定、学费和生活费用比较低廉、高等教育质量稳定，具有一定的竞争优势，受到外国学生的青睐。同时，伴随着我国经济的快速发展和综合国力的提升，世界各国对华贸易往来日益频繁，人们对来华留学的需求有所增长，目前我国已经成为世界最大留学生生源国和主要留学目的地国之一。

---

① 崔庆玲．国际留学市场中来华留学教育发展研究［M］．哈尔滨：黑龙江教育出版社，2012：33．

② 董泽宇．来华留学教育研究［M］．北京：国家行政学院出版社，2012：148．

（一）加入 WTO 扩大来华留学规模

来华留学人数与中国经济发展水平关系密切，中国的经济发展水平越高，科学技术发展越快，来华留学人数也就越多，增长速度也相应提高。尤其是 2001 年我国成为世界贸易组织成员之后，承诺开放高等教育市场，当年来华留学人数就猛增到 61869 人，比 2000 年增加了 9740 人，同比增长 18.6%，增长速度加快了近 10 个百分点。履行教育服务承诺是促进来华留学规模扩大的主要因素。虽然 1989 年原国家教育委员会发布《关于招收自费来华留学生的有关规定》之后，取消了由国家下达来华留学生计划招生指标的审批程序，允许有条件的高等学校经过申请批准后招收自费留学生。而此时的中国高等教育并没有真正融入国际教育市场，教育服务贸易的理念和产业链尚未形成。2001 年，中国加入了世界贸易组织，融入了世界经济主流，开启了由发展中国家向经济大国以至于经济强国发展的历史进程。履行教育服务承诺，既是一种互动，也是一种互相需要。来华留学教育满足了国际社会了解中国、学习中国文化、培养国际合作人才的需求，作为教育服务贸易的主要输出形式从此有了新的功能定位。十多年来，长期稳定的经济增长和庞大的市场需求使中国成为新兴经济体的领跑者和世界关注的焦点。与此同时，中国国内留学教育市场的开放“是在共同的国际教育法规和标准指导下更好分享优质教育资源、促进实现教育公平和提高教育质量的世界全民教育发展目标、更好满足不同学生群体和社会大众对更多更好的教育需求的一种发展战略”①。

1. 近十年来华留学规模持续扩大

扩大来华留学规模是我国实现中长期留学教育发展目标的首要任务。从 1950 年我国首次接收了来自东欧国家的 33 名来华留学生，发展到 2000 年全国一共有 346 所高校接收来自 166 个国家的 52150 名来华留学人员，比 50 年前增加了 52117 人。2001 年以后来华留学教育逐渐在国际教育服

---

① 熊建辉，陈德云．从教育国际化看教师专业化：专访国际教育专家周南照教授［J］．世界教育信息，2012（4）：5.

务贸易市场争得一席之地，成为我国教育国际化的重要途径和教育服务贸易的主要形式，来华留学教育进入大规模、高质量、系统化、产业化发展的稳定增长阶段。2010 年一共有来自 194 个国家和地区的 265000 名留学人员，在 620 所高等院校、科研机构和其他教育机构学习。2001—2010 年，我国累计接收来华留学人员 156 万人次，占改革开放以来我国接收来华留学人员总数的 80%，来华留学规模迅速增长，年均增幅超过两位数。2012 年共有来自全球 200 个国家和地区的 328330 人次的留学生在华学习，创年度在华留学生人数历史新高。

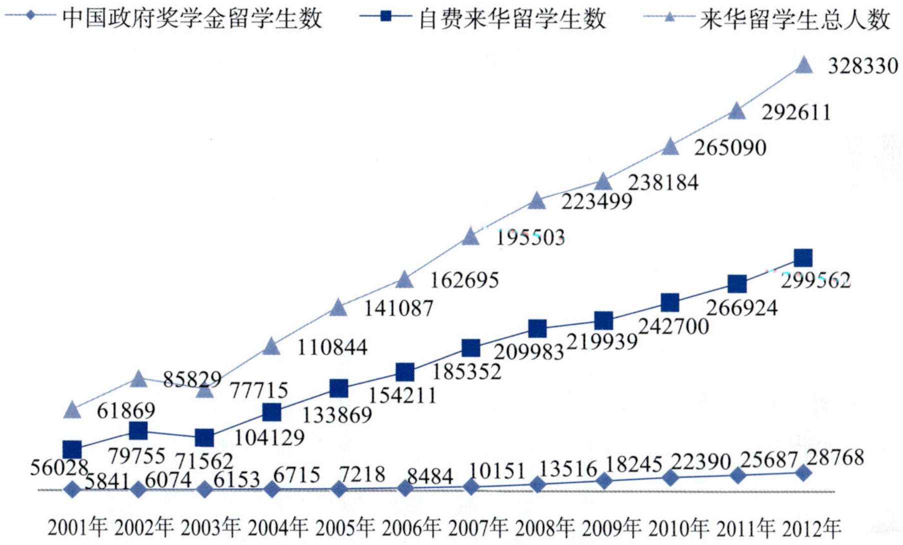

图 2.26　2001—2011 年来华留学规模增长趋势

【数据来源】教育部各年度统计数据，原文参照 http：//www. cafsa. org. cn/index. php？ mid =6。

2001 年我国大陆 31 个省、自治区、直辖市的 363 所高等院校和其他教学机构中，共有来自 169 个国家的 61869 名各类留学人员在华学习，比 2000 年增加了 18.6%，超过了 20 世纪 90 年代末期一直保持的 10% 左右的增长率，创造了当时来华留学生总人数和同比增长率的历史新高。2011 年全年在华学习的外国留学人员总数首次突破 29 万人，来自 194 个国家和地区，分布在中国大陆 31 个省、自治区、直辖市的 660 所高等院校、科研院所和其他教学机构中学习，这一数值相当于 1950 年在华留学生总数的 8867 倍，是 2001

年在华留学生总数的4.73倍，创造了留学生总人数、生源国家和地区数、我国接收留学生单位数及中国政府奖学金生人数四项历史新高[①]。

2. 来华留学人数实现年均20%的规模增长速度

根据国家留学基金管理委员会发布的数据，2001—2011年，在华留学生总数以接近20%的年平均增长率迅速增加（见图2.27）。其中中国政府奖学金留学生数量年均增长率为17.36%，自费来华留学生数量年均增长率为19.23%，来华留学生总量年均增长率为19.58%。从生源分类来看，中国政府奖学金留学生数量快速增长显示出中国政府发展留学教育、促进教育交流的积极姿态和优惠政策取得了喜人的成效；同时，来华的自费留学生人数以更快的速度递增，表明外国公民自费来华留学的意愿迅速提高，中国高等教育在国际留学教育服务市场上的竞争力逐渐提升。

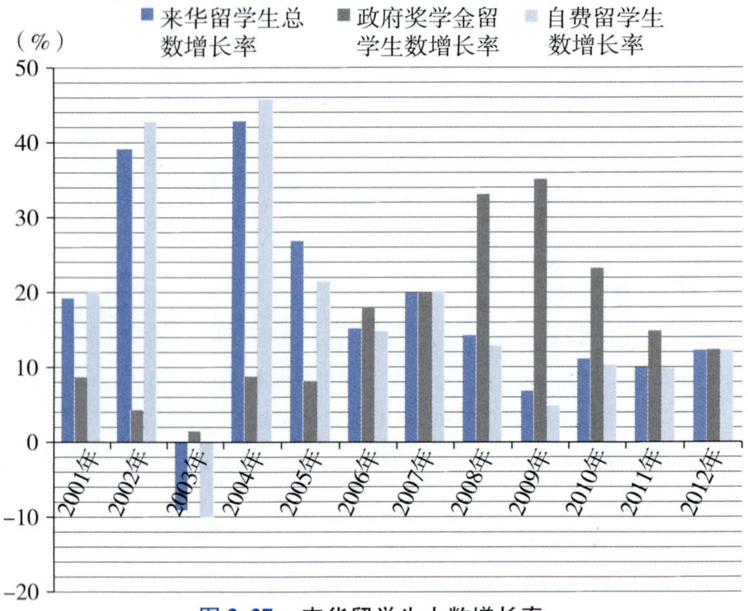

图2.27　来华留学生人数增长率

【数据来源】教育部“全国来华留学生统计”，原文参照 http：//cafsa. org. cn/index. php? mid＝607。

① 数据来源：中国高等教育学会外国留学生教育管理分会．2011年全国来华留学生数据统计［EB/OL］．［2013－01－01］．http：//www. cafsa. org. cn/index. php? mid＝62012－12－05．

中国政府奖学金留学生的增长比例与外国公民自愿选择来华留学人数的增长速度基本吻合，表明中国政府奖学金额度的增加和名额的增长对于吸引来华留学具有至关重要的引领和推动作用。以2011年为例，在全部292611人次的在华留学生中，中国政府奖学金留学生为25687名，占来华留学生总量的8.78%左右，如按此比例发展，2020年实现来华留学50万人的发展规模，其中中国政府奖学金留学生将会达到43900名以上。奖学金对于吸引来华留学具有积极的促进和拉动作用。因此在加大中国政府奖学金覆盖范围和提高资助额度的同时，应积极拓宽来华留学奖学金渠道，构建包括地方政府、企业、个人以及社会各界积极参与的全方位、多途径的来华留学奖励机制。

最近十年来华留学生的生源分布表明，来自亚洲的留学生人数占来华留学生总数的60%以上；而排在前三位的来华留学生来源国——美国、日本、韩国，都将中国作为本国最重要的贸易伙伴。由此可见，地缘文化和经济关系是目前吸引来华留学的主要因素，这表明我国在周边国家中具有一定的影响力，也反映出我国高等教育自身还缺乏独立吸引国际学生的竞争优势，现阶段仍然主要依靠经济发展需求和地缘文化的补偿才能维护留学教育规模的持续扩大。

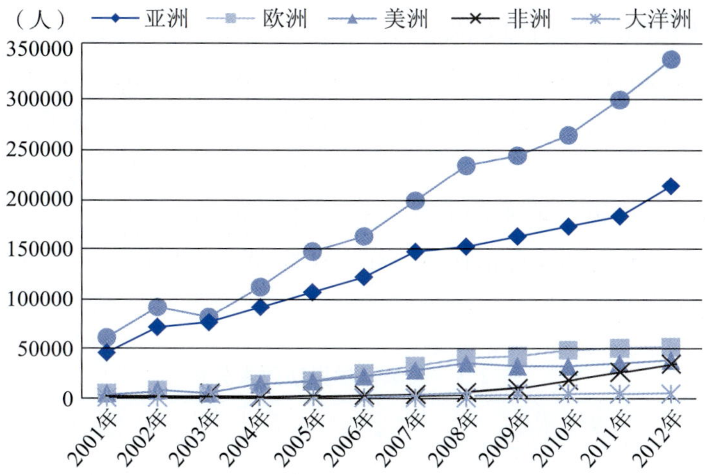

图2.28　2001—2011年各洲来华留学生增长趋势

【数据来源】中国高等教育学会外国留学生教育管理分会．统计数据［EB/OL］．［2013-01-01］．http：//cafsa．org．cn/index．php？mid=6．

3. 引起来华留学异动因素分析

留学教育受到国际贸易市场变动和国际安全形势的直接影响。因此，2001 年中国加入 WTO 开放了高等教育留学市场之后，来华留学人数虽然基本保持 20% 左右的年增长速度，但增长趋势并不平稳，受各种国际形势变化以及经济、文化等因素影响，其间出现过若干次波折和异动。2001—2011 年来华留学人数的几次突然变化（异动）都与影响世界经济发展的金融危机和国际时局变化有关，特别是与危及人的健康与安全的人文地质灾害、突发事件有着密切关联。

2001 年美国高盛公司首次提出了“金砖四国”（BRIC）概念，并在研究报告中预测，到 2050 年，世界经济格局将重新洗牌，“金砖四国”将超越包括英国、法国、意大利、德国在内的西方发达国家，与美国、日本一起跻身全球新的六大经济体之列。高盛这份报告对外发布后，中国、印度、俄罗斯和巴西作为新兴市场国家的领头羊，受到世界广泛关注，而中国成为领跑金砖国家的主要新兴经济体的经济地位得到世界公认。“金砖四国”概念带动了 2002 年来华留学人数的快速增长。与此同时，2001 年美国遭受了震惊世界的“9·11”恐怖袭击事件，这给美国经济带来了严重创伤，同时由于人们担心美国将进入战争状态，以及美国上调国际学生学费，给美国的留学教育市场带来了负面影响。相比之下，中国社会稳定，经济持续增长，领跑新兴经济体的诸多因素进一步凸显了来华留学的优势，使得一部分担心美国社会安全的亚洲国家生源转道来华留学。2002 年来华留学生总数达到 85829 人，比 2001 年增加了 37.8%，成为有史以来来华留学人数增长速度最快的一年，尤其是一年以内的短期来华留学人数增长幅度较大。

表 2.3　来华留学异动因素分析

时间	影响因素	人数增长率	结果分析
2000—2001 年	中国加入 WTO	18.6%	中国加入世贸组织，经济稳定增长，开放留学市场，吸引大量周边贸易伙伴国生源。

续表

时间	影响因素	人数增长率	结果分析
2001—2002 年	高盛提出“金砖四国” 美国“9·11”恐怖袭击事件	38%	中国国际地位凸显，在国际事务中发挥重要作用。美国国家安全隐患导致一部分生源转移。
2003—2004 年	SARS 流行	-9%	“多哈回合”失利，中国经济形势严峻。SARS 大范围流行，造成来华留学恐慌，首次出现负增长。
2007—2008 年	北京奥运会	14.32%	北京奥运会带来的人文交流需求与经济增长，促进留学规模增长速度一跃。
2009—2010 年	美国次贷危机	6.6%	世界性金融危机导致生源国经济下滑，人民币升值导致来华留学成本增加，来华留学增长速度明显放缓。

2003 年是中国开放留学市场之后，来华留学规模唯一出现负增长的年份。从国际形势来看，2003 年 9 月的世贸组织成员坎昆会议上，因为发展中成员国与发达成员国在农业等问题上没有达成一致，会议最终失败，新一轮多边贸易谈判即“多哈回合”中断，世界贸易组织的权威性受到挑战，发展中国家在发展贸易和经济方面面临更加严峻的外部环境，给中国的教育服务贸易和留学教育也带来不利影响。与此同时，2003 年欧元升值，经济吃紧，是欧元区成立以来经济增长最缓慢的一年。2003 年 11 月底欧盟委员会发布的报告公布该年度欧元区经济增长将仅有 0.5%，大大低于 2002 年年底预计的 1.8% 的增长速度，欧元区连续 3 年潜在经济增长率处于 2% 以下。这些因素也导致法国等欧洲国家的出国留学人数明显下降。

此外，由于 2003 年源起于中国大陆的 SARS 疫情蔓延全球，造成全世界的普遍恐慌，中国留学教育遭到了前所未有的冷遇，全年来华留学人数比上一年下降 9% 左右。来华留学人数减幅最大的恰恰是美、英、法、日、韩、泰等主要生源国。虽然有欧元升值、主要来华留学生源国经济不景气等多重因素影响，但主要还是 SARS 造成的恐慌给来华留学带来了不利影响甚至是严重创伤。

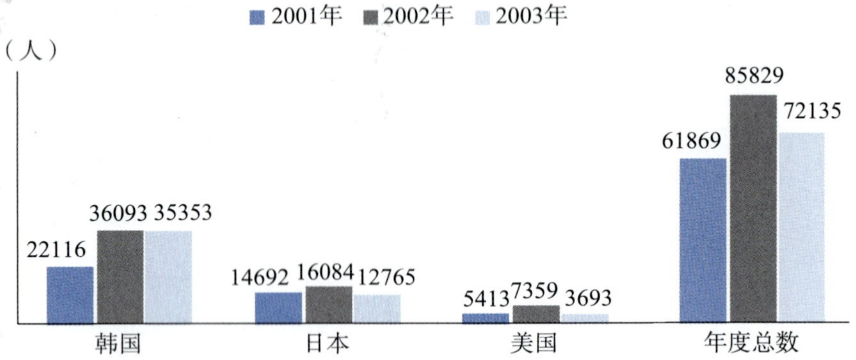

图 2.29　2001—2003 年主要生源国（韩、日、美）来华留学人数变动

【数据来源】中国高等教育学会外国留学生教育管理分会．统计数据［EB/OL］．［2013-01-01］．http：//cafsa．org．cn/index．php？mid=6．

2003 年排在来华留学主要生源国前三位的韩、美、日三国，一共减少生源 7725 人。其中美国减少 3666 人，日本减少 3319 人，韩国减少 740 人。其他主要生源国中，当年来华人数减少较多的依次是：英国减少 386 人，法国减少 379 人，加拿大减少 318 人。亚洲国家中只有越南当年生源有显著增加，比 2002 年增加 1151 人，来华留学生总数达到 3487 人。其主要原因是越南推进"革新开放"，与我国的边境贸易与合作开发日渐增进。欧洲国家中只有德国当年的来华留学生数量有所增加，由 2002 年的 1226 人增加到 2003 年的 1280 人。

健康与安全隐患是留学规模增长的最大不利因素。人们对于危及生命与健康安全的危机事件的恐慌远远高于经济因素对来华留学人数带来的影响。受 SARS 疫情影响，2003 年来华留学生数量下降近 10%，如果按前后年度平均增长速度计算，2003 年来华留学生增长速度实际放缓了近 30 个百分点。

2008 年北京奥运会给来华留学带来了新的增长点。该年度共有来自 189 个国家和地区的 223499 名各类来华留学人员在全国 31 个省、自治区、直辖市的 592 所高等院校、科研院所和其他教学机构中学习，总人数比前

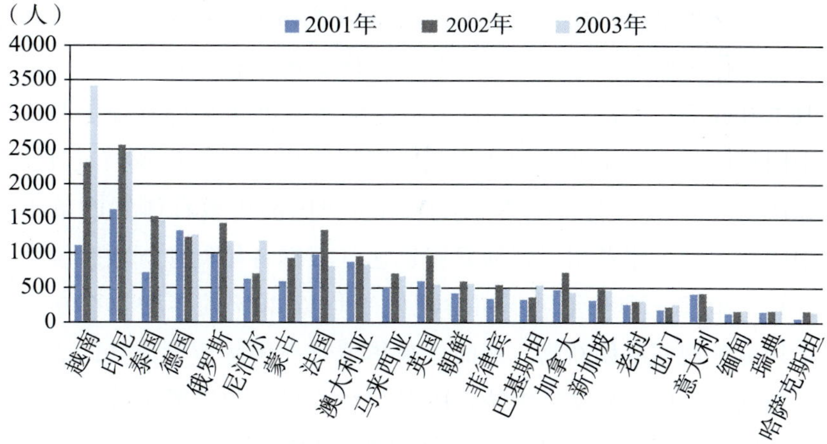

图 2.30 2001—2003 年其他主要生源国来华留学人数变动

【数据来源】中国高等教育学会外国留学生教育管理分会．统计数据［EB/OL］．［2013－01－01］．http：//cafsa．org．cn/index．php？mid＝6．

一年度增加 27996 人，增长率为 14.32%。2008 年成为历史上来华留学生数量最多、生源国家和地区数量最多、接收来华留学生的学校和机构数量最多的一年。除了教育部在当年出台了扩大奖学金规模、提高奖学金标准、改革政府奖学金招生制度等一系列优惠政策，该年度来华留学生数量增长也与奥运经济的拉动作用有不容忽视的关系。

4. 来华留学面临国际教育服务竞争

缺乏国际市场竞争力导致国际市场占有率低，是来华留学规模发展面临的最大挑战。1994 年缔结的《服务贸易总协定》将服务贸易形式分为 12 个类别，教育服务贸易是其中之一。《服务贸易总协定》对服务贸易的定义为：（1）从某一缔约方境内向任何其他缔约方境内提供服务；（2）在某一缔约方境内向任何其他缔约方的服务消费者提供服务；（3）某一缔约方在任何其他缔约方境内通过提供服务的实体性介入而提供服务；（4）某一缔约方的自然人在任何其他缔约方境内提供服务①。根据《服务贸易总协定》的规定，教育服务贸易有 4 种提供方式：跨境交付、境外消费、商业存在和自然人

① 陈宪．国际服务贸易：原理·政策·产业［M］．北京：立信会计出版社，2000：19．

流动。由于学生是教育服务贸易的最终受益者和服务对象，因此国际学生流动一直被作为衡量和考察高等教育国际化发展水平的重要指标。

改革开放30余年来，随着我国国民经济发展水平持续稳定和快速增长，中国在国际事务中的地位和作用不断提升，不仅领跑新兴经济体，而且已经成为世界第二大经济体。与此同时我国高等教育体制改革不断深化，中国高等教育服务出口贸易发展迅速，根据各年度中国教育统计年鉴结果计算，2002—2008年来华留学规模平均以20%的年增长率在逐年递增，来华留学规模屡创新高。然而，来华留学在国际留学市场的表现依然不佳，根据联合国教科文组织统计所以及经合组织的最新统计，2010年我国高等教育服务贸易所占的市场份额仅有1.8%，而高等教育规模远远小于中国的日本却拥有3.6%的市场份额。

2010年7月29日颁布的《国家中长期教育改革和发展规划纲要(2010—2020年)》，提到要“实施留学中国计划，扩大来华留学生规模”，争取到2020年全国当年在内地高校及中小学校就读的外国留学人员达到50万人次，其中接受高等学历教育的留学生达到15万人次，促进来华留学人员生源国别和层次类别更加均衡合理。统筹规模、结构、质量和效益，推进来华留学事业全面协调可持续发展，使中国成为亚洲最大的国际学生流动目的地国家，打造中国教育的国际品牌。

2012年我国共接收各级各类来华留学生328330人，如果按照国际惯例只计算高等教育阶段来华攻读本、硕、博学历、学位的留学生人数，那么2012年度来华留学生中的学历生人数为133509人，占来华留学生总人数的40.66%。由此可见，我国要实现真正意义上的高等教育阶段来华留学50万人发展目标，仍面临重重困难和严峻挑战。目前来华留学规模增长态势强劲，国际留学市场占有率不断提升。然而，无论是与庞大的国际留学市场相比，还是与北美、西欧的发达国家吸引的留学生人数相比，以及相对于中国高等教育的总体规模而言，来华留学生教育规模发展仍不明显。而且，中国的一流大学对本科留学生42学时学费一般定为每学年3000美元左右，中国每年的教育服务出口金额约为8—10亿美元，和数千亿美元的国际留学市场相比，中国教育服务贸易市场占有份额较低，仍有广阔的发展空间和发展潜力。

（二）教育服务贸易改变来华留学结构

长期以来，来华留学一直以语言培训和满足人文交流需要为主要目标。然而全球化促进人、财、物的国际流动日渐频繁，国与国之间相互依存度日益提高，来华留学教育也从最初半官半民的外交渠道，转变成21世纪教育国际化主要渠道和教育服务贸易的基本形式。

2001年中国成为世界贸易组织的正式成员国，是开放教育服务市场的首批签约方之一，承诺有条件地开放我国的教育服务市场。使来华留学由传统的培养友好人才实现友好往来的民间主渠道成为国际教育服务贸易的主要市场行为。参与全球化背景下的国际市场竞争，使来华留学更加充满活力，来华留学的生源结构、学科结构、学历结构等都发生了相应变化。

1. 攻读学位的留学生比例缓慢提高

自2001年以来，来华留学生生源国分布、学历层次、学科分布等结构逐渐优化。留学生的生源国分布代表着来华留学教育的影响范围。来华留学生的学历层次和学科结构是否合理则是衡量留学教育质量和竞争力的重要指标。近年来，外国青年来华接受学历教育人数比例有了大幅度的增加，但优化结构仍然是解决来华留学现存问题的迫切需求。以2012年为例，全年各类来华留学生总数为32.833万人，其中攻读学位的来华留学生人数为13.351万人，只占留学生总量的40.66%，比上一年增长12.35%，略高于来华留学生总量12.21%的增长速度。然而，与我国高等教育在校生总数相比，2012年度在读来华留学生总数占我国在校大学生人数比例为1%左右。而如果按照国际组织通用的国际学生流入率计算（国际学生人数只计算学历生，不包括短期生和进修生），根据我国高等教育在校大学生人数推断，2012年我国国际学生流入率在0.4%左右。而在美、英、法、德等传统留学目的地国家，这一比例一直保持在3%以上，澳大利亚更连续多年达到了10%以上。因此，和教育发达国家相比，我国的国际学生流入率比较低；从来华留学生内部结构来看，又存在着学历生和非学历生比例失衡的问题。

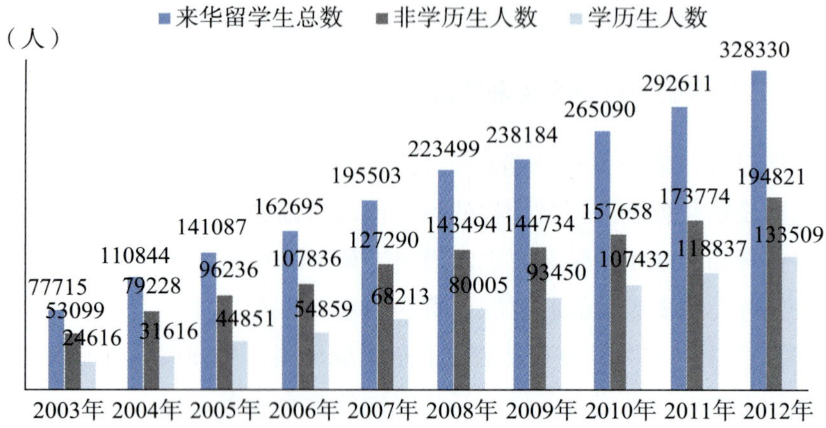

图 2.31　2003—2012 年来华留学生学历结构的变化

【数据来源】中国高等教育学会外国留学生教育管理分会．统计数据［EB/OL］．［2013-01-01］．http：//cafsa．org．cn/index．php？mid=6.

目前来华留学生学历结构中存在的主要问题是非学历生比重大，学历教育层次偏低。根据教育部统计[①]，2012 年在华攻读学位的 133509 名外国留学生当中，本年度在华攻读研究生学位的留学生共计 36060 人，比 2011 年增加了 18.71%，其中，硕士研究生 27757 人，博士研究生 8303 人。非学历留学生 194821 人，占总数的 59.34%。值得注意的是自 2007 年起，出现了来华留学生学历生增长速度快于非学历生，本科留学生增长速度快于研究生的结构性变化，这对于改善来华留学生学历结构将会起到积极的作用。

2. 学科专业分布逐渐改善

2001 年以来，来华留学生的学科门类分布逐渐发生变化，从最早的汉语、文科占主导地位逐渐向多学科、多领域、高层次发展，反映出来华留学已经从促进国际友好交流，培养和储备知华、友华的友好人脉关系的主要民间渠道，逐渐转变为对人、思想、技术、产品、服务、资本跨国流动

① 中国高等教育学会外国留学生教育管理分会．统计数据［EB/OL］．［2013-01-01］．http://cafsa.org.cn/index.php？mid=6.

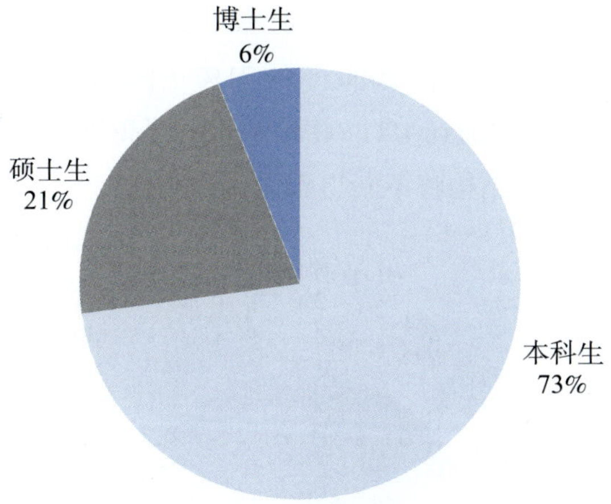

图 2.32 2012 年度来华留学生学历结构

【数据来源】中国高等教育学会外国留学生教育管理分会．统计数据［EB/OL］．［2013－01－01］．http：//cafsa．org．cn/index．php？mid＝6.

日益加速的全球化的教育回应①。留学中国已经成为越来越多国家国际人才战略的重要组成部分。

从 2008 年度来华留学生所学学科专业的结构来看，专业分布并不均匀。汉语类专业占据半壁江山的局面仍未被打破，理工科人数较以前相比有所增加但不明显。2008 年来华留学生的专业分布比例是：文科 143344 名，占总人数的 64.14%；医科 28651 名（西医 19233 名，中医 9418 名），占总人数的 12.82%；经济 11335 名，占总人数 5.07%；管理 10728 名，占总人数的 4.80%；理科 9978 名，占总人数 4.46%；工科 9128 名，占总人数的 4.08%；法学 4688 名，占总人数 2.10%；教育 3395 名，占总人数的 1.52%；其他 2252 名，占总人数的 1% 左右②。从来华留学生的专业选择来看，中国接收来华留学生的专业分布基本上是以人文学科和社会科学居多，其中汉语专业留学生占留学生总数的 55.74%，但是与以往相比已

① 熊建辉，陈德云．从教育国际化看教师专业化：专访国际教育专家周南照教授［J］．世界教育信息，2012（4）．

② 中国高等教育学会外国留学生管理分会．2008 年来华留学生统计简况．［EB/OL］．［2013－06－07］．http：//www.cafsa.org.cn/index.php？mid＝6&tid＝603.

有很大改善。

2008 年文科留学生比例由 2006 年的 71% 下降到 64%，理科留学生比例由 2006 年的 0.66% 增加到 4%，相信随着我国高等教育国际竞争力的提高，来华留学生的学科结构将不断得到优化和改善。

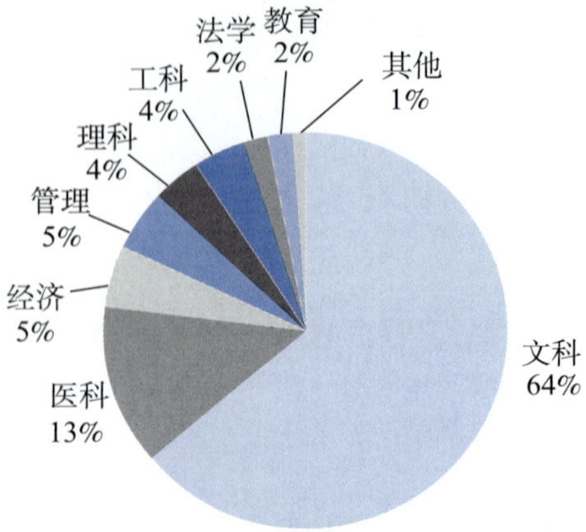

图 2.33　2008 年度来华留学生学科结构

【数据来源】中国高等教育学会外国留学生教育管理分会．统计数据［EB/OL］．［2013－01－01］．http：//cafsa. org. cn/index. php? mid＝6.

3. 生源分布区域不断拓宽

2001—2011 年的 10 年间，来华留学生生源国分布呈现出宽领域、广范围的发展趋势。来自亚洲的生源比例逐渐减少，来自欧洲的生源比例逐渐增加，来华留学生的生源结构逐渐趋于合理。2010 年 7 月 1 日颁布的《国家中长期教育改革和发展规划纲要（2010—2020 年）》在体制改革部分对来华留学有如下表述："进一步扩大外国留学生规模。增加中国政府奖学金数量，重点资助发展中国家学生，优化来华留学人员结构。实施来华留学预备教育，增加高等学校外语授课的学科专业，不断提高来华留学教育质量。"在保障措施中提到要"实施留学中国计划，扩大来华留学生规模"。在留学中国计划启动后，我国各级政府和高等学校将以更加开放、更加积极的姿态，推动来华留学工作快速发展，同时注重规范管理，保证质量，争取到 2020 年全国当年外国留学生数量达到 50 万，使我国成为亚洲最大的国际学生流动目的地国家。

从教育部国际合作与交流司各年度来华留学统计数据中的生源国分布来看①，来华留学生人数增加最多的地区仍然是亚洲，但是亚洲生源占来

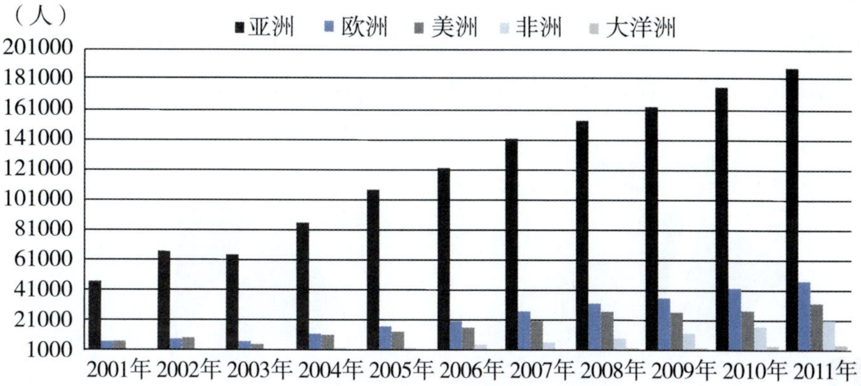

图 2.34 2001—2011 年来华留学生生源分布（人数）

【数据来源】中国高等教育学会外国留学生教育管理分会．统计数据［EB/OL］．［2013－01－01］．http：//cafsa．org．cn/index．php？mid＝6.

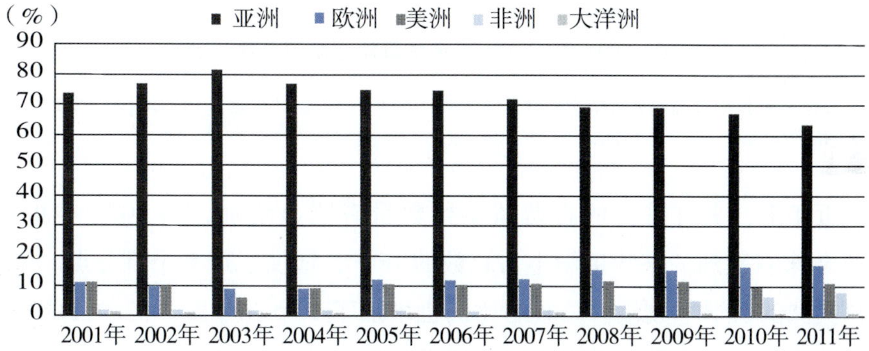

图 2.35 2001—2011 年来华留学生生源分布（百分比）

【数据来源】中国高等教育学会外国留学生教育管理分会．统计数据［EB/OL］．［2013－01－01］．http：//cafsa．org．cn/index．php？mid＝6.

① 数据来源：中国高等教育学会外国留学生教育管理分会．统计数据［EB/OL］．［2013－01－01］．http：//cafsa．org．cn/index．php？mid＝6.

华留学生总数的比例正逐年下降，由 2001 年的 75%，下降到 2011 年的 65%，减少了 10 个百分点，表明中国留学教育市场逐渐摆脱周边贸易需求和地缘文化的单一吸引因素。与此相反，来自欧洲国家的生源占来华留学生总数的比例在 10 年间增加了 5 个百分点，由 2001 年的 11% 增加到 2011 年的 16%。随着欧盟成为中国第一大贸易伙伴，来自欧盟国家以及其他欧洲国家的留学生人数和占来华留学生总数的比例都会有所增加。

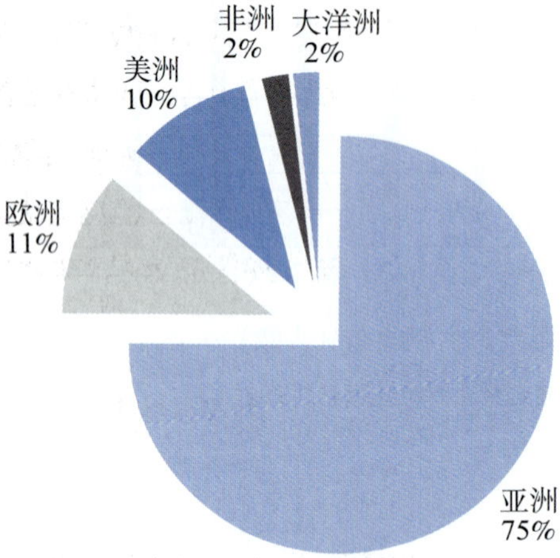

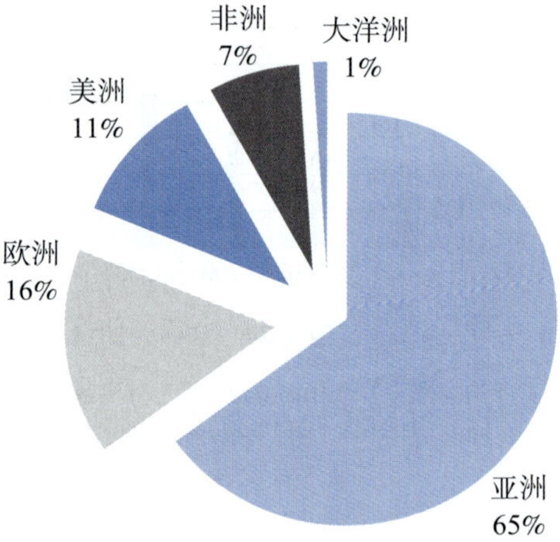

图 2.36　2001 年、2011 年来华留学生生源分布（比较）

【数据来源】中国高等教育学会外国留学生教育管理分会．统计数据［EB/OL］．［2013 - 01 - 01］．http：//cafsa. org. cn/index. php? mid = 6.

近年来，来自欧洲的自费留学生数量有明显增加，与 2001 年相比，2011 年来自欧洲的来华留学生占总数的 16%，增加了近 5 个百分点。同时来自美洲的留学生数量占总数的比例也增加了 1 个百分点。而增加的份额中自费生占绝大多数，说明我国的留学教育质量逐渐得到认可，留学教育的市场竞争力不断提高。

非洲将成为来华留学重要的潜在生源区域和高等教育输出市场。2001—2011 年的 10 年之间非洲生源占生源总数的比例增长了 5 个百分点。以往非洲的留学生几乎清一色是中国政府奖学金留学生或者对方国家派来的交换生，自费留学生数量微乎其微。近年来，来自于经济发展水平相对落后的非洲的自费留学生逐渐增多，表明非洲经济经过长期的发展达到了可以购买国外高等教育的能力，将会成为未来中国留学教育的主要出口地区。而中国与非洲多个国家保持着长期稳定的友好关系，这也是非洲学生来华留学的主要吸引力。

目前亚洲的来华留学主要生源国是日本和韩国，都是与我国有密切贸易伙伴关系的国家。无论是出于建立睦邻友好关系的外交需求，还是发展贸易伙伴关系的经济需求，培养周边国家和重点贸易伙伴国的知华人才是发展来华留学教育的主要任务。

当前来华留学生的生源分布仍然相对集中，扩大覆盖范围、开辟新的生源国是生源结构调整的当务之急。2012 年来自 200 个国家和地区的来华留学生总人数已达到 328330 名。生源覆盖范围逐渐扩大，生源结构逐渐向多元化发展。但总体来说，韩、美、日等 15 个传统生源国的来华留学生数量达到 229625 人，占总人数的 81.76%。而其他的 185 个国家和地区的来华留学生仅有 59799 人，占总数的 18%，其中相当一部分国家和地区几乎没有自费来华留学人员，开辟潜在的来华留学教育市场是实现来华留学规模扩大的重要措施。

表 2.4　2012 年来华留学生主要生源国排名

排名	国家	人数	占总数的百分比	排名	国家	人数	占总数的百分比
1	韩国	63488	19.34	9	巴基斯坦	9630	2.93
2	美国	24583	19.33	10	哈萨克斯坦	9565	2.91
3	日本	21126	6.43	11	法国	8386	2.55
4	泰国	16675	5.08	12	蒙古	8210	2.50
5	俄罗斯	14971	4.56	13	德国	6271	1.91
6	印度尼西亚	13114	3.99	14	马来西亚	6045	1.84
7	越南	13038	3.97	15	新加坡	4250	1.29
8	印度	10273	3.13	总计		229625	81.76

【数据来源】中国高等教育学会外国留学生教育管理分会．统计数据［EB/OL］．［2013－01－01］．http：//cafsa．org．cn/index．php？mid＝6．

（三）规范管理满足来华留学生学习需求[①]

了解和掌握来华留学生学习需求现状是改善来华留学管理和服务，提高来华留学教育质量的有效途径。根据教育部最新统计，2012 年共有来自世界 200 个国家和地区的 32.83 万名各类留学人员在华学习，根据“留学中国”计划的发展目标，预计到 2020 年，来华留学生将达到 50 万人，占我国高等教育在校大学生总数的比例将达到 2% 以上，成为我国大学生群体的重要组成部分。本课题组对在京高校中招收来华留学生数量较多的北京语言大学、北京大学、北京师范大学、北京交通大学、北京科技大学 5 所高校 1000 余名来华留学生的问卷调查的有效统计结果表明，目前来华留学生最为关心和亟须解决的学习需求包括加强语言培训、提供心理辅导、建立导师责任制、提供在华就业指导。

1. 自主来华留学意识强烈

目前在华留学人员普遍来华留学目的性和自主意识比较强烈，68.7% 的来华留学生自主选择来华留学，具有强烈来华留学需求。在本研究的样本[②]中，有中国政府奖学金留学生 232 人，其中 174 人因为得到了奖学金所以选择来华留学，另有 58 人表示自己想来中国并成功申请到中国政府奖学金；68.7% 的人积极主动争取来华留学机会，10.8% 的人接受学校或中介机构推荐来华留学。在调查对象中，中国政府奖学金对于 20.5% 的受访者的来华留学起到了直接促进作用。

来华留学目的调查表明，以学习汉语，或者现阶段以学习汉语为目的的留学生有 358 人，占总人数的 41.5%；以了解中国文化等为目的的留学生有 109 人，占总人数的 12.8%；以攻读本、硕、博学位以及学习相关专业学科为目的的留学生共 386 人，占总人数的 45.6%。来华攻读学位的人数及所占比例不足 50%，表明现阶段吸引来华留学的学科与学位优势亟待提高。

---

① 本节所有数据来源于“来华留学生学习需求调查”研究结果，中国教育科学研究院 2012 年基本科研基金小型调研课题编号：GY2012XDY37，主持人田辉。

② 本调研发放问卷 1170 份，回收 991 份，全部回答所有问题的有效问卷 852 份。

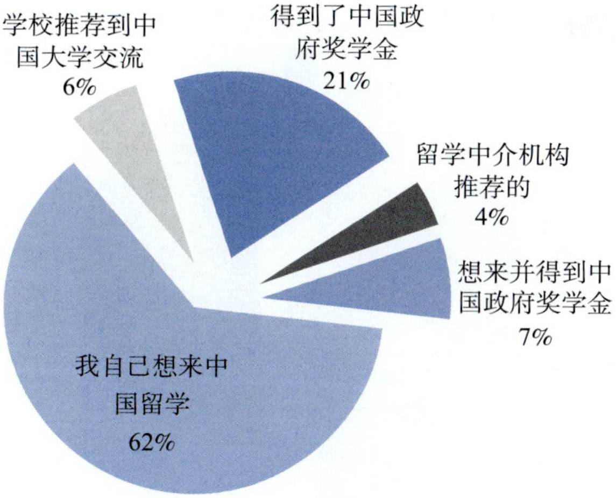

图 2.37　来华留学意愿分析

2. 希望通过网络媒体获取留学信息

在关于来华留学信息发布渠道的调查中，为了进一步了解来华留学生对我国留学信息发布渠道和发布形式的需求，本调查设置了一个“你希望来华留学的信息以什么渠道发布”的选项，结果按有效问卷中选择人数多少排列，依次是：留学网站和网络信息（431 人，50.8%），本国留学中介机构推荐（179 人，21.1%），中国大学的境外留学展（128 人，15.1%），报纸、电视广告（84 人，9.9%），其他方式（27 人，3.2%）。半数以上的受访者希望通过网络了解来华留学信息和自主选择留学目的学校，而受访者对于每年由中国大学到世界各国巡回举办中国留学展的来华留学推荐方式认可度较低。

3. 要求“宽进严出”，保持“低门槛”政策

留学选拔是对来华留学生入学资格和水平的检试，决定着来华留学生的生源质量和学历层次。调查结果显示，来华留学生普遍不希望接受统一的、严格的入学资格考试，表明大多数人仍看中“宽进严出”和“低门槛”的便利条件。在针对来华留学选拔方法的调查中，选择希望通过全国统一留学生考试入学的有 163 人（19.2%），选择希望通过各大学自主留学生考试入学的有 292 人（34.4%），选择学历学分互认对等入学的有 280 人（33%）。结

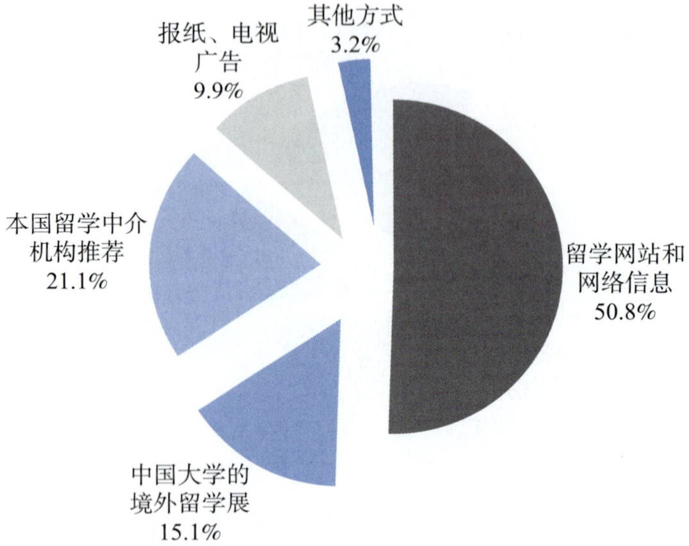

图 2.38　来华留学信息渠道需求

果表明留学生普遍认同“宽进严出”的来华留学选拔方式，“低门槛”仍然是吸引来华留学的有利条件。而另一项针对来华留学生学业成就认定的调查中，72.2%的被调查者希望通过本国与中国大学之间的学分互认、互换，免修相应学科的学分，同时有62.2%的被调查者希望在华留学期间有机会到邻近的大学选修相关课程并得到在读大学的学分认定。

4. 认同中文授课和导师制管理

非英文授课一直被视为影响来华留学规模发展的一大障碍，然而，调查结果显示大部分来华留学生更认同和需要中文授课，并强烈要求采取导师制管理形式。针对来华留学前最大的担心和顾虑的调查，留学生的回答依次是：语言障碍341人（40.02%），住宿和生活条件不好217人（25.50%），学费和生活费太高119人（14.00%），文化差异、交不到朋友118人（13.90%），有其他担心57人（6.70%）。结果显示语言文化障碍是留学生来华留学前最大的担忧；而同一调查显示，有45.3%的被调查者初到中国时需要补习中文，因此开设留学生预备课程十分必要。

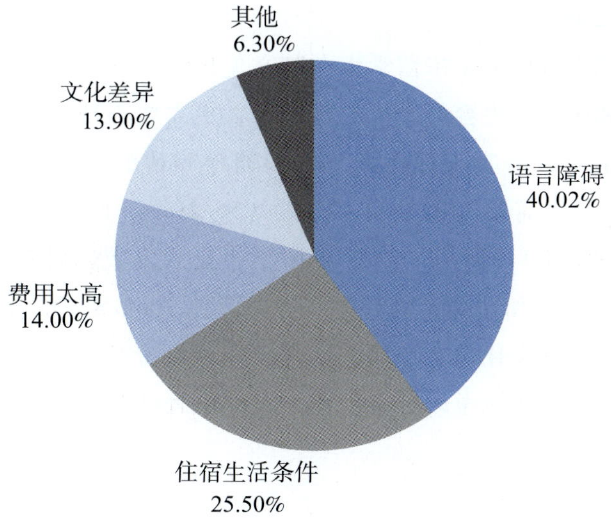

图 2.39 来华留学顾虑因素调查

针对来华留学生最需要的授课形式的调查结果表明，381 人（44.9%）希望全中文授课，113 人（13.3%）希望全英文授课，269 人（31.7%）希望开设留学生特别课程，另有 149 人复选了设立面向留学生的特别研究课题。在教学编班上希望与中国学生混合编班的留学生有 346 人（40.8%），希望留学生能够单独编班的有 176 人（20.7%）。而在参加社会活动方面，超过半数的被调查者（471 人，55.5%）希望留学生单独组织活动。调查表明，中文授课、混合编班、分头活动、有合有分，是最受来华留学生欢迎的教学形式。

在另一项针对是否希望接受固定指导教师对学习生活以及文化习俗等方面指导的调查中，有 291 人（34.3%）选择了非常需要，321 人（37.8%）选择了需要，159 人（18.7%）选择无所谓，只有 8% 的人选择不知道或者不需要。超过 72% 的受访者表示最愿意接受导师制管理，愿意与教师建立固定联系，希望接受教师有针对性的指导和帮助。而有 387 人（45.6%）提出需要专业教师一对一的专业课程辅导。与此同时，还有 268 人（31.6%）需要中文（包括论文修改）的单独补习和个别指导。

5. 需要心理咨询与辅导

过半被调查者认为来华留学生在跨文化环境中学习和生活，尤其要面对各种挑战和压力，更容易产生心理问题，更需要心理咨询与辅导。在针对来华留学生是否需要心理咨询与心理辅导等帮助的调查中，明确回答“需要”和“非常需要”的共有 476 人（56.2%），回答“可有可无”的为 254 人（29.9%）。而另一项针对留学生是否需要法律援助的调查中，明确回答“需要”和“非常需要”的共 550 人（64.8%）。调查表明来华留学生群体身处异文化社会环境，压力较大，容易产生孤独感和缺少安全感，有条件的大学应该考虑对来华留学生提供有针对性的心理疏导和法律咨询服务。

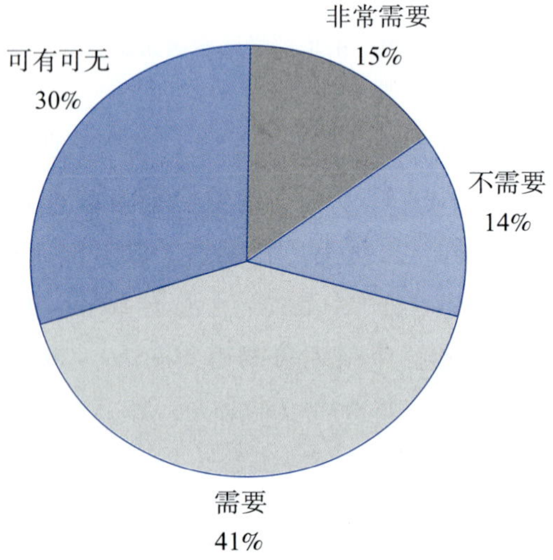

图 2.40　来华留学心理咨询需求度

6. 要求提供在华就业机会，建立长期联系机制

来华留学教育得到留学生群体的高度认同，加之中国经济迅速腾飞带来的发展机遇，导致大部分来华留学生结束学业后希望留在中国就业。针对留学生未来发展意愿的调查表明，有 62.2% 的留学生表示希望以学习或工作的身份继续留在中国，而 666 人（占总数的 78.45%）希望所在大学能提供在华升学和就业指导，希望获取毕业后在华就业机会。

另一项针对留学回国后是否还愿意与母校保持长期和稳定联系的调查中，有736人明确表示愿意或非常愿意保持联系，占总数的86.7%；针对是否愿意帮助他人来华留学的调查中，超过七成的留学生表示愿意帮助他人来华留学，还有将近20%的留学生表示可以考虑帮助他人来华留学，表明大多数来华留学生对自己的学习生活是满意或基本满意的。来华留学生中的绝大部分人愿意以某种形式与中国保持联系，大部分人愿意为中国和母校发展发挥积极的作用，更有超过半数的来华留学生愿意留在中国发展。这表明我国通过来华留学培养知华、友华的国际人才战略是成功的、可行的。

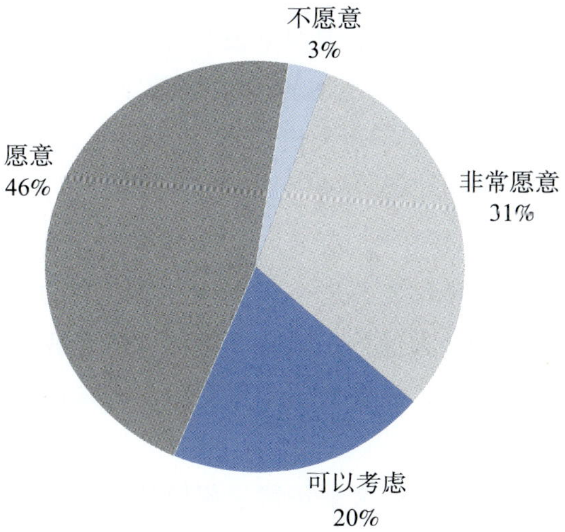

图 2.41 推介来华留学满意度分析

（四）完善制度解决来华留学现存问题

针对留学总体满意度的调查结果表明，90%以上的被调查者对来华留学“满意”和“比较满意”，其中最令人满意的因素依次是：“学费便宜”（31%），“大学的留学生服务与管理完善”（29%），“食宿条件与学习环境满意”（28%）。留学生普遍对学业指导与管理等综合服务给予了较高的评价。此项调查也暴露了一些高等教育自身发展和来华留学政策制度等方面的现存问题。

1. 理性开放优质高等教育资源

目前在华学习的外国留学生对于来华留学的总体满意度较高，尤其是物超所值的学费和较低的生活费成为吸引外国留学生的一大亮点。而来华留学物超所值的背后，是我国优质高等教育资源没有得到应有价值认定的事实。此次针对来华留学各项费用的调查统计结果表明，来华留学生人均各项开销合计 8578.34 元/月，其中学费与教材 4909.01 元/月，住宿餐饮 3487.39 元/月，交通通信 3229.57 元/月，其他费用 1411.53 元/月。由于此项调查的抽样地点为北京，物价和消费水平相对高于国内其他二线城市，因此，2011 年北京地区来华留学生人均留学费用在每年人民币 10 万元左右，高于《中国留学发展报告 2012》公布的人均 7 万元人民币的年度留学费用。尽管如此，这个数字也远远低于美国人均 25 万元人民币、英国人均 20 万元人民币的同年度人均留学费用，尤其是 2011 年留学中国的学费标准为每年 3 万元人民币，美国则高达 15 万元人民币，英国为 13 万元人民币①。开放同样的高等教育资源，我们却只收取美、英等主要留学目的地国四分之一甚至是五分之一的低廉学费。性价比高成为吸引来华留学的一大优势，而这一点也恰恰是我国相当一部分优质留学教育资源被严重低估，没有得到合理利用，亦未能得到应有的价值认定的不合理之处。

在发展教育服务贸易，扩大来华留学规模的同时，应加强优质高等教育资源应有价值的自我保护意识，避免为片面追求来华留学规模扩大，而以廉价出售稀缺高等教育资源为卖点的非理性行为。建立健全与教育资源质量相匹配的收费机制，适当提高留学生学费标准，变物超所值为物有所值，进一步完善来华留学体制机制，是解决现存问题的关键。

2. 高等教育学科优势亟待提高

“来华留学生学习需求调查”结果表明，留学生对我国现有的来华留学教育的质量的期望值普遍不高。以来华留学目的为例，以学习汉语、了

① 王辉耀. 中国留学发展报告 2012 [M]. 北京：社会科学文献出版社，2012：200.

解中国文化为目的的留学生共467人，超过总人数的55%，此类人群重视留学体验，对来华留学教育的学术水准要求并不很高。以攻读本、硕、博学位以及学习相关专业学科为目的的留学生共386人，占总人数的45.6%左右，而在攻读学位的留学生中一部分人是因为得到了中国政府奖学金才来华读学位，一部分自费留学生是因为中国留学成本低廉才选择来华留学，还有一部分留学生是为了学习中医、中文、中国历史等特有学科才来中国留学，还有7%的人只是为了拿到一纸文凭。因此，发展特色学科，建设世界一流大学，提高高等教育竞争力才是增强来华留学竞争力的根本手段，是提高来华留学教育质量的真正内涵。

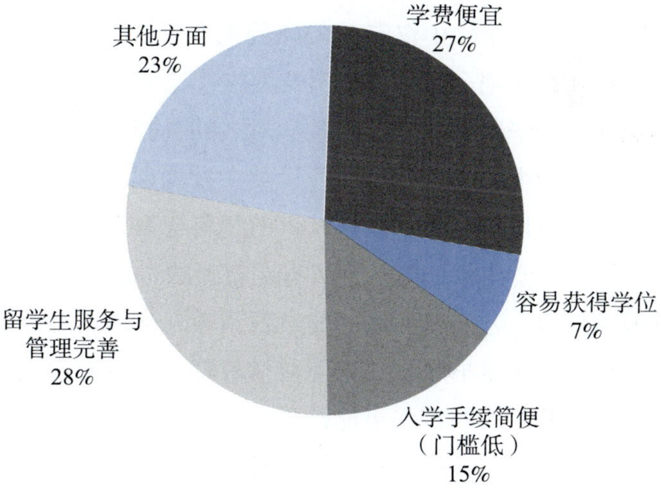

图2.42　来华留学竞争优势分析

【数据来源】“来华留学生学习需求调查”，中国教育科学研究院2012年基本科研基金小型调研课题，编号GY2012XDY37，主持人田辉。

3. 传统留学推介方式面临挑战

调查发现，在全球化、信息化背景下，传统的国际留学展和境外留学说明会等来华留学推介形式，已无法满足留学群体对国际教育信息的需求。被调查者中仅有15.3%的人是通过中国大学境外留学展和留学说明会获得来华留学信息的，与留学展高昂的信息发布成本相比，宣传效率较低。超过半数的被调查者希望通过中国大学的英文网站随时获取招收留学生、专业介绍等相关信息；同时也有21%的被调查者希望中国大学通过当地的留学中介机构代理来华留学业务，并长期发布来华留学信息；仍然希望通过境外留学展的形式获取来华留学信息的被调查者仅占总数的15.1%。教育部留学服务中心每年定期组团辗转世界多个国家和地区推介来华留学，然而作为来华留学信息发布的主渠道的海外留学展，正面临国际教育市场化、信息化的激烈竞争和严峻挑战。我国应尽快开发顺应时代发展变化的高效、便捷、低成本并广受各国青年留学生认可和欢迎的来华留学推介形式。

4. 坚持中文授课，凸显来华留学优势

接受此次调查的留学生中仅有13.3%的人希望留学期间能够提供全英文授课，与此相比，希望全中文授课的被调查者比例却达到了44.9%。这一现象表明更多的来华留学生对课堂教学形式的选择相对理智，也表明大部分留学生不是因为中国的大学可以开设英文授课课程，才选择来华留学的。汉语教学不仅可以凸显来华留学教育的学科优势，也是了解中国文化的有效途径。同时留学生们一般认为只有在教师的母语（中文）环境下才能发挥最佳教学效果，才能得到最好的学习指导，从而更有利于了解中国并完成学业。因此，应尽早走出“来华留学教育 = 高等教育国际化 = 全英文授课”的误区，用中文授课将更能凸显来华留学教育的学科优势、地域优势和文化优势。

5. 加强制度建设，实现人才目标

当前，对于来华留学生的权益保障等相关政策原则性强、具体内容少，来华留学奖学金项目单一且金额较小，留学生毕业后无法在中国就业是困扰来华留学生的比较突出的政策、制度性问题。据教育部2013年最新统计，2012年共有28768人拿到中国政府奖学金，占来华留学生总数的8.76%，就单一种类奖学金而言，其覆盖范围已经比较广，然而仅靠其一枝独秀远不能满足培养知华、亲华的国际人才，推进教育服务贸易，发展来华留学教育的市场需求 。此外，为来华留学生适度地提供在华就业的机会，不仅可以充分发挥来华留学人员的知华、友华的人脉优势，还可以吸

引更多来华留学生，实现规模扩大的发展目标。

近年来，为构建教育对外开放的新格局，我国按照“官民并举、双边多边互动”的原则，全方位、多层次、有重点、分步骤推进教育国际交流与合作，创新双向留学工作机制，全面实施留学中国计划，扩大中国政府奖学金规模，在全国范围内创办来华留学示范基地，努力争取实现2020年来华留学生超过50万人的规划目标，使我国成为亚洲最大的留学目的地国家。2010年9月，为贯彻落实《国家中长期教育改革和发展规划纲要(2010—2020年)》，推动来华留学工作进一步发展，教育部制定了《留学中国计划》，提出到2020年，使我国成为亚洲最大的留学目的地国家，建立与我国国际地位、教育规模和水平相适应的来华留学工作与服务体系，造就出一大批来华留学教育的高水平师资，形成来华留学教育特色鲜明的大学群和高水平学科群，培养一大批知华、友华的高素质来华留学毕业生的来华留学发展目标。

（五）出国留学市场化发展与人才回归

改革开放30余年，中国总计送出了264.47万留学生，其中超过90%是自费留学生。从2007年起，出国留学人数出现井喷式增长，是继2000年年初之后的又一次快速增长。特别是加入WTO之后，中国的对外开放程度越来越高，中国经济对世界经济的依赖性和对世界经济的贡献也日益增大，中国经济的快速发展也需要更多具有国际视野和海外经营管理能力的人才，因此出国留学生的人数开始快速增长。2010年度中国出国留学人员总数高达28.5万人，增长率超过了24%。在主要留学人员派出国家中，中国留学生数高居榜首。2007—2011年，出国留学人数连续4年增长率超过20%。2011年我国出国留学人数已经达到33.97万人，占当年全球留学人数的14%，成为世界第一大留学生生源国。2013年2月，在教育部第四场新春新闻发布会上，教育部国际合作与交流司公布了2012年出国留学总体情况：全年出国留学人数较2011年增加5.99万人，达到39.96万人，同比增长17.65%，再次刷新历史最高纪录，中国继续稳坐全球最大留学生输出国的宝座①。

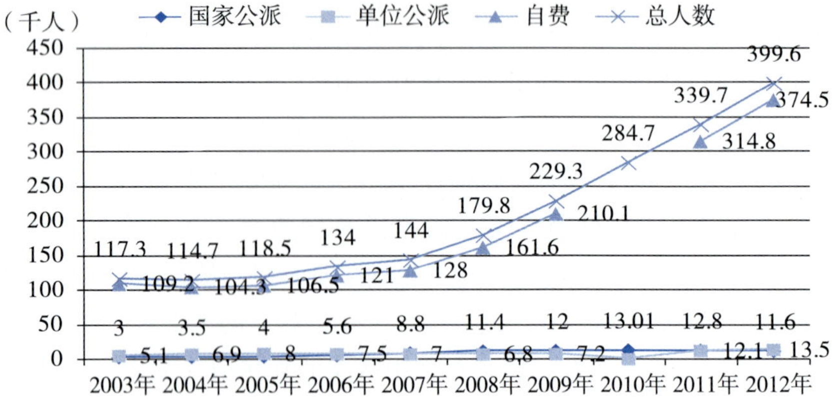

图 2.43　出国留学人数增长趋势

【数据来源】国家留学基金管理委员会各年度出国留学统计数据［EB/OL］.［2013 - 06 - 17］. http：//www.csc.edu.cn/Nianbao/Default.aspx.

1. 经济增长助推出国留学浪潮

2001—2012 年的 10 余年内，随着改革开放进一步深化，经济平稳快速增长。2001 年我国人均 GDP 首次超过 1000 美元，经济发展迈上了一个新的台阶；2011 年我国 GDP 总量首次超越日本成为仅次于美国的全球第二大经济体；2012 年我国人均 GDP 达到 6100 美元，已跨入中等收入国家行列。2001 年中国成为 WTO 正式成员国，在开放国内教育服务贸易市场的同时，世界教育市场也向千百万中国学子敞开了大门，出国留学人数、目的地国也急剧增加。长期稳定的经济增长，使我国居民生活水平有了较大的改善，普通工薪家庭有能力承担子女留学费用，这是推动留学浪潮的直接动力。随着经济全球化发展及中国经济条件的提升，出国留学成为人们可自主选择的高等教育途径，越来越多的中国家长和学生希望在世界范围内选择优质的教育资源。

① 中华人民共和国教育部. 2013 年新春发布会［EB/OL］.（2013 - 02 - 28）［2013 - 03 - 01］. http：//www.moe.gov.cn/publicfiles/business/htmlfiles/moe/s7204/201302/148024.html.

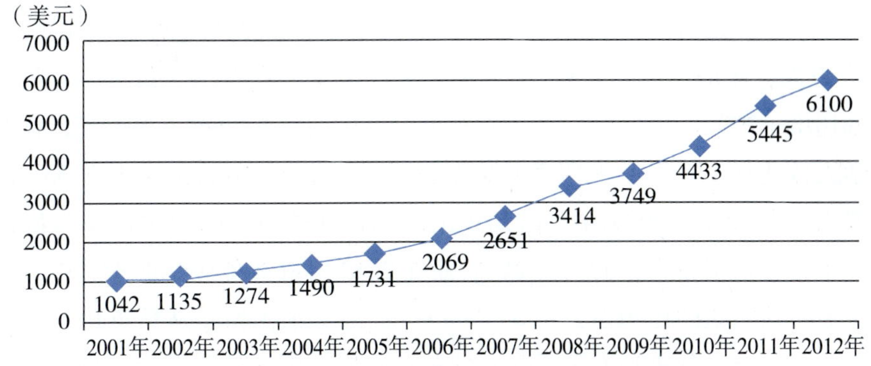

图 2.44　2001—2012 年中国人均 GDP 发展水平

【数据来源】世界银行［EB/OL］.［2013－06－17］. http：//wdi. worldbank. org/table/4. 1.

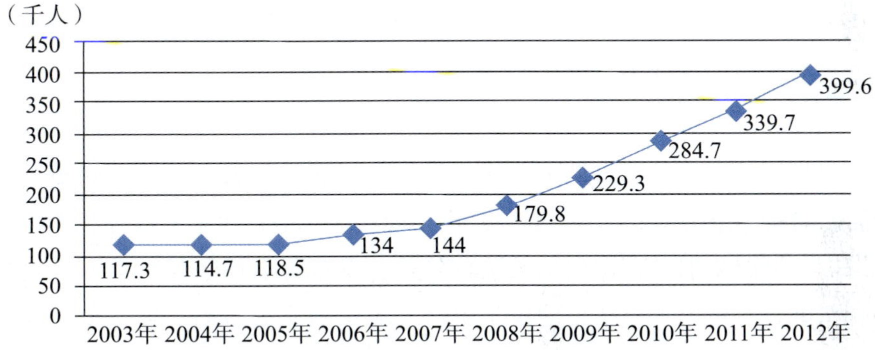

图 2.45　2003—2012 年中国出国留学人数增长趋势

【数据来源】教育部出国人员情况统计［EB/OL］. http：//www. moe. gov. cn/publicfiles/business/htmlfiles/moe/s5987/201202/130328. html.

2. 自费出国留学成就留学中介产业

教育国际化背景下有效利用国际教育资源，在国际范围内自主选择优质高等教育资源是进入中等收入国家的共同特征——说明该国具有购买国际教育服务的经济能力，但国内高等教育发展落后于经济增长速度，导致出国留学人数激增。1985 年国家提出“支持留学、鼓励回国、来去自由”的出国留学方针，为大量自费出国留学人员提供了强有力的政策保障。出国留学褪去了国家公派的“精英光环”，更多的工薪家庭的青年加入了海外留学大军。最近十年国家和单位等公派出国留学人数基本维持在每年2—3万人，年增长速度只有5%左右。相比之下，自费出国留学的人数则大幅递增，2002—2012年，中国在海外就读的留学生总数为191万，自费留学人数达到175万，占留学总人数的91%。2011年的留学人数33万，自费人数占93%。2009年，前几年出国，并且已回国的中国留学生群体中，来自普通工薪家庭的只占2%，而在2012年赴海外留学的学生中，来自普通工薪家庭的比例占到了34%左右[①]。随着出国留学从精英化走向平民化，以及金融危机和人民币升值的双重作用，中国的留学市场被注入了一剂“催化剂”。这无疑为中国留学行业的发展带来了前所未有的机遇。教育部教育涉外监管信息网公布的资料显示，截至2012年年底，全国共有经教育部认证的出国留学中介机构452家，分布在30个省市自治区，每年提供近百万人次的留学咨询、考试、培训、签证、保险代理等一系列出国留学服务，出国留学中介服务的产业链和市场化格局已经形成。

然而，近年来留学中介市场良莠不齐，导致自费出国留学中介活动中屡次出现虚假宣传、质量低下、违规操作、违法牟取利益等严重问题。为此，教育部查处并吊销了15家中介机构的认证资格，建立了教育涉外监管信息网，同时采取公布国外正规院校名单、发布留学预警等一系列规范和整顿措施，打击以上自费出国留学中介领域中的非法活动，进一步规范自费出国留学服务市场秩序。随着留学中介机构的市场定位逐渐清晰，留学中介服务将走向成熟的产业化发展进程。

3. 出国留学人才回流趋势基本形成

据教育部2013年新春发布会公布的数据，1978—2011年，我国共派出各类出国留学人员总数达224.51万人。截至2011年年底，以留学身份出国，在外留学人员的有142.67万人，其中110.88万人正在国外进行相关阶段的学习和研究。2012年，我国出国留学人数达39.96万人，其中国家公派1.35万人，单位公派1.16万人，自费留学37.45万人，我国已基

① 王辉耀．中国留学发展报告2012［M］．北京：社会科学文献出版社，2012：7－9.

本形成以公派出国留学为主导、自费出国留学为主体的工作格局。

如此庞大的出国留学群体是否导致精英人才的大量流失以及引发第三次移民浪潮，已成为目前社会关注的热点问题。2012 年，中国与全球化研究中心、北京理工大学法学院联合发布《中国国际移民报告（2012）》国际人才蓝皮书，称：当下，中国的“第三次移民潮”正在如火如荼地进行着，2011 年中国对外移民超过 15 万，富裕人群及知识精英成为移民主力①。

在全球化的背景下，人们出国越来越便利；经济发展，使人们越来越富裕，部分人有足够的经济条件出国；教育程度的提高，使越来越多的人能够熟练使用英语，这些在客观上为移民创造了条件，精英化与年轻化已成为国际人才流动的主要特征。与此同时，由于高校的扩招以及企业空余岗位的缺失，使得 2013 年成为有史以来最难就业的一年。这些问题也让很多家长再次将目光投向了孩子的教育问题，为了孩子的教育而选择全家移民，或者送孩子出国留学。

20 世纪 80 年代的留学热潮也曾引起社会对人才外流的担忧，如今越来越多的“海归”成了国家经济发展的重要力量。从这个意义上来讲，数百万人自费出国接受国际化教育是件好事——从长远来看，未来中国将收获一大批视野宽广、适应国际竞争的国际化人才。据统计，截止到 2012 年年底，我国留学回国人员总数已达到 82 万人，公派留学人员回国率达到了 98%。留学回国人员规模的不断扩大，既得益于中国综合实力的不断增强，也得益于国家鼓励回国和吸引人才政策的不断完善。在国家实施人才强国战略和建设人力资源强国目标的推动下，从中央政府到各部门、各地方、各高校、科研机构和企业均开始新一轮的引才、引智的高潮，越来越多的留学人员将选择回国发展并在教育、科技、经济、国防和社会发展等领域发挥重要的作用。2010 年的统计数据表明，目前中国科学院 692 名院士当中有 590 人是留学回国人员，超过 77% 的教育部直属高校校长有留学的经历。截至 2010 年年底入选“千人计划”的高层次人才，绝大多数都

---

① 王辉耀. 国际移民潮下，中国何去何从？[J]. 中国人才，2013（4）：28－29.

是留学人员。目前由留学人员创办的企业总数超过万家，在全国各地留学人员创业园中，处于孵化阶段的留学人员创业企业也超过了8000家。这些企业有力地推动了中国在信息、生物、新材料、新能源、环境保护等领域实现跨越式发展。

与此同时，广大在外留学人员心系祖国，关心国家的现代化建设和民族事业。他们把勤劳、智慧、富有才干的中华民族形象介绍给世界，增进了中国人民同世界各国人民的彼此了解和友谊。全球化背景下，世界各国越来越将文化和教育交流视为增强其全球影响力的有效途径，并将接受和培养外国留学生作为其全球发展战略的重要组成部分。为了增强中国在国际社会的存在感和话语权，向国际社会推介中国文化教育、科学技术的优秀成果，促进“知识国际化”发展，通过出国留学、吸引来华留学，培养能够活跃于国际社会的优秀人才，以及吸引海外优秀学生和访问学者来华学习的双向人才交流意义重大。胡锦涛同志在中国共产党第十八次全国代表大会上所作的报告中指出：“必须坚持推进改革开放。改革开放是坚持和发展中国特色社会主义的必由之路。要始终把改革创新精神贯彻到治国理政各个环节，坚持社会主义市场经济的改革方向，坚持对外开放的基本国策，不断推进理论创新、制度创新、科技创新、文化创新以及其他各方面创新，不断推进我国社会主义制度自我完善和发展。”① 扩大教育开放，提高教育国际化水平不仅仅是我国中长期教育改革发展的体制改革任务，而且应该成为教育发展的国家战略。

（六）出国留学面临的问题与挑战

1. 留学目的地国分布相对集中

随着人民币升值和中国普通家庭财富的增长，来自工薪家庭的留学人数增多，出国留学已经越来越趋于平民化、常态化，逐渐成为中国公民可自主选择的接受高等教育的途径之一。而我国出国留学者在留学目的地国

① 胡锦涛．坚定不移沿着中国特色社会主义道路前进 为全面建成小康社会而奋斗：在中国共产党第十八次全国代表大会上的报告［R/OL］.（2012－11－18）［2013－03－01］. http://cpc.people.com.cn/n/2012/1118/c64094－19612151－2.html.

的选择上，基本呈现出“大分散，小集中”的局面。虽然改革开放30多年来中国留学生的脚步几乎遍及世界各地，但大部分留学生仍集中在传统留学目的地国。首先，中国出国留学热度越来越高，直接带动了韩国、日本、新加坡、马来西亚等邻国的留学市场发展；其次，大洋洲的新西兰、澳大利亚，欧洲的德国等国家开始成为市场热点，因为其每年的费用相对于传统的留学目的地国要低廉，受到不少工薪家庭的欢迎。然而，据教育部统计数据，截至2012年3月，我国230万海外留学生分布在全世界100多个国家，其中绝大多数分布在美国、英国、澳大利亚、加拿大、日本、韩国、新加坡、法国、德国、新西兰和俄罗斯等发达国家。根据美国《2012年门户开放报告》（*Open Doors Report 2012*），2011—2012年被美国高等教育机构录取的中国学生数量从157558名增加到194029名，增长率为23.1%，远远超过全世界赴美留学生平均5.7%的增长速度[①]。另据日本文部科学省统计，2012年度在日本各大学攻读学位的长期留学生总数为137756人，其中来自中国的留学生为86324人；而该年度在日本学习的短期留学生总数为11146人，其中3478人来自中国，2012年度来自中国的留学生人数占日本外国留学生总数的60.31%，中国是日本最大的留学生源国[②]。

目前，我国出国留学人员倾向于选择以下四类留学目的地：（1）美国、英国、德国、法国等OECD成员国中经济和教育相对发达的留学目的地国；（2）加拿大、澳大利亚、新西兰等移民政策相对宽松的移民国家；（3）日本、韩国、新加坡等地缘文化比较接近的周边国家；（4）香港、澳门、台湾地区以及其他对华留学签证政策相对宽松的国家和地区。

① IIE BOOKS. Open Doors Data [EB/OL]. [2013-06-22]. http://www.iie.org/Research-and-Publications/Open-Doors/Data/International-Students.

② 独立行政法人日本学生支援机构. 平成24年度外国人留学生在籍状况調査結果 [EB/OL]. [2013-06-10]. http://www.jasso.go.jp/statistics/intl_student/documents/data12.pdf.

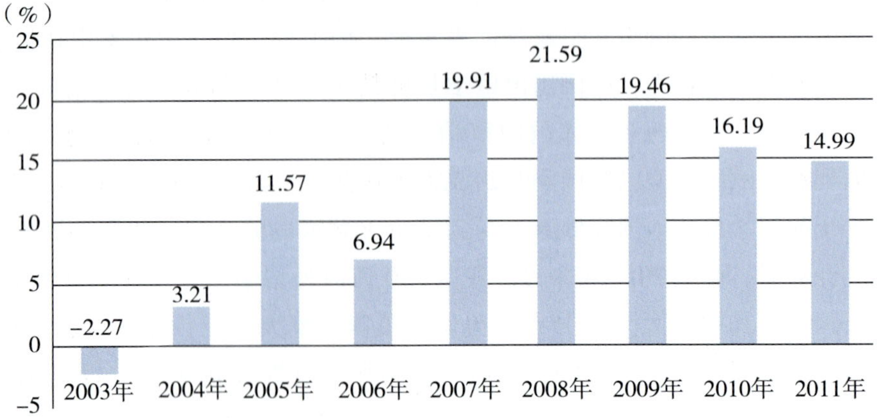

图 2.46　2003—2011 年出国留学增长速度

【数据来源】教育部全国出国人员情况统计［EB/OL］. http://www.moe.gov.cn/publicfiles/business/htmlfiles/moe/s5987/201202/130328.html.

启德教育集团“国际教育研究院”认为，未来若干年内美国、英国、加拿大、澳大利亚仍将是最受欢迎的留学目的地国，而法国、德国、荷兰等欧洲小语种国家的人气将大幅飙升；同时新加坡、日本、韩国、中国香港因为升学优势明显、环境适宜，选择到这些国家和地区学习的学生数量也会上升。

2. 陷入出国留学低龄化误区

统计数据显示，2011 年出国留学人数已达 33 万人，虽然本科生仍是出国留学的主体，但提前在高中阶段出国的人数有不断增多的趋势。启德教育集团“国际教育研究院”认为，2012 年出国留学人员中高一和高二的学生数量相比 2011 年增加了 20%，这些学生大都未满 18 周岁，有的甚至是小学生①。《中国留学发展报告 2012》指出：据国家教育部公布的数据，2009 年我国高考弃考人数达到 84 万人，2010 年接近 100 万人，其中因出国留学而选择弃考者达 21.1%，高中毕业生直接到国外高校留学的增长速度在加快。以北京为例，2011 年，北京市高考人数和前一年相比降幅约为

① 王辉耀. 中国留学发展报告 2012［M］. 北京：社会科学文献出版社，2012：34.

10%，除了适龄学生和复读生人数减少外，大部分考生是因为留学而选择了弃考。此外，在低龄留学潮的带动下，北京约有近10%的中考生选择报考国际高中，预计这一比例还将呈现上升趋势①。从家长的角度来说，送孩子出国留学，可以在更广阔的范围内选择最适合孩子成长的教育环境和教育服务。然而盲目追求出国留学"低龄化"并不是一个理智的选择。在孩子18岁高中毕业后再出国留学，会更有利于他们的身心健康成长和学业顺利发展。首先，青春期是儿童发育到成年的过渡期，进入青春期，青少年身心会发生巨大变化，处于生理发展快与心理发展慢的不平衡阶段，所以父母最好陪伴和帮助孩子顺利度过内分泌及心理、行为的突变期；如果在这个年龄段把孩子送到遥远而陌生的异国他乡，容易导致孤独、闭锁以及青春期其他心理和行为问题产生。其次，任何国家的基础教育都有明确的目标和完整的知识体系，在同一个文化背景、同一个教育体制内完成12年教育，能够奠定坚实、完整的知识基础，有利于出国后的专业选择与发展。国内大部分高中采取全部或者部分寄宿制管理，可让孩子在出国之前在国内高中寄宿1—3年，有目的、有意识地锻炼孩子的独立性和坚强的生存能力，有助于提高他们应对复杂的留学环境和处理各种问题的能力。最后，18岁之前是孩子道德价值观、民族认同感以及公民意识形成的关键时期，是家长积极影响和正确引导孩子身心健康成长的最佳时间段。因此，中国家长应尽早走出"出国留学年龄越小越占优势"的认识误区。

3. 影响出国留学的主要因素

自2001年中国加入WTO之后，国际高等教育市场向中国敞开大门，出国留学热潮一浪高过一浪。然而2003年原发于中国大陆和香港等地的SARS疫情迅速蔓延并引起了世界性恐慌。由于SARS流行期间正值出国留学选拔、录取、签证期，导致该年度中国出国留学人数比上一年减少了2.27%。这是近年来出国留学人数出现的唯一一次负增长。在发病原因和流行趋势不甚明了的情况下，多数人选择谨慎出国。同样受到SARS疫情影响，传统留学目的地国加强了针对中国学生入境的检查和签证限制，导

① 王辉耀．中国留学发展报告2012［M］．北京：社会科学文献出版社，2012：9－10.

致相当一部分留学申请者未能成行。

表 2.5 中国出国留学影响因素分析

时间	影响因素	人数增长率	结果分析
2002—2003 年	SARS 流行	-2.27%	健康与安全因素直接影响出国留学规模增长速度。
2006—2007 年	中国经济稳定增长	19.91%	中国人均 GDP 超过 2500 美元，教育服务购买力显著提高。
2008—2009 年	美国次贷危机，人民币升值	19.46%	中国人均 GDP 超过 3400 美元，人民币升值，留学成本下降。
2010—2011 年	中国即将跨入中等收入国家行列，实施人才回归战略	14.99%	中国人均 GDP 超过 5400 美元，留学回国成为重要人才战略。

2006 年以后，中国经济持续稳定增长，人均 GDP 超过了 2500 美元，家庭的教育购买力增强引发了人们对高等教育多样化选择的需求增长。在国内高等教育的规模和质量尚不能完全满足社会教育需求的情况下，购买境外教育服务成为中国公民接受高等教育的一个可选途径，更多家庭选择送子女出国留学，2007 年我国出国留学人数比前一年增长了 19.91%。2009 年，受到“后奥运经济”的全面带动，中国人均 GDP 超过了 3400 美元；与此同时，美国的次贷危机引发了全球金融海啸，人民币大幅升值，中国公民出国留学成本迅速下降带来了出国留学人数的新一轮增长，与 2008 年相比，2009 年全国出国留学人数增长了 19.46%。2010 年以后，中国经济继续稳定增长，成为新兴经济体的领跑者，对知晓国际规则、具有参与国际事务和国际竞争能力的国际化人才的需求日益增加。这一时期，出国留学人数仍保持接近 15% 的增长速度，随着留学回国人员数量不断增加，人才回流的基本趋势逐步形成。

第三章

国际留学教育政策

伴随全球化进程的不断推进，国际留学市场也在不断发展壮大。为更好地参与国际优秀人才竞争，各国均在国家层面制定了相应的留学政策。留学政策既包括各国立足于国家人才战略和教育发展规划制定的留学教育总体方针，也包括针对留学活动的不同环节和不同要素（如签证、入学、学费、奖学金、打工、移民等）制定的具体政策和管理措施。同时，留学政策也会随着各国人才战略的调整和经济社会的发展变化而变动。本章第一部分选取了美国、英国、德国、法国等10个有代表性的留学目的地国为案例，对各国近年来留学教育的现状和留学政策的发展进行了描述和分析；第二部分则是对我国改革开放以来留学政策的综合回顾。

一、主要留学目的地国留学教育政策

伴随全球化进程的不断推进，国际留学市场也在不断发展壮大。单就高等教育阶段来说，OECD 统计数字显示，2001 年全球留学生总数仅为 165 万人①，到 2010 年留学生总数增加到了 410 万人②，10 年间翻了一倍

① OECD. Education at a Glance 2003：OECD Indicators [M]. Paris：OECD，2003：274.

② OECD. Education at a Glance 2012：OECD Indicators [M]. Paris：OECD，2012：360.

还多。伴随留学生总数的增大，留学目的地国也日趋多元化，2001 年 70%的留学教育市场被美国、英国、德国、法国、澳大利亚 5 个 OECD 国家占据，到 2010 年 70% 的留学教育市场则被美国、英国、澳大利亚、德国、法国等 13 个国家占据。对比 10 年间留学目的地国的变化可以发现，美国、英国、德国、法国、澳大利亚依然是重要的留学目的地国，但 5 国在留学教育市场上所占的份额均出现不同程度的缩减，尤其美、德、法 3 国，所占留学教育市场份额滑坡严重①，2010 年 5 国留学教育市场总份额下滑到48.9%。相比之下，一些新兴留学目的地国经过这 10 年的发展，跻身留学教育市场份额榜的前列，例如加拿大（4.7%）、俄罗斯（3.9%）、日本（3.4%）、新西兰（1.7%）、中国（1.8%）、南非（1.5%）。此外，近年国际留学教育市场还出现了一些新气象，一些先前的留学生源国纷纷采取积极的留学教育政策，促使本国在留学教育市场上从单纯的生源国向留学目的地国转型，例如韩国、新加坡、中国。鉴于国际留学教育市场的这些变化，本章选取美国、英国、德国、法国、澳大利亚、日本、加拿大、新西兰、新加坡和韩国这 10 个处于不同发展阶段的留学目的地国（分为三类：传统留学目的地国、转型期留学目的地国、新兴留学目的地国），深入分析各国留学教育政策的总体方针以及留学前、留学中、留学后三个阶段的六类具体政策（即签证、入学、学费、奖学金、打工、移民六政策），并在此基础之上进行综合性考察。

（一）传统目的地国留学教育政策

传统留学目的地国是指在国际留学教育市场上已经拥有较好的口碑，得到留学市场的广泛赞誉，并长期占据了留学教育市场上较大份额的国家，包括美国、英国、德国、法国、澳大利亚等发达国家。传统留学目的地国已经形成了比较成熟的留学教育政策，各国根据留学教育市场的情况以及本国经济社会等各方面发展的需要，对具体留学教育政策措施进行调整。总的来

① 从 OECD 统计数据来看，2001—2010 年，美国占留学市场份额由 28% 下降到 16.6%，英国由 14% 下降到 13%，德国由 12% 下降到 6.4%，法国由 9% 下降到 6.3%，澳大利亚由 7% 下降到 6.6%。

看，美国留学教育政策以优先吸引优秀人才“为我所有”为核心价值；英国留学教育政策以质量提升为重点；德国留学教育政策强调通过教育一体化提升国际竞争力；法国的留学教育政策力主将“移民大国”转变为“留学强国”；澳大利亚则大打移民牌，吸引留学生充实本国留学教育市场。

1. 优先吸引优秀人才的美国留学教育政策

（1）在美留学生基本情况

美国占据了国际留学市场的巨大份额，以它高度发达的科技水平和极具包容力的社会文化吸引着世界各国的优秀学子。据美国“门户开放”（Open Doors）整理的统计数字，2010—2011 年度，美国中等后教育阶段共有留学生 723277 人，比上一年度增加 32354 人，大部分留学生就读于高等教育阶段的机构。其中，研究生和大学阶段的留学生数量大致相当，共计占留学生总数的 81.3%（见图 3.1）。

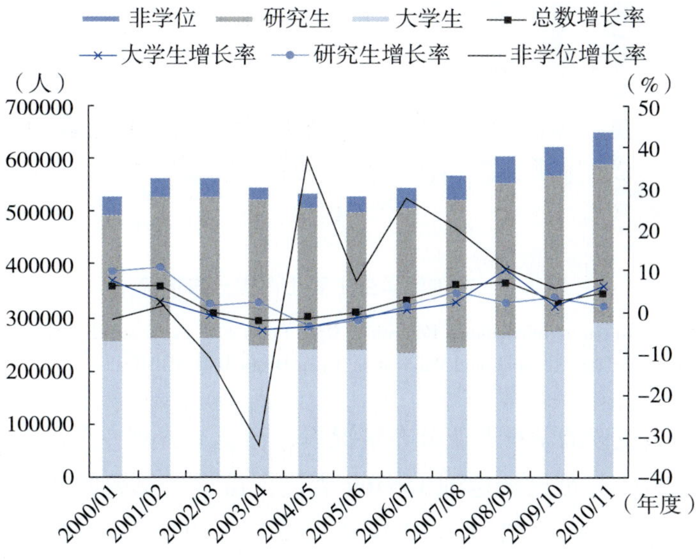

图 3.1 美国高等教育阶段留学生学历层次分布及年度变化情况

【数据来源】Institute of International Education. Open Doors 2011 Fast Fact［EB/OL］.［2012-07-05］. http：//www. iie. org/Research-and-Publication/Open-Doors/Data/Fast-Facts.

从生源国分布情况看，中国大陆是美国留学生的第一大生源国，占2010—2011年度留学生总数的21.8%，其次是印度、韩国、加拿大和中国台湾地区。来自这5个国家和地区的学生占在美留学生总数的53%左右（见图3.2）。从生源国学生数量变化情况看，2010—2011年度，中国、沙特阿拉伯、越南、墨西哥、韩国的留学生数量有所增加，其中中国、沙特阿拉伯学生数增长幅度均在20%以上。

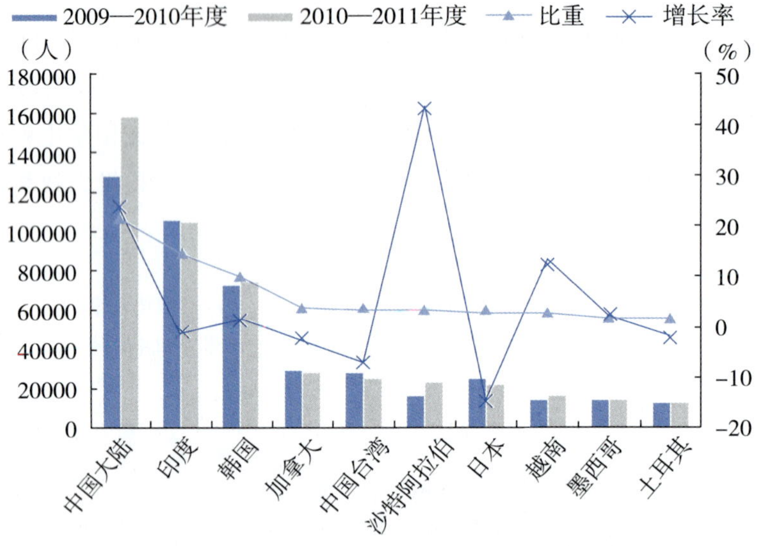

图3.2 在美留学生主要生源国分布情况

【数据来源】Institute of International Education. Open Doors 2011 Fast Fact [EB/OL]. [2012-07-05]. http://www.iie.org/Research-and-Publication/Open-Doors/Data/Fast-Facts.

从留学生就读的学科专业分布情况看，商业与管理专业的留学生数最多，2010—2011年度已经达到155769人，占留学生总数的21.5%，其次是工程学（18.7%）、数学与计算机科学（8.9%）、物理与生命科学（8.8%）、社会科学（8.8%）。相比之下，教育、人文和农学学科的留学生比重较低，这也基本与现代社会经济结构相符，反映了社会需求的基本方向。

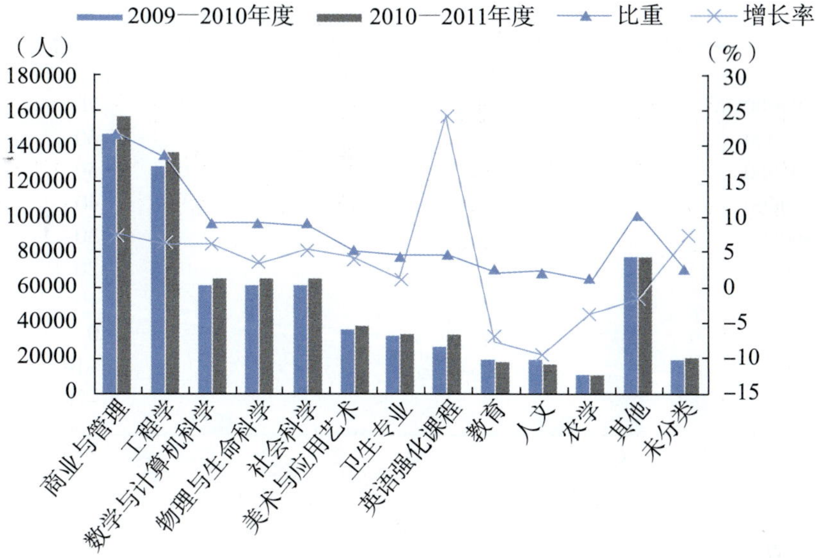

图 3.3 在美留学生学科专业分布情况

【数据来源】Institute of International Education. Open Doors 2011 Fast Fact [EB/OL]. [2012-07-05]. http://www.iie.org/Research-and-Publication/Open-Doors/Data/Fast-Facts.

从留学生的留学经费来源看，2010—2011 年度 63.4% 的留学生的留学费用来自个人和家庭，即真正意义上的自费留学生；22.9% 的留学生的留学费用来自于美国高校，即通过由大学提供的奖学金等来支付留学费用；5.8% 的留学生依靠本国政府或大学提供留学费用；4.6% 的留学生依靠现工作单位来解决留学费用。从各类留学生数量变化情况看，自费留学生和依靠本国政府或大学解决留学费用的留学生数量增长较多，而通过其他渠道解决留学费用的留学生数量均有所减少。

（2）美国留学教育政策总体方针

美国能在世界舞台上崛起并一路领跑至今，正是得益于其与时俱进的人才战略。美国在建国之初外有英、法等殖民地的威胁，内有印第安人的侵扰，使得本来就没有深厚根基的移民国家岌岌可危。于是，美国的开国元勋纷纷认识到加快人口和经济发展的重要性。很显然，吸收外国人才是最直接也最迅速的办法，但美国开国元勋们在吸收移民的问题上并没有达成一致意见，既有人开明地主张完全放开移民政策，又有人主张“按需准入”，

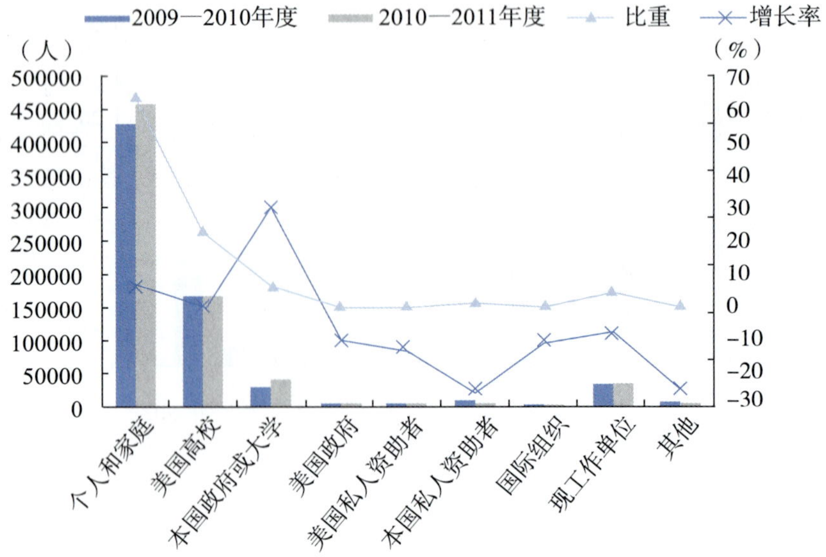

图 3.4　在美留学生留学经费来源情况

【数据来源】Institute of International Education. Open Doors 2011 Fast Fact [EB/OL]. [2012-07-05]. http://www.iie.org/Research-and-Publication/Open-Doors/Data/Fast-Facts.

即只优先吸收那些对美国发展有用的人才。因此，联邦政府既没有关闭国门，也没有制定明确的鼓励政策①。经过岁月的沉淀，吸收对美国有用的人才逐渐内化为美国国际人才战略的一个潜在核心原则。这一原则也深深地影响着美国每个历史阶段的留学教育政策。

留学教育是美国获取优质人才和劳动力的一个重要途径。第二次世界大战后，为促进国家间的相互理解、加强美国民众与外国民众之间的联系、促进教育文化发展的国际合作、帮助美国与他国友好关系的发展，美国政府启动了富布莱特计划，从而确立了接收和派出留学人员、促进国际教育文化交流的基本资助计划，推动了美国留学教育逐渐走向制度化。20世纪七八十年代，为应对财政紧缩，美国大大削减了用于教育交流的预

① 梁茂信．美国吸引外来人才政策的演变与效用［J］．东北师范大学学报：哲学社会科学版，1997（1）：54-60.

算，但仍保留了诸如富布莱特计划、《对外援助法案》（*Foreign Assistance Act*）等确立的国际教育资助项目，依然认可教育文化交流的潜在作用。进入20世纪90年代后，世界政治格局发生巨变，美国经济发展也进入了一个新阶段，留学教育政策的重心从政治转移到经济①。为了提高美国在国际市场上的竞争力，美国政府主要通过加强与苏联国家和东欧国家的教育交流、颁布实施《国家安全教育法》等来发展国际教育。美国留学教育政策随之走向宽松，掀起了世界留学美国的热潮。

进入21世纪以来，美国留学教育政策经历了“紧缩—放松—调整”的发展历程。“9·11”恐怖袭击事件后，为防范恐怖主义分子、保护本土安全，美国对留学生和访问学者实施了更加严格的准入和管理政策，致使2003年起连续三年美国留学生规模减小，美国在国际留学市场上所占的份额缩小，并给美国国家形象和经济带来负面影响。为扭转局面，大学、政府、社会团体等多方利益相关者开始共同努力推动美国留学教育政策的发展。

美国国际教育者协会（Association of International Educators，NAFSA）2003年提出了《欢迎留学生符合美国的利益》（*In America's Interest：Welcoming International Students*）报告，呼吁联邦政府形成统一的留学生政策，促进美国战略性地接收留学生。报告认为美国可以从接收留学生中获取政治、经济和教育利益。与留学生的交流可以促进双方的相互理解，有助于通过回国后的留学生构筑其他国家与美国的良好关系，从长远看将会有助于维持美国领先的国际地位、维护国家安全。同时，留学生赴美学习也给美国带来了巨大的经济效益，仅2002年一年就近120亿美元。另外，就教育本身而言，接收留学生给美国学生提供深入了解外国人的机会，且留学生在研究、教学方面发挥了巨大作用。基于上述基本观点，该报告明确指出了美国留学教育面临的四个课题及建议。四个阻碍留学生的问题包括：缺乏主动、协调的招生策略；繁琐的美国政府规章制度；美国高等教育费

---

① Hans de Wit. Changing Rationales for the Internationalization of Higher Education [M] //Bucharest. Internationalization of Higher Education：An Institutional Perspective. UNESCO，CEPES，2000：17.

用高昂；美国高等教育体系复杂。报告认为，为扫除这些障碍，首先要明确制定政策和战略；在明确留学生政策战略意义的基础上，协调国务院、商务部、教育部等综合制定留学生招生战略；缩减过多的政府强制性措施，例如面向21世纪调整移民政策、建设合理的学生监测系统、改善签证审查；通过贷款、交换留学、奖学金等措施促进留学生交流，建立财政资助信息交换中心，整合为美国高等教育信息系统的一部分；制定营销计划，加强美国高等教育体系的海外宣传。

在多方利益相关者的共同努力下，2005年前后美国对留学教育政策做出重大调整，缓和此前实施的紧缩性留学教育政策，变被动为主动，参与国际留学市场的竞争。然而，好景不长，2007年次贷危机所引起的连锁反应将刚刚回暖的留学教育置于困境，迫使留学教育政策在某些方面进行调整。受经济危机的影响，美国高校自身的经济能力变弱，再加上本国家庭经济困难的学生增多，学生资助要优先惠及本国学生，对留学生的资助则处于相对劣势。不仅如此，部分高校或提高对留学生家庭经济背景的要求，或降低学费上涨幅度，或扩大留学生招生名额，来弥补经济危机带来的“损失”。

奥巴马就任美国总统后，为消除金融危机带来的恶劣影响，将教育作为重点财政投入领域，也非常重视国际教育。2009年的《复苏与再投资法案》（*American Recovery and Reinvestment Act*，ARRA）给教育领域带来了大量投资，而这些投资大部分流向了学前和基础教育①，高校经费受到影响，间接导致高等教育学费上涨。为促进教育交流与合作，2009年奥巴马访华时签订的《中美联合声明》提出将接收更多的中国留学生并提供签证便利。2010年5月，美国联邦教育部长邓肯在外交关系委员会会议上发表演讲时指出：“当前美国教育的转型趋势，一是要增强国际竞争力，二是要加强国际合作……美国将会在共同利益、共享价值观以及互相尊重的基础上实施新的国际交流项目，凭借美国的实力和示范力量来推行普世价值观，这将为美国的‘巧实力’提供新的典范。”这是美国政府第一次明确

① Eric Kelderman. Stimulus Money Helps Colleges Avoid Slashing Budgets Now, But Big Cuts May Loom [N/OL]. [2012 - 12 - 25]. http://chronicle.com/article/Stimulus-Money-Helps-College/44421/.

提出国际教育为美国外交服务，也将国际教育的重要性提高到战略性高度①。

此外，美国联邦教育部对留学教育政策也有所关注。2012 年 11 月，美国联邦教育部国际司发布题为《通过国际教育和参与制胜全球》（*Succeeding Globally Through International Education and Engagement*）的国际战略，是美国教育部第一个全面表述的国际战略。与其他国家重视吸引留学生的战略不同，美国教育部的国际战略转换思维，以本国教育为基点，将之推向国际。该战略期待达成两个目的——加强美国教育、提高美国的国际领导权（international priority）。为实现这两个战略目的，联邦教育部进一步设定了三个相互关联的目标，即提高国际竞争力、学习别国经验、参与教育外交。支持这三个目标实现的各个项目和活动涉及多个政府部门和机构，协调与整合各方工作便构成了该战略的第四个目标。这些战略目的和目标的设定遵循了双赢原则，即提高教育程度和学业水平、提升经济活力，无论在国内还是国际上都是值得追求的。由此可见，美国留学教育政策在调整过程中依然坚持了“为我所用”的核心价值，同时加强了市场性，巩固其战略地位。

（3）美国留学政策的具体措施

复杂的签证政策——“9·11”事件以后，美国移民局在保证国土安全的指导方针下曾一度收紧签证政策，实行较为繁琐的签证审核手续，对来自特定国家和地区的留学生采取另类措施，加强对敏感专业领域留学签证控制的“签证螳螂”（Visa Mantis）措施，同时启动了 SEVIS（Student and Exchange Visitors Information System）学生监控系统，从而实现了对留学生从入境到出境全过程的系统跟踪。

美国签证分为移民和非移民签证两大类别。留学生所持的签证均属于非移民签证，主要有 F 类、M 类和 J 类签证。F 类签证是发放给赴美进行学术学习的留学生，M 类签证是发放给进行非学术或职业学习的留学生，J

① 刘翠航．2009—2010 年度美国留学生教育的特点与趋势［J］．世界教育信息，2011（2）：69－72．

类签证则是为促进学生及访问学者交流而设置的签证。绝大多数的赴美留学生是持 F 类签证的，因此本部分以 F 类签证为例进行讨论。

F 类签证包括 F1 和 F2 两种签证，F1 为发放给留学生的学生签证，F2 为家属签证。一般情况下，F2 签证不能独立存在，需要附属在 F1 签证下，但是持有 F2 签证的留学生家属可在满足一定条件的情况下转为 F1 签证，就读于美国各类学校。F1 学生签证的有效期视就读时间而定，只要一直保持学生身份，即便超过已经签发的五年有效期，也可以继续在美国合法就读。另外，F1 签证还允许留学生在预定学习期间结束后，继续在美国停留 60 天，或准备离开美国，或转入其他学校。

F1 学生签证申请条件包括以下几个方面，要求申请人提供相应的证明材料：

- 申请人必须已被美国移民局批准、具有招收留学生资格的学校录取；
- 申请人能够证明自己有能力在美国做全日制学生；
- 申请人必须证明进入美国并短暂停留的唯一目的在于求学；
- 申请人必须证明自己有能力支付学费和上学期间所需的生活费；
- 申请人须具备一定的英语水平。

多样化的入学政策——美国没有全国统一的入学政策，各个大学自行制定招生标准。一般来说，水平越高的大学要求越高。比较热门的学校和专业，由于申请人数较多，通常对留学生的入学要求也较严格。综合来看，美国高校的入学要求包括语言、学业成绩、求学态度三个方面，其中学业成绩的考查方式比较多样，主要包括既往学历的成绩单、小论文、标准化考试成绩（SAT、GRE、GMAT 等）。

在语言方面，美国院校一般要求留学生提供近一两年内的托福或雅思成绩，证明其具备相应的语言能力，能够顺利完成学业。对于本科生的语言要求一般低于对研究生和工商管理硕士（MBA）学生的要求；美国大学综合排名靠前的院校对托福成绩的要求普遍较高。例如，排名前 30 位的高校多数要求申请人的托福成绩达到 100 分（满分为 120 分），对 MBA 课程申请人的成绩要求则更高一些。哈佛大学要求本科和硕士课程申请人的托福成绩要达到 100 分，MBA 课程申请人要达到 109 分（2012 年）。综合排名 30—100 位的高校对托福成绩要求则相对较低，基本在 80—90 分，但这些学校对 MBA 课程申请人的要求多数在 100 分左右。

在学业成绩方面，美国院校一般要求申请者提供既往学历的成绩单、标准化考试的成绩和小论文等。本科阶段的申请人需提供 SAT 或 ACT 成绩、高中阶段成绩单、两封高中老师的推荐信以及院校方面要求的小论文；研究生阶段的申请人需要提供 GRE 或 GMAT 成绩、本科阶段成绩单、2—3 封推荐信、个人自述等材料。与对申请者语言能力的要求一样，水平较高的院校对申请者学业成绩的要求相对较高。

差异化的学费政策——美国院校实行双重学费标准，即州外学生学费高于州内学生、私立院校高于公立院校。就狭义的学费而言，美国院校采取与英国完全不同的做法，将留学生视为州外学生，收取相应的费用，体现了对留学生的公平（英国院校对非欧盟国家的留学生收取较高的学费）。公立院校对州外学生一般收取州内学生 2—3 倍的学费；而私立院校则一视同仁，不论是州内、州外还是留学生，均采取相同的收费标准。

由表 3. 1 可以看到，美国院校的学费标准呈上涨的趋势。其中，公立院校州内学生学杂费涨幅大大高于州外学生和私立院校学杂费的涨幅。而在食宿费方面，不论是公立还是私立院校、州内还是州外学生，收费水平的涨幅基本一致。

具有吸引力的奖学金政策——美国之所以能够长期保持留学市场上的优势地位，其原因不仅在于较高的经济发展水平和比较包容的社会文化，而且与奖学金制度也不无关系。为了吸引大量的优秀技术人才、提升本国的软实力，美国投入大量资金，创造良好的教育、科研环境，提供种类多样的奖学金，减轻优秀学子的经济负担。

美国提供给留学生的奖学金来源多样、种类丰富，既有联邦、地方各级政府提供的奖学金，又有各院校、私人团体、社会组织等提供的奖学金；既有按需求发放的助学金，又有奖励成绩优异学生的奖学金；等等。从总体上看，研究生获得奖学金的机会和金额一般要高于本科学生，能够申请的奖学金类别也有所不同。

表 3.1 美国各类院校平均学费水平 （单位：美元）

	学杂费			食宿费		
	2011—2012 年	2010—2011 年	增长率	2011—2012 年	2010—2011 年	增长率
两年制公立院校州内学生	2963	2727	8.7%	—	—	—
四年制公立院校州内学生	8244	7613	8.3%	8887	8549	4.0%
四年制公立院校州外学生	20770	19648	5.7%	8887	8549	4.0%
非营利性四年制私立院校	28500	27265	4.5%	10089	9706	3.9%
营利性院校	14487	14040	3.2%	—	—	—

【数据来源】College Board Advocacy，Policy Center. Trends in College Pricing 2011 [EB/OL]. [2012-09-04]. http://trends.collegeboard.org/downloads/College_Pricing_2011.pdf.

美国“门户开放”（Open Doors）的统计数字显示，2010 年度 22.9% 的留学生得到了来自美国高校各种形式的资助。就本科生而言，美国高校提供经济资助的形式主要包括优秀奖学金（merit-based scholarship）、需求助学金（need-based scholarship）和大学期间的带薪实习。此外，本科生还可以通过贷款、申请国际奖项、体育奖学金等来降低留学费用。与本科生相比，研究生获得奖学金的机会更大一些，大约有三分之一的留学生用奖学金支付学习费用。美国高校提供给研究生阶段留学生的资助主要包括奖学金和学费助学金、助研奖学金（RA）、助教奖学金（TA）、研究生助理奖学金。此外，研究生也可以申请教育贷款。

有限度的打工政策——目前，美国移民局虽然允许留学生打工，但对于工作的时间和地点有一定的限制。自费留学生需获得移民局的许可，每周工作时间不超过 20 小时，且第一学年只可以在校内工作，例如在大学食堂、书店、图书馆或健康俱乐部等地方打工、在大学的行政办公室帮忙或者申请在大学宿舍担任宿舍助理。完成第一学年学习后，留学生可以向移民局申请校外工作 20 小时的许可。靠公费或者奖学金支付学费的留学生则不允许打工。另外，持 F1 签证的留学生配偶是不允许打工的，而持J1 签证的留学生配偶则可以申请临时工作许可。

便于招揽人才的移民政策——对于美国这个独特的移民国家来说，招收留学生已成为吸引优秀人才的重要途径。按照美国移民局的规定，F1 签证在留学生毕业后自动失效，若要继续留在美国工作，留学生需要申请 OPT 签证，有效期最长为 29 个月。OPT 签证为实习签证，要求申请者所学专业与实习岗位一致。OPT 签证期满后，若留学生找到有资质的雇主愿意为其办理临时工作签证，就可以转为 H1B 签证，从而为拿到绿卡打基础。F1—OPT—H1B—绿卡的签证流程，实际上是在为美国层层挑选高水平技术人才，同时也让广大潜在留学群体看到了留学美国的最终价值，吸引留学生。

（4）美国留学政策调整及其影响

2008 年金融危机给美国造成了经济、社会、政治、外交等多方面的影响，同时也带动了美国留学教育政策的调整。美国留学教育政策调整的核心价值取向在于保持美国领跑世界的霸主地位，维护美国国家利益。以此核心价值为出发点，美国政府、高校先后在签证、招生、奖学金、海外宣传等多个方面做出政策调整，使得金融危机后的美国留学生数量保持总体上升的趋势。

加大美国教育海外宣传力度，改善留学信息服务——NASFA 在 2003 年的报告中提出应该加强美国教育在海外的营销战略，此后美国在海外设立的留学咨询中心不断增加，已接近 400 个①。这些咨询中心主要是提供留学信息服务，帮助国外学生和家长了解美国高等教育体系以及赴美留学的相关问题。在增设咨询中心的同时，美国还逐步建立了多种语言的信息服务网站，多次举办教育展等相关活动。这些措施在一定程度上提升了赴美留学在海外的形象，增强了其吸引力。

扩大留学招生规模，更看重留学生的“经济能力”——金融危机不仅使美国企业受到严重打击，美国的高校也深受其害。为缓解金融危机带来

① 美国教育在线．美国教育在线主页简介［EB/OL］．［2012－09－28］．http：//www.educationusachina.com/web/detail/id/58.

的恶劣影响，奥巴马就职后积极加大在教育、医疗和能源等领域的投资。但是，多数州政府却将联邦财政投入主要用于中小学，公立大学仅获得20%左右的拨款，甚至有些州（威斯康辛州）一分钱都没有拨给大学①。面对严峻的财政形势，部分美国高校采取扩大州外学生和留学生招生规模的办法，增加学费收入，缓解财政压力。同时，为了扩大招生规模，部分高校还适当降低了留学生的入学标准，更看重留学生的综合条件——家长的社会地位、经济能力和捐赠能力等②。从而扩大了美国潜在的留学市场，在美留学生数也保持增长势头，部分地区和国家（例如中国、沙特阿拉伯等）的留学生数大幅增加。

缩减留学生奖学金，优先保证优秀人才的获取——美国经济下滑使得美国本土大学生需要更多地依赖高校的学费减免或资助来完成学业，这也促使美国高校调整财政补助方案，使之更倾向于本国学生。从而，留学生获得奖学金的机会和额度出现不同程度的缩水。这使得赴美留学生结构发生变化。例如，中国留学生所占的份额2001年为10.9%，2006年才增加到11.1%，几乎没有变化，但2011年则迅速增加到21.8%；另外，依靠美国院校提供奖学金的留学生份额从2006年的25.9%下降到2011年的22.6%，外国政府提供奖学金的留学生份额由2006年的2.6%上升到2011年的5.8%③。与此同时，由美国政府提供奖学金的留学生数，虽然单一年度有减少的情况，但所占比重稳中有升，说明美国通过丰厚的奖学金招揽世界优秀人才的战略基本没有变化，甚至可以说有所加强。

放宽签证政策，争取优秀技术人才——这一点可以从OPT签证条件放宽上窥见一斑——2008年美国国土安全部发布新规定④：凡持有科学、技

---

① Eric Kelderman. Stimulus Money Helps Colleges Avoid Slashing Budgets Now, But Big Cuts May Loom [N/OL]. [2012-09-28]. http://chronicle.com/article/Stimulus-Money-Helps-College/44421/.

② 奖学金数额减少，中国学生来美留学难度增 [N]. 侨报，2009-03-31.

③ 数据来源于 Open Doors Fast Facts 2006 和 Open Doors Fast Facts 2011。

④ DHS. 17-Month Extension of Optional Practical Training for Certain Highly Skilled Foreign Students [EB/OL]. [2008-06-27]. http://www.dhs.gov/xnews/releases/pr_1207334008610.shtm.

术、工程学以及数学（STEM）这四类学位的外国留学生，实习工作期（OPT）将由目前的12个月延长至29个月。2012年美国进一步放宽OPT的延期要求，将曾经就读于STEM学科的学生纳入其中①。同时，美国国家安全局还放宽对F1学生配偶的求学限制，为特定持H1B签证的夫妇提供工作许可，放宽杰出教授和研究者提供相关证据的要求等，以便吸引、留住高水平技术人才，为美国创造就业机会、提高竞争力②。据美国公民及移民服务局（USCIS）和移民海关执法局（ICE）估计，2008年会有约12000名STEM专业毕业生申请OPT期间延长，而当年约有23000名STEM专业毕业生（本科、硕士及博士）处于OPT状态③。

2. 从注重收益到提高质量的英国留学政策

（1）在英留学生基本情况

过去五年，英国高校留学生规模持续扩张，2011年留学生总数达到42.8万人，相比于2007年增加了31%。留学生占高校在校生总数的比例达到17%。

表3.2 英国高校留学生数量（2007—2011年）

年　　度	2007	2008	2009	2010	2011
人　　数	325985	341790	368970	405805	428230
较前一年增加	—	4.8%	8.0%	10%	5.5%
占高校在校生比例	14%	14.80%	15.40%	16.30%	17.10%

【数据来源】HESA. Statistical First Release 169-Table 1 [EB/OL]. [2012－11－31]. http://www.hesa.ac.uk/content/view/1897/239/.

从留学生来源地分布看，亚洲是英国留学生最大的来源地，亚洲留学生

①② DHS Reforms To Attract and Retain Highly Skilled Immigrants [EB/OL]. (2012－01－31) [2012－09－29]. http://www.dhs.gov/news/2012/01/31/dhs-reforms-attract-and-retain-highly-skilled-immigrants.

③ USCIS. Questions and Answers: Extension of Optional Practical Training Program for Qualified Students [EB/OL]. [2012－09－29]. http://www.uscis.gov/portal/site/uscis/menuitem.5af9bb95919f35e66f614176543f6d1a/?vgnextoid=9a3d3dd87aa19110VgnVCM1000004718190aRCRD&vgnextchannel=68439c7755cb9010VgnVCM10000045f3d6a1RCRD.

占留学生总数的比例在 2011 年达到43%。其次是欧盟国家，2011 年占比为30%。非洲、中东和北美留学生分别占 9%、6% 和 6%。非欧盟成员国的欧洲国家留学生占比为4%。大洋洲和南美洲留学生分别占 1% （见图 3.5）。

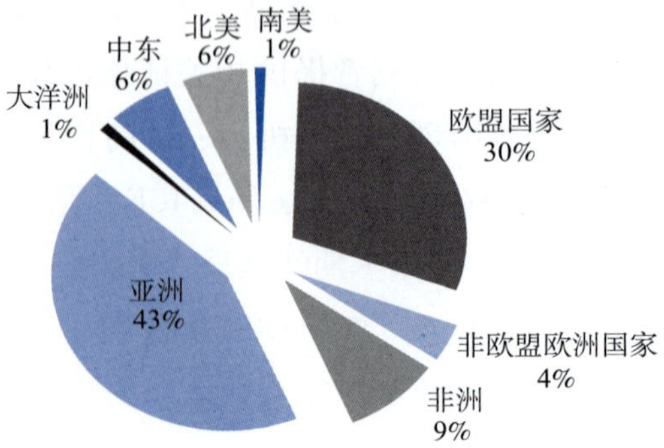

图 3.5　英国留学生来源地分布（2011 年）

【数据来源】HESA. Statistical First Release 169-Table 1 [EB/OL]. [2012－11－31]. http://www.hesa.ac.uk/content/view/1897/239/.

中国是英国最大的留学生来源国，2011 年英国高校的中国大陆留学生数量达到6.7 万人，较 2010 年增加 18.1%。印度是英国第二大留学生来源国，2011 年英国高校印度留学生数量为 3.9 万人。其他排在前 10 位的留学生来源国依次是尼日利亚、爱尔兰、德国、美国、马来西亚、法国、希腊和塞浦路斯。2011 年，中国香港、沙特阿拉伯和巴基斯坦的留英学生数量也突破一万人。

表 3.3　英国留学生主要生源国（2010、2011 年）

排名（2011 年）	国家	2010 年留英学生数量	2011 年留英学生数量	增长率
1	中国	56990	67325	18.10%
2	印度	38500	39090	1.50%
3	尼日利亚	16680	17585	5.40%
4	爱尔兰	16595	16855	1.50%
5	德国	15425	16265	5.40%

续表

排名（2011年）	国家	2010年留英学生数量	2011年留英学生数量	增长率
6	美国	15060	15555	3.30%
7	马来西亚	14060	13900	-1.10%
8	法国	13780	13325	-3.30%
9	希腊	11785	11630	-1.30%
10	塞浦路斯	11160	11320	1.40%
11	中国香港	9945	10440	4.90%
12	沙特阿拉伯	8340	10270	23.10%
13	巴基斯坦	9815	10185	3.70%
14	波兰	8415	7330	-12.90%
15	意大利	6550	7100	8.40%
16	泰国	5505	5945	8.00%
17	加拿大	5575	5905	5.90%
18	西班牙	5720	5795	1.30%
19	罗马尼亚	3190	4625	44.90%
20	保加利亚	3395	4615	35.90%

【数据来源】HESA. Press Release 172 - Non - UK Domicile Student [EB/OL]. [2013 - 10 - 14]. http://www.hesa, ac, uk/index. php? option = com_content&task = view&id = 2371&Itemid = 161.

2011年，英国高校留学生攻读本科学位和硕士学位的各占一半。其中，正在攻读第一学位的本科生占43%，37%的人属于课程型研究生项目，10%的人属于研究型研究生项目，另有10%的人属于其他本科和研究生项目。从留学生在英国高校不同学业项目学生总数中所占的比例来看，全日制研究生项目中留学生所占比例最高，2011年英国研究型研究生项目和课程型研究生项目中留学生占比分别为48.2%和69.7%。而全日制本科生中留学生占比则仅有13.7%。总体上看，85%的留学生为全日制学生。

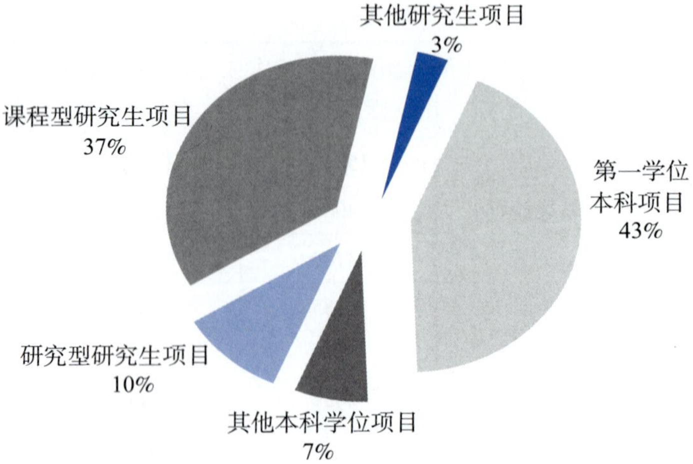

图 3.6　英国高校留学生学习项目分布（2011 年）

【数据来源】BMBF. Daten-Portal, Tabellenauswahl, Tab. 2. 5. 33, Tab. 2. 5. 35 [DB/OL]. [2013-10-14]. http://www. datenportal. bmbf. de/portal/en/K25. gus.

表 3.4　英国留学生的学业层次、学习项目和攻读方式（2011 年）

本科生						
	第一学位项目		其他学位项目		合计	
	人数	占比*	人数	占比	人数	占比
全日制	175315	14.0%	11910	10.2%	187225	13.7%
非全日制	9125	4.3%	18190	5.5%	27315	5.0%
合计	184440	12.6%	30100	6.7%	214540	11.2%

研究生								
	研究型		课程型		其他项目		合计	
	人数	占比	人数	占比	人数	占比	人数	占比
全日制	35805	48.2%	137785	69.7%	4230	11.1%	177820	57.4%
非全日制	6605	22.8%	21970	14.9%	7290	7.1%	35865	12.9%
合计	42410	41.1%	159755	46.3%	11520	8.2%	213685	36.3%

注：* 指该类别留学生占英国同类别学生总数的百分比，下同。

【数据来源】Introduction to Students in Higher Education Institutions 2010/2011 [EB/OL]. [2012-11-31]. http://www. hesa. ac. uk/content/view/1897/239/.

从专业分布上看，学习社会科学、商学和法律类专业的留学生在2010年占到英国留学生总数的45.3%，人文、艺术和教育，工程、制造与建筑，以及自然科学三大领域的留学生数量相当，分别为15.9%、14.9%和13.7%。另有约9%的留学生在英国学习健康与福利领域的专业。

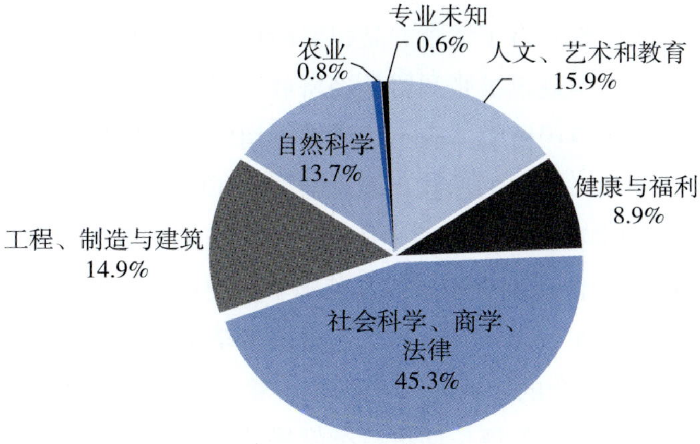

图3.7　英国留学生专业分布（2010年）

【数据来源】BMBF. Daten-Portal, Tabellenauswahl, Tab. 2. 5. 33, Tab. 2. 5. 35 [DB/OL]. [2013－10－14]. http://www.datenportal.bmbf.de/portal/en/K25.gus.

（2）从市场开发走向质量提升的英国留学政策

英国对世界多个国家有着特殊的历史影响，同时拥有较高的经济发展水平、众多知名高校和良好的教育质量，历来是全球学生流动的重要目的地国。20世纪80年代以来，英国在世界上率先推行留学教育的市场化，树立留学品牌、发展留学产业以促进国民经济成为英国留学教育政策的突出特征。这始于1980年撒切尔夫人执政后对非欧盟国家留学生采取全额收费的政策，并突出地体现在1999年开始实施的“第一期首相行动计划”（Prime Minister's Initiative, PMI）中。

第一期首相行动计划的核心目标是系统地推进英国留学教育市场化，吸引海外学生，大幅提高英国留学生数量。为此，英国政府拨款500万英镑，用于在海外设立英国教育宣传机构、举办留学教育展，并且以市场运作的方式开发打造留学教育的国家品牌——“Education UK”。该计划实施

7 年后取得了显著成效，英国高等教育阶段留学生实际增加了 11.8 万人，远远超出计划的 4.3 万人①，实现直接现金收益净额 42.6 亿英镑②。英国文化协会（British Council）在 2003 年的一份咨询报告中对第一期首相计划进行了总结，认为该计划在世界上首先实现了以专业的市场推广方式整合政府、教育机构和国际组织的资源，提升了英国国际教育市场化的整体水平，使英国留学教育有了清晰的品牌架构和国家路线③。

然而，在留学生规模扩张和留学经济收益增加的同时，也有很多调查显示，留学生对于英国留学体验不尽满意，留学教育质量和留学服务中存在诸多问题。例如，英国国际教育委员会（UKCOSA）2004 年的一项调查显示，有 32% 的本科留学生对留学住宿安排中与英国本土学生的融合程度不满意，有 43% 的留学生表示难以与英国学生交往，大部分学生表示更愿意与本国学生相处在一起，64% 的非欧盟国家学生表示毕业后难以在英国就业④。英国文化协会的咨询报告也指出，第一期首相计划中存在过于关注短期扩大留学规模而忽视长期可持续发展的问题，在学校层面缺乏与整体目标一致的针对留学生的支持措施，甚至有部分学校只看重留学生的经济价值，忽视了教育质量和相应的教育服务。同时英国的就业市场对留学生开放程度不够。这些问题导致很多留学生质疑成本昂贵的英国留学经历是否物有所值。尽管“Education UK”已经成为英国留学教育一个有效的推广媒介，但在那些美国教育占据主导地位的市场如日本、韩国、印度等国家，英国教育的品牌影响力依然有限。美国教育被普遍认为更有创新性和竞争力，就业市场的开放程度也远高于英国⑤。尽管留学生数量不断增

---

① British Council. Making It Happen: The Prime Minister's Initiative for International Education [R]. 2010.

② Phil Vickers, Bahram Bekhradnia. The Economic Cost and Benefits of International Students [R]. Higher Education Policy Institute, 2007.

③ British Council. Education UK: Positioning for Success [R]. 2003.

④ UKCOSA. Broadening Our Horizons: International Students in UK Universities and Colleges [R]. 2004: 58-68.

⑤ British Council. Education UK: Positioning for Success [R]. 2003.

长，但英国在全球留学市场中所占份额在1999—2007年是有所下降的①，英国留学教育依然面临挑战。基于种种这些问题，英国政府相关部门对留学政策进行了反思和调整，政策讨论的核心从强调规模和经济收益逐步转向注重留学生的留学体验和教育服务质量上来。因而有了2006年开始的“第二期首相行动计划”（PMI 2）。

第二期首相行动计划于2006年4月正式启动，为期5年，到2011年计划实现如下目标：

- 英国留学生数量再增加10万名，其中高等教育7万名，继续教育3万名；
- 每年赴英留学生在1万人以上的生源国家数量再增加一倍；
- 显著改善国际学生的留学满意度并提升英国作为留学目的地国的形象；
- 显著增进英国与其他国家在留学教育中的合作伙伴关系。②

为了实现上述目标，该计划资助了一系列的项目和活动，主要包括：提升英国留学教育品牌和继续增加留学生数量的市场推广和传播项目；提升学生留学体验和促进留学生就业的系列项目，涉及从学校申请、签证申请到学业指导、就业指导等留学生活的各个方面；扩展高校、继续教育机构海外合作网络，以及加强政府、学校和企业合作的项目。

从计划的目标设置可以看出，第二期首相行动计划与第一期计划相比最突出的变化就是对于学生满意度的强调，显示出英国留学政策从注重收益向提升留学服务质量、强调学生体验的重要转变。当然，这种转变的最终目的依然是增强英国作为留学目的地国的吸引力和英国留学教育在全球市场中的竞争力。

---

① UNESCO Institute for Statistics. Global Education Digest 2009：Comparing Education Statistics Across the World［M］. Montreal：UNESCO Institute for Statistics.

② DTZ. Prime Minister's Initiative for International Education Phase 2（PMI 2）：Final Evaluation Report［R］. 2011.

为了实现提升学生留学满意度的目标，英国国际学生事务委员会（UK Council for International Student Affairs，UKCISA）专门成立了一个学生体验咨询小组，在留学费用资助咨询、学习和生活适应、教学咨询、学生服务、学生社团、就业指导、专业发展、经验分享等多个方面开展工作①，各个学校也制定了各自的留学生学习体验提升措施。

第二期首相行动计划启动以后，相关政府部门和第三方机构都对该计划的实施情况进行了监督和评估。2011 年英国国际学生事务委员会的评估报告显示，第二期首相行动计划实施 5 年之后，高校留学生的总体满意度提升了 8 个百分点，对于支持服务和学习体验的满意度分别达到 88% 和 85% 。所有关于留学满意度的 21 项调查指标中，有 20 项显现出了明显的提高，特别是在语言支持、就业能力、师资、多元文化、生活成本和签证服务等方面。②

（3）英国留学政策的具体措施

趋向严格的签证政策——除欧洲经济区（EEA）成员国和瑞士之外，其他国家公民赴英留学均需申请签证。尚未获得高校入学通知但希望赴英留学的学生可以“预期学生”（prospective student）的身份申请签证，该类签证有效期不超过 6 个月，学生可在 6 个月内继续申请高校，获得入学通知书后即可将签证转为学生签证。其他学生则可申请“学生访问签证”或“第四级记点积分制学生签证”（Tier 4 students visa）。学生访问签证适用于赴英留学不超过 6 个月的短期留学生或参加不超过 11 个月的英语课程的学生。持学生访问签证的学生不能申请延长签证有效期。第四级记点积分制学生签证是英国 2009 年启动的新的留学签证类别，针对那些想在英国高校正式攻读学位的学生。该签证以标准化评分的方式对学生的申请资质进行审核，以 40 分为合格分数——获得录取学校确认函可获得 30 分，提供足够的资金证明获 10 分。此外，申请人还应提交相应的语言证明、学历证明等材料。这样一种制度规定下，公立高校和经过边境管理局审核的高校被授予担保人资质（sponsor），为其准备接收的留学生做担保。录取确认函须由学校在互联网上

① UKCISA. PMI Student Experience Achievement 2006—2011 ［R］. 2011：1 - 2.

② UKCISA. PMI Student Experience Achievement 2006—2011 ［R］. 2011：28.

填写完成，所需信息包括申请人详细个人信息、申请的学业项目、资格证明、确认信息以及英语水平证明等。学校填写完毕后，申请人将获得一个学校提供的用于识别录取学校确认函的号码，填写在签证申请表上即可。资金保障的具体要求因地区而异，通常申请人需要证明自己有足够资金，至少能够支付第一阶段学习的费用和 9 个月的生活费①。记点积分制和担保人制度的实施表明英国留学签证政策趋向标准化和更加严格。

院校自主的入学政策——英国各大学的基本入学要求由各个学校、相关专业或学习项目制定，申请者可通过各大学网站了解。通常来说，申请本科项目须完成中等教育并且获得相当于英国 A-levels 高级水平考试、苏格兰高等教育或国家文凭的大学预科资格，雅思成绩达到 6. 0—6. 5 分。在了解了相关院校、专业或课程的招生要求后，本科项目的申请人通常通过英国高等院校招生办公室（UCAS）进行留学申请。每个申请人一次最多可以申请 5 个课程项目（可以是同一院校的不同课程项目），当然申请人也可以直接向在 UCAS 注册的学校、学院提出申请，但大多数英国高校都倾向于通过 UCAS 在线系统接受国际学生的申请。每个国际学生每年可以通过 UCAS 提出一次申请。

研究生课程以及工商管理硕士项目的基本入学要求是申请人持有英国或其他国家的学士学位，并且必须专业相关。大部分项目要求雅思成绩达到 6. 5 分以上。研究生课程的申请通常是通过各个院校的在线报名系统进行，申请人可以申请的学校和项目数量不受限制。申请硕士项目通常在项目开始前一年的 10 月份就可以开始，申请人应尽量在次年 4 月前完成申请。

高度市场化的学费政策——自 20 世纪 80 年代开始，英国即实行对非欧盟留学生全额收取学费的政策，这也是英国留学市场化的重要特征。具体的学费水平因地区、学校、专业不同存在较大差异。根据英国文化协会的统计，不同学业层次和学业项目每年的平均学费水平如表 3. 5 所示。大致而言，就读大学预科及人文社科类专业的学费较低，分别为 4000—

① 英国边境管理局．英国留学信息手册［EB /OL］.［2012 - 12 - 14］. http：//ukinchina. fco. gov. uk/resources/en/pdf/21739676/student_ leaflet_ chinese.

12000 英镑和 7000—9000 英镑；临床医学类专业学费较高，每年约 10000—21000 英镑；工商管理硕士学费差距最大，从 4000 英镑一直到 30000 英镑以上不等。

表 3.5　英国高校一年学费水平

大学		研究生	
预科	4000—12000 英镑	人文社会科学	7000—9000 英镑
文科	7000—9000 英镑	理工科	7500—12000 英镑
理科	7500—12000 英镑	临床医学	10000—21000 英镑
临床医学	10000—21000 英镑	工商管理硕士	4000—30000 英镑以上

【数据来源】英国文化协会. 英国留学生学费 [EB/OL]. [2013-02-05]. http://www.educationuk.org/China/Applications/scholarships-for-uk-study/CNART451262429897112.

点缀性的奖学金政策——英国政府、院校和各类社会机构为留学生提供了各种不同的奖学金，用于资助留学生的学费和生活支出，但总体上而言，奖学金的数量和覆盖面十分有限，大多数国际留学生主要依赖家庭资助缴纳学费和支付生活支出。英国国际教育委员会（UKCOSA）2004 年的调查显示，大约 71% 的国际学生由家庭支付学费。本科生靠家庭支付学费的比例最高，约为 85%。研究生群体中，课程研究生项目的留学生依靠家庭支付学费的比例也高达 79%，研究型研究生项目留学生由家庭支付学费的比例则为 30%①。依靠家庭支付生活费用的比例则要更高一些。

总体而言，从学业项目类型上看，英国面向研究型硕士和博士项目的奖学金要远远多于课程型硕士项目和本科项目。从学生群体来看，针对英联邦国家和欧盟国家学生的奖学金种类也相对多于面向其他国家和地区学生的奖学金。

英国留学生所能获得的奖学金主要有三种，一是院校奖学金，由各个大学、学院设立，主要面向成绩优异的学生和从事科研的研究生。留学生可以从各个学校获得相关的奖学金信息，也可通过英国文化协会"Education UK"

① UKCOSA. Broadening Our Horizons: International Students in UK Universities and Colleges [R]. 2004: 46.

网站查询奖学金信息。第二类奖学金是英国政府或社会组织提供的奖学金。如英国外交和联邦事务部面向国际研究生提供的志奋领奖学金（Chevening Scholarships），面向英联邦国家学生的英联邦共享奖学金（Commonwealth Scholarship），面向亚洲和北美自然科学博士后科研人员的皇家协会奖学金等，留学生同样可以通过“Education UK”查询相关信息。第三类奖学金则是留学生各自国家的政府奖学金。英国国际教育委员会的调查显示，2004 年研究型硕士和博士项目留学生依靠院校奖学金、英国政府奖学金和本国政府奖学金支付学费的比例分别为 31%、24% 和 23%。总体而言，英国留学生获得奖学金资助的机会较少，英国政府已经意识到这一状况对于吸引优秀留学人才特别是科研人才的不利之处，相应的政策调整正在讨论之中。

严控时间的打工政策——在英国，持 Tier 4 学生签证的留学生可以在留学的同时打工。根据提交入境申请的时间和所在的学业层次不同，留学生在学期中打工的时间限制被分为不得超过 10 小时/周和 20 小时/周两个不同标准，具体要求可以通过移民局进行查询。学校假期和实习期间留学生也可以全时打工，假期和实习期的起止时间以各个学校的规定为准。英国各个高校均设有职业服务中心，为学生提供求职服务，包括提供招聘信息、撰写简历和求职信、求职技巧培训、政策释疑等。留学生打工需要申请国家社会保险号（National Insurance Number）。如果留学生一年的打工收入超过了该年度收入免税额度，则需缴纳个人所得税。

记点积分的移民政策——2011 年以来，英国关于毕业留学生申请工作签证、在英就业居留的政策经历了若干次变动，按照 2012 年 4 月之后的最新规定，在英国获得本科及以上学位的留学生可以通过两种途径申请英国工作签证。一是作为技术工作人员申请第二级记点积分制签证（Tier 2）即技术工作签证，申请人需要获得英国边境管理局认可、能够作为担保机构的企业或社会机构发出的雇用证明，并且年薪达到 20000 英镑以上，对于 Tier 2 签证的发放数量则不做限制。换言之，留学生毕业后如果能在英国正规机构和企业获得年薪 20000 英镑以上的工作职位，即可申请 Tier 2 签证。另外一种途径是申请第一级记点积分制签证即高价值移民签证中的“毕业生创业签证”（Tier 1 Graduate Entrepreneur）。这是英国边境管理局

2012 年 4 月起发放的一种新的签证类型，计划 2012 年 4 月—2014 年 4 月的两年时间内每年发放 1000 个。申请这类签证需要由各个高校进行推荐，选择具有创新理念和创业技能的优秀毕业生进行申请，申请人本身则需要拥有 5 万英镑的创业资金。相比于普通的技术移民签证，毕业生创业签证的申请难度显然较大。

（4）英国留学政策调整及其影响

2009 年以来，在移民政策收紧、经济危机和执政党更迭等因素影响下，英国留学政策进行了若干调整，体现在以下三个方面。

首先是移民政策全面收紧，学生签证管理更加严格。2009 年英国正式开始实施第四级记点积分制学生签证（Tier 4）政策。这一政策最大的变化是引入了法定担保人制度，由公立高校和经过专门审核认证的私立院校担任学生签证申请者的法定担保人，对申请人资质及其顺利完成学业的能力进行担保，同时以规范化的评分体系对留学签证申请人进行审核，只有达到合格分数的申请人才能获批签证。同时，该政策也提高了对于申请人英语水平和生活担保金额度的要求。新的签证政策实施后，留学生招生及注册事宜的管理部门由英国创新、大学和技能部（Department for Innovation，Universities and Skills）改为边境管理局（UK Border Agency）。这一新的学生签证政策的出台，是自布莱尔执政以来英国政府为应对严峻的非法移民问题而强化签证管理的延续，旨在通过规范学生签证申请，杜绝非法移民通过留学途径入境，特别是通过担保人制度对教育机构进行重新评估审核，并要求其对留学生的留学目的和学习能力进行担保，减少过去假冒大学通过学生签证牟取暴利、变相帮助非法移民入境并严重损害英国留学产业声誉的问题。

2011 年 6 月，英国政府宣布未来 5 年将缩减 26 万个学生签证。这一举动一方面是为了配合当下英国政府控制移民数量的政策，另一方面也是为了进一步打击冒牌大学、整治非法移民和非法打工的问题。尽管这一政策可能在某种程度上使国际学生赴英留学的难度加大，另一方面却能进一步规范英国留学市场，使留学产业获取更多公共支持。事实证明，这项政策对那些高度依赖留学生学费的私立院校打击极大，很多学校生源减少近半，2011—2012 年共有 169 所私立院校被迫关门。2013 年 4 月开始，英国边境管理局还将扩大学生签证申请的面试范围，对 10 万海外学生签证申请者进行面试，进一步加强学生签证管理。

其次，为应对经济危机、减少财政赤字，英国政府 2010 年开始实施自第二次世界大战结束以来最大规模的财政紧缩计划，全面削减公共开支，其中教育预算削减幅度达到 50 亿英镑，由此引发了 2011 年大学学费上涨风波。尽管学费上涨主要针对英国和欧盟学生，对其他地区留学生的留学费用影响不大，但大学的经费削减同样被认为会间接对留学英国造成多重影响。一方面，留学生所能获得的学术资源及各项支持服务可能减少；另一方面，很多大学也可能会因为经费紧张而更加欢迎国际学生。

最后，英国关于毕业留学生申请工作签证的政策同样收紧，延签难度加大，政策更加偏向高技能人才。2012 年 4 月，英国政府取消了工党执政时期开始实施的 PSW（Post Study Work）签证，即允许在英国获得本科及以上学位的留学生毕业后两年内在英国找工作或从事商业活动的签证，代之以申请难度更大的技术工作签证和毕业生创业签证，这使得留学生毕业后在英国就业的难度加大。英国希望通过收紧政策，选拔出真正能够对英国社会经济做出贡献的高技能海外学生留在英国工作。作为对该项政策的补充，英国政府还宣布从 2013 年 4 月开始，在英国毕业的国际博士生可以申请 12 个月的签证，以帮助他们在英国就业或创业。

可以看到，2009 年以来英国政府全面收紧了留学签证和工作签证，提高了国际学生申请赴英国留学和毕业后在英国就业的难度。这些政策变动在根本上是为了规范英国留学市场，保障和提升英国高等教育的质量和声誉，选拔真正优秀的国际人才赴英留学就业，这与第二期首相行动计划的目标是一致的，显现出英国留学政策从注重收益到提升质量的转变。

3. 促进欧洲一体化、提升国际竞争力的德国留学政策

（1）在德留学生基本情况

过去 5 年，德国高校国际学生数量经历了略有下降、再企稳回升的过程。在德国的相关统计数据中，国际学生（Ausländische Studierende）包括在德国获得高中毕业文凭的外籍学生（Bildungsinländer/-innen）和高等教育

阶段赴德求学的留学生两类群体。至 2011 年，德国高校国际学生总数达到 25 万余人，占在校生总数的 11.4%，其中留学生数量为 18.8 万人，占德国高校在校生总数的 8.5%。下面着重介绍的，是在德留学生的基本状况。

表 3.6 德国高校国际学生、留学生数量及比例（2007—2011 年）

年份	国际学生总数(人)	国际学生占高校在校生比例	较前一年增长	留学生总数(人)	留学生占德国高校在校生的比例	较前一年增长
2007	246369	12.4%	-0.8%	188436	9.5%	-0.5%
2008	233606	12.0%	-5.2%	177852	9.2%	-5.6%
2009	239143	11.8%	2.4%	180222	8.9%	1.3%
2010	244775	12.0%	2.4%	181249	8.5%	0.6%
2011	252032	11.4%	3.0%	188506	8.5%	4.0%

【数据来源】BMBF. Daten-Portal, Tabellenauswahl, Tab. 2. 5. 33, Tab. 2. 5. 35 [DB/OL]. [2013-10-14]. http://www.datenportal.bmbf.de/portal/de/K25.gus.

在德留学生群体中，来自欧盟国家和亚洲国家的学生分别占三分之一左右。2007 年以来，欧盟国家学生的数量有所下降，亚洲学生的数量则继续增长并超过欧盟成为德国首要的留学生源地。排在亚洲和欧盟之后的是非欧盟欧洲国家，其留德学生数量占 16% 左右，再次是非洲留学生，约占 10%。

表 3.7 德国留学生来源分布（2007、2009、2011 年）

地区	2007 年		2009 年		2011 年	
	百分比	人数	百分比	人数	百分比	人数
欧盟国家	63298	33.7%	56272	31.5%	57064	30.9%
非欧盟欧洲国家	31545	16.8%	31144	17.4%	30945	16.8%
非洲	20781	11.1%	20049	11.2%	19660	10.7%
美洲	11353	6.0%	12287	6.9%	14092	7.6%
亚洲	60690	32.3%	58520	32.8%	62337	33.8%
大洋洲	352	0.2%	361	0.2%	467	0.3%

【数据来源】BMBF. Daten-Portal, Tabellenauswahl, Tab. 2. 5. 33, Tab. 2. 5. 35 [DB/OL]. [2013-10-14]. http://www.datenportal.bmbf.de/portal/de/K25.gus.

从留学生源国来看，中国目前是德国最大的留学生源国，2011 年留德中国学生总数为 22828 人，超出排在第 2 位的俄罗斯一倍以上。除了中国和俄罗斯，2011 年排名前 10 位的留学生来源国依次还有保加利亚、波兰、奥地利、土耳其、乌克兰、法国、喀麦隆和摩洛哥。

表 3.8　德国留学生十大生源国（2007、2009、2011 年）　（单位：人）

排名（2011 年）	国家	2007 年	2009 年	2011 年
1	中国	25651	23140	22828
2	俄罗斯	9951	9740	10077
3	保加利亚	11816	9162	7537
4	波兰	11651	9401	7463
5	奥地利	4460	5465	7072
6	土耳其	7180	6711	6575
7	乌克兰	6950	6324	6204
8	法国	5536	5213	5530
9	喀麦隆	5368	5363	5412
10	摩洛哥	7016	5970	5163

【数据来源】BMBF. Daten-Portal, Tabellenauswahl, Tab. 2. 5. 33, Tab. 2. 5. 34, Tab. 2. 5. 35 [DB/OL]. [2013 - 10 - 14]. http://www. datenportal. bmbf. de/portal/de/K25. gus.

德国缺乏对于在校留学生就读层次的全面统计，但从每年各学业层次毕业的国际学生数量统计中，也可以大致看出德国留学生留学层次分布的特征。以 2010 年为例，当年毕业的留学生中有 34% 获得本科学历或相当于本科学历的高等专科学校文凭，47% 获得硕士学位或相当于硕士学位的大学文凭，11% 获得博士学位，还有 8% 获得艺术、师范或其他文凭。可以看到，获得硕士及以上文凭的留学毕业生占该群体总数的 58%，说明留学生在德国求学的学历层次是比较高的（见图 3. 8）。

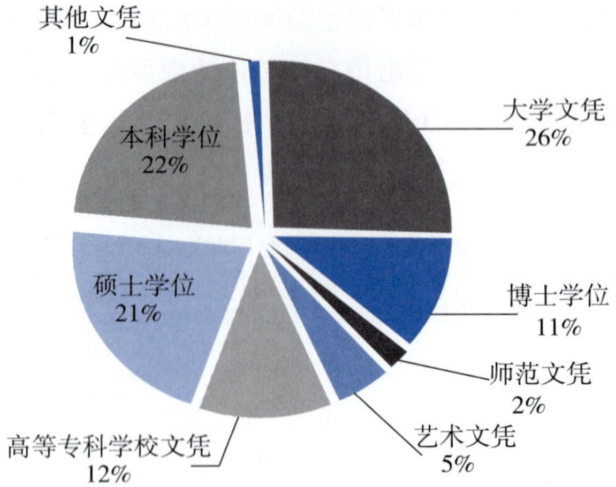

图 3.8　德国留学生毕业层次分布（2010 年）

【数据来源】BMBF. Daten-Portal，Tabellenauswahl，Tab. 2. 5. 33，Tab. 2. 5. 34，Tab. 2. 5. 35［DB/OL］.［2013－10－14］. http：//www. datenportal. bmbf. de/portal/de/K25. gus.

2011 年，德国高校毕业留学生的专业分布情况如图 3.9 所示，语言/人文学科、法律/经济/社会科学和工程科学这三大领域毕业的留学生各占毕业留学生总数的四分之一。数学和自然科学领域毕业的留学生占 17%，医学、农学、林学和营养学毕业留学生占比较小，总共约 7%。

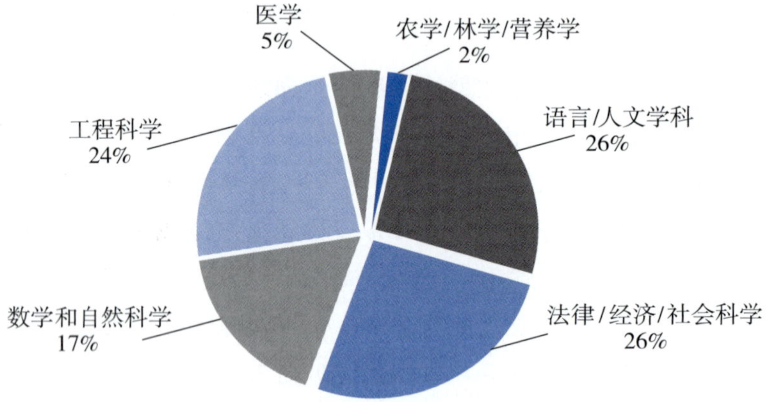

图 3.9　德国留学生专业分布（2011 年）

【数据来源】BMBF. Daten-Portal，Tabellauswahl，Tab. 2. 5. 34，Tab. 2. 5. 36［DB/OL］.［2013－10－14］. http://www. datenportal. bmbf. de/portal/de/k25. gus.

（2）促进欧洲一体化和提升国际竞争力的德国留学政策

21 世纪以来，德国在高等教育领域实施了一系列的改革措施。这些改革措施有着共同的战略目标——应对全球化压力下激烈的科研和人才竞争，提高德国高等教育和科研的质量及全球影响力；促进欧洲一体化进程，特别是促进一个统一的“欧洲高等教育区”和“欧洲科研区”的建立。在这样的战略目标下，“国际化”成为德国高等教育改革发展的关键词，其主要内涵包括：促进学生流动、特别是欧洲高等教育区框架下的区域流动；面向全球吸引优秀人才赴德国高校、科研机构留学和从事科研，提升德国高校和科研院所在本区域以及全球的竞争力和影响力；扩展高校和科研院所的国际网络，深度开展国际教育科研合作，以质量为核心进行国际化战略的规划，不同项目相互配合，稳步推进。在这样的大背景下，德国近年来的留学教育政策有以下两个核心特征。

在欧盟高等教育一体化框架下促进学生流动——德国历来是推动欧洲一体化进程的重要力量。近十年来，德国经济强势增长，被誉为欧洲经济发动机；政治地位也不断提升，与法国一道被视为领导欧盟事务的两驾马车。促进欧洲政治、经济、文化诸方面的进一步融合，维护欧盟稳定，是德国当前各项政策的重要目标之一，这也同样体现在其教育政策和留学政策上。当前德国留学政策的核心特征之一就是在欧盟教育一体化进程的各项行动计划、改革倡议框架内促进地区间学生流动，这既是德国对于欧盟构建“欧洲高等教育区”和“欧洲科研区”战略目标的大力推动，也是德国借助欧盟教育一体化进程提升本国教育、科研、就业培训和文化的区域影响力的措施。

1987 年开始的伊拉斯谟计划（全称为“欧洲共同体关于大学生流动的行动计划”，英文简写为 ERASMUS）是欧盟大学生跨国流动的最主要的支持项目。从项目启动开始，德国就以其最重要的学术/教育国际交流机构——德意志学术交流中心（DAAD）作为德国伊拉斯谟计划的代理机构，负责学生的接收和派出工作。2010—2011 学年，德国通过伊拉斯谟计划吸引留学生 19119 人，是该项目第三大学生流入国，仅次于西班牙和法国。与以修读学位为目的的留学不同，伊拉斯谟计划所支持的学生流动主要都是短期交换访问项目，大多数学生来德留学的时间为半年到一年。

1999年开始的博洛尼亚进程是欧洲高等教育一体化的核心步骤，主要改革措施包括在各国建立统一且可比较的“学士—硕士—博士”三级学位制度，引入“欧洲学分互认体系”（European Credit Transfer System，ECTS）及模块化教学。德国是受博洛尼亚进程影响最大的国家之一，传统上的两级学位体系逐渐向三级学位体系过渡。到2011—2012学年度止，德国高校已经有85%的学习项目改革为“学士—硕士”新学制。学制改革使德国高等教育基本实现了与主要英语国家以及大多数新兴国家教育体系的对接，极大地促进了学生的国际流动，提高了德国作为留学目的地国的竞争力。博洛尼亚进程的各项改革措施在德国是自上而下贯彻执行的，联邦政府和各州政府为此共同成立了博洛尼亚进程推进小组，这个小组还包括了高校校长联席会议（HRK）和德意志学术交流中心（DAAD）等机构的代表。

2007年以来，欧盟教育一体化进程加速，“2007—2013终身教育整体行动计划”的实施将伊拉斯谟计划等促进区域教育流动的计划纳入统一的行动框架之中。2007年年底，德国联邦政府和州政府针对文化、教育和学术事务的协商机构——文化部长联席会议（Kultusministerkonferenz）发布了一份立场声明，指出针对欧盟在教育领域的相关项目，德国应当在“保障和提高教育质量”、“促进和保障师生流动”、“维护和促进德国的文化多样性”以及“在国家和国际背景中体现各州利益”四个基本框架内制定教育文化政策。具体的行动措施则包括促进师生流动、学位互认、在教育领域贯彻“欧洲维度”等①。最近一两年，德国在欧盟框架下促进学生流动和教育合作的政策拓展到职业教育领域，与多个欧盟国家签署了双边合作协议，并发起成立了职业教育联盟，应对日益严峻的青年失业问题。

大力吸引高层次科研人才——在全球化和知识经济的背景下，德国将科研发展和科研人才竞争纳入国家核心竞争力的提升计划之中。2008年，联邦教育科研部制定了“国际化战略”（Strategie der Bundesregierung zur

① Sekretariat der Ständigen Konferenz der Kultusmisnister der Länder in der Bundesrepublik Deutschland. Positionspapier der Kultusministerkonferenz zur Bildungs-，Wissenschafts-und Kulturpolitik im Hinblick auf Vorhaben der Europäischen Union [EB/OL]. [2013-10-14]. http://www.kmk.org/fileadmin/veroeffentlichungen_beschluesse/2007/2007_12_13-Bildung-Wissenschaft-Kultur-EU.pdf.

Internationalisierung von Wissenschaft und Forschung)，成为近年来德国高等教育和科研国际化的总方针。该战略的核心目标是打造“德国科研”（Research in Germany）的国家品牌，加强德国与全球优秀科研人才的合作，提升国际创新竞争力，在教育和研发领域强化与发展中国家的持续合作，在全球化挑战中承担国际责任。该战略整合并增加了针对国际博士研究生和其他科研人员的奖学金项目，并大力支持国际博士项目、联合培养博士项目等国际合作形式。

2006 年开始的“卓越计划”（Exzellenzinitiative）同样也被视为德国促进高校国际化、吸引国际科研人才的重要举措。该计划面向德国高校进行三个层次的评选和资助，对象分别是以支持学术后备力量为目标的研究生院、以支持顶尖科研领域和科研团队为目标的“卓越集群”和以扩展大学整体科研优势为目标的大学“未来构想”①。2006—2012 年为第一期，2012—2017 年为第二期，两期项目共投入大约 46 亿欧元。该计划通过差异性评选突出了德国重点大学、重点学科或研究团队的世界影响力。特别是研究生院和卓越集群项目面向全球招收博士生和博士后科研人员，采用国际通行的申请方式，大大减少了国际学生的申请难度，结构化的培养模式也增加了博士项目的国际认知度，同时各项目还向国际学生提供多种不同形式的奖学金资助。

除了这些系统的支持计划，德意志学术交流中心（DAAD）和其他公共及私人科研资助机构也都有针对外国博士研究生的奖学金资助项目。这些措施使得德国高层次留学人员的数量近年来快速增长。2000—2010 年的十年间，德国博士培养总体规模基本没有扩大，每年授予的博士学位数量稳定在 25000 人上下，但获得博士学位的外国人比例却有很大的提高，从 2000 年的 1926 人上升到 2010 年的 3831 人，数量翻了一番，获得博士学位的留学生占留学生总人数的比例超过了本科和硕士层次的留学生。在德国马克斯普·朗克研究所等科研机构中，留学人员（大多为博士生和博士后

---

① Deutsche Forschungsgemeinschaft, Wissenschaftsrat. Bericht der Gemeinsamen Kommission zur Exzellenzinitiative an die Gemeinsame Wissenschaftskonferenz [EB/OL]. [2013 - 10 - 14]. http://www. Wisseuschaftsrat. de/download/archir/exini_GWK-Bericht-[1]. pdf.

研究人员）所占比例甚至达到 50%。

表 3.9　2010 年德国高校各层次毕业生中留学生所占比例

（单位：人）

本科层次*		硕士层次**		博士层次	
总数	留学生	总数	留学生	总数	留学生
168356	12075	124486	16948	25629	3831
留学生占比	7.2%	留学生占比	13.6%	留学生占比	14.9%

*包括本科学位和相当于本科学位的高等专科学校文凭。

**包括硕士学位和相当于硕士学位的大学文凭。

【数据来源】德国教育科研部数据库 Tab. 2. 5. 45。

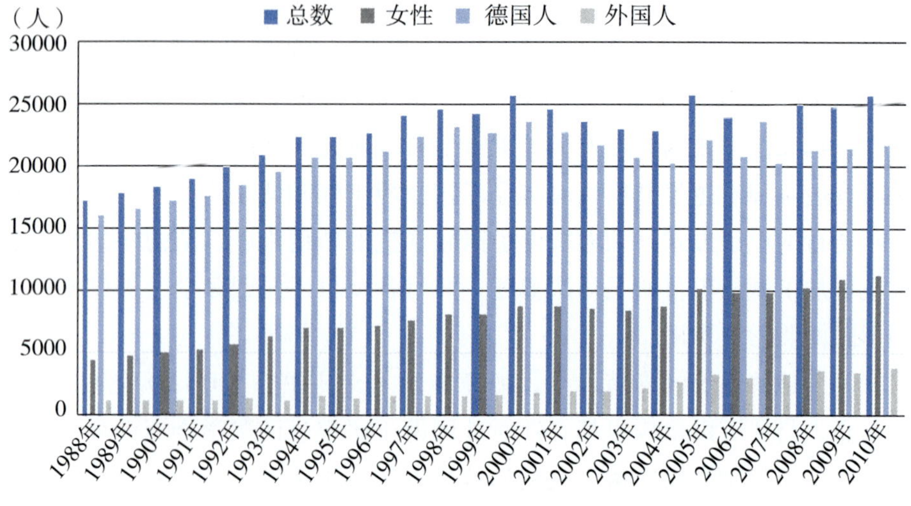

图 3.10　德国所授博士学位的数量变化（1988—2010 年）

【数据来源】Statistisches Bundesamt. Fachserie 11 Reihe 4. 2 ：Bildung und Kultur-Prüfungen an Hochschulen 2010 [R]. Wiesbaden：Statistisches Bundesamt，2011：15.

（3）德国留学政策的具体措施

分类管理的签证政策——除了欧盟成员国以及冰岛、列支敦士登、挪威和瑞士四国之外，其他国家的公民赴德留学都需持学生签证。学生签证又可分为留学签证（Visum zum Studium）和语言预备班签证（Visum zum Studienvorbereitenden Sprachkurs）两种。如果留学生在赴德之前已经取得德国高校的正式录取通知书，就可以获得留学签证。语言预备班签证则是签发给那些获得有条件录取通知书或者与高校联系过，获得初步认可的学生。持此签证可去德国读专门的语言班或大学预科班，通过“德国高校外国申请者入学德语考试”（DSH）后，即可在德国高校注册入学。

留学签证有效期通常为三个月，到期之前，留学生凭借此签证外加资金证明、保险证明、在学证明、语言证明、入学通知书等材料到所在地的外国人管理局将留学签证换为居留许可（Aufenthaltserlaubnis），居留许可上会清楚标注留学生的居留事由为“留学”，有效期通常为一年，一年后凭高校注册凭证可续签至下一年度，依此类推，直至毕业。

严控资格的入学政策——德国高校对留学生攻读大学本科学位的基本要求是获得与德国文理高中毕业文凭（Abitur）等同的高校入学资格。欧盟国家以及冰岛、列支敦士登、挪威和瑞士四国的高校入学资格等同于德国高校入学资格。其他国家的高校入学资格在德国的适用范围则各有区别，德意志学术交流中心（DAAD）的“高校录取数据库”（Zulassungs-datenbank）为此提供专门的查询服务。对于中国留学生而言，通常需要已经被国内大学录取并学习若干学期后才具有进入德国高校学习的资格。例如，已被211院校录取的学生修满一学期后即可申请德国高校，普通本科院校学生则需至少修满三个学期①。此外，申请者通常还需通过“德国高校外国申请者入学德语考试”（DSH），获得相应的德语能力证明。部分高校或专业还要求申请人参加留学生学习能力测试（Test-AS，俗称德适考试）。中国、蒙古和越南三国的留学生在向德国高校提出入学申请之前，必须经过本国德国大使馆的留德人员审核部的资格审核（APS），获得审核证书之后才具备申请德国高校的完全资格，资格审核通常包括材料审核和面谈两个环节。2009年之后，申请留德的中国本科在读生可以通过参加德适考试代替原来的审核面谈程序。

申请留德攻读硕士学位的基本要求与本科学位相似，须有相应的大学

---

① 详细规定参见德意志学术交流中心驻京办事处相关说明。网址：http：//www.daad.org.cn/zh/studium-und-forschung-in-deutschland/studium-in-deutschland/faqs-zum-studieren-in-deutschland/teil-2-bedingungen-fur-die-bewerbung-und-den-bewerbungsablauf#5.

本科毕业文凭和语言能力证明。大学期间的学业成绩是德国高校录取留学生的主要参考。国际硕士项目或特定学科专业通常不要求申请人提供德语成绩证明，而是以托福等英语能力证明替代。

赴德攻读博士学位通常无须向高校招生部门或第三方审核部门提出申请，而是直接与导师或博士项目（例如研究生院项目）取得联系，由导师或研究生院的招生委员会对申请人的学业成绩、语言能力、研究计划、学术能力进行把关。获得导师或项目邀请函后，即可申请赴德签证，抵达后在高校学籍管理部门直接注册入学。

基本免费的学费政策——德国高等教育学费政策由各州自行决定。目前，德国仅有巴伐利亚和下萨克森两个州对大学第一学位的学业阶段（博洛尼亚改革后的学士学位层次，以及传统学制下的大学文凭和高等专科学校文凭）收取学费，每个学期的学费大约为500欧元，而这一收费政策也将在未来被逐步取消。伊拉斯谟计划等国际项目交换生、博士研究生不在收费对象之列。此外，在德国占比很小的私立高校以及专业硕士等特殊学习项目需要收取学费，每学期学费金额从数百到数千欧元不等。总体来看，德国大多数州和绝大多数高校目前是免收学费的。

尽管免收学费，但德国所有州都要求大学生每学期缴纳一定额度的“注册费”或“学期费”，用于支付学校管理、后勤服务费用，很多州的高校注册费中还包括学生交通票的费用，学生缴费后凭注册凭证可以在州内免费乘坐公共交通工具。注册费因学校而异，通常为50—250欧元/学期。

覆盖博士研究生的奖学金政策——德国拥有一个针对大学生、研究生和科研人员的庞大的资助体系，由不同的资助主体组成，通常包括具有党派背景的基金会、企业基金会、州政府、社会机构、研究机构或学术组织、学生组织等，这些机构提供多种不同的奖学金项目和资助形式，针对不同学业层次、不同学科专业和不同资助需求的学生或科研人员。这其中也有相当一部分奖学金项目是面向留学人员的。通过德意志学术交流中心（DAAD）的奖学金数据库①，留学人员可以查询奖学金信息。总体来说，

① 网址：http：//www. daad. de/deutschland/stipendium/datenbank/de/12359-stipendien-finden/.

针对本科和硕士学业层次的非欧盟国家留学生的学业奖学金项目数量相对于本国学生和欧盟国家学生而言数量较少、覆盖面较小，且以短期资助或特定用途的资金支持项目为主。

在博士学业层次，针对留学生的经济资助方式很多，覆盖面较广，基本上赴德攻读博士学位的留学生都有相应的经济资助。根据博士生攻读博士学位的方式不同，可以将其经济资助分为两大类。第一类针对那些受聘于高校或研究机构正式研究岗位的博士留学生，他们与所在高校或科研机构签订一定期限的工作合同，为所在的教席或科研项目承担一部分科研工作，同时撰写博士论文，攻读学位，他们所获得的资助实际是岗位工资，这种方式在自然科学和工程科学领域十分普遍。另一类博士留学生则靠奖学金资助完成学业，他们通常无须或较少承担论文研究之外的科研工作，他们的奖学金来自德意志学术交流中心（DAAD）、德国科研基金会（DFG）或其他各类私人和公共基金会，资助期限为一至三年不等。通常而言，德国高校教授、研究团队或研究生院在招收博士研究生时都会提供可能的资助方式，留学生申请入学的过程也是申请奖学金或工作岗位资助的过程。此外，还有很多高校或资助机构为博士留学生提供特定用途的奖学金资助，如参与学术活动的资助、论文出版资助等。

严控时间的打工政策——在德国，来自欧盟及欧洲经济区（EEA）国家的留学生与德国大学生一样，享有在学习的同时自由打工的权利，打工的时间和范围基本不受限制。来自其他国家和地区的留德学生打工时间和范围则受到法律限制。按照德国《外国人法》相关条款的规定，持有限期居留许可的在德留学外国人可以作为雇员兼职工作，但不准作为独立法人创业或从事自由职业。2012 年 8 月之前，留学生的打工时间被限制为每年 90 天或 180 个半天；2012 年 8 月 1 日之后，这一工作时限被提高到每年 120 天或 240 个半天。如果留学生想从事超出这一时限的工作，则必须向所在地的劳动局以及外国人管理局提出申请。一般来说，本地失业率越高，留学生获得延长工作时限许可的可能性越小。留学生的打工收入必须报税。

如果留学生在高校或科研机构从事研究助理或教辅工作，只要不影响自身学习，则工作时间不受上述规定限制，但必须向外国人管理局申报。

语言班或大学预科班的留学生同样受到120天或240个半天的打工时间限制，并且必须向外国人管理局以及劳动局申请，获得专门许可①。

以稳定工作为基本前提的移民政策——在德国，留学与移民没有必然关系，但留学生毕业后可以继续在德国工作，满足一定条件后即可获得长期居留权并申请入籍。具体来说，来自原欧盟15国②的留学生毕业后可以直接在德国就业，不受国籍限制。其他国家的留学生在德国完成学业后，可以再申请18个月的居留许可，用于在德国找工作，但同时需要提供相应的能够维持在德生活的资金证明。在找工作期间，毕业留学生可以继续打工，工作时间同样不能超过每年120天或240个半天的限制。毕业生找到正式工作签订工作合同后，即可将现有的留学居留许可变更为有期限的工作居留许可。在德工作满五年后，即可获得长期居留许可。

（4）德国留学政策的调整及其影响

为了缓解老龄化带来的劳动力短缺，提高德国对于国际高端技能人才的吸引力，并贯彻欧盟2009年5月颁布的“关于非欧盟国家高级人才入境和居留的条件（2009/50/EG）”的相关方针，德国在2012年6月对《外国人法》的相关条款进行了修订，降低了毕业留学生、科研人员和高端技能人才的移民门槛。新法规定，毕业留学生以及已经持有工作签证的科研人员可以获得法人签证在德投资创业，条件是要与所学专业相符，也可申请自由职业签证，而无须为本地提供就业岗位。这就为毕业留学生在德从事艺术工作，或担任律师、财务人员、语言教师、设计师、翻译等创造了条件。2012年8月，德国正式开始对满足条件的外国投资者和专业人员发放“欧盟蓝卡”，自然科学家、工程师、信息技术人员、药剂师等紧俏专业人员年收入只要在34944欧元以上并拥有大学毕业文凭，即可申请欧盟蓝卡，其他行业从业人员则需大学毕业并且年收入在44800欧元以上。获得欧盟蓝卡之后，申请人将视其德语水平高低，在22—33个月之后获得德国永久

---

① Deutsches Studentenwerk. In Welchem Umfang düftea Sie arbeiten [EB/OL]. [2013 - 10 - 14]. http://www.international_studierende.de/wachrend_des_studiums/jobben/arbeitsrecht/.

② 指2004年之前加入欧盟的15个国家，除德国外还有比利时、法国、意大利、卢森堡、荷兰、丹麦、爱尔兰、英国、希腊、葡萄牙、西班牙、芬兰、奥地利、瑞典。

居留许可。这相比于之前五年工作期限的要求而言，大大降低了高技能专业人才获得德国长期居留权的门槛，显现出德国相关政策向高技能专业人才的倾斜和移民政策的进一步开放。

4. 从“移民大国”转向“留学强国”的法国留学政策

（1）在法留学生基本情况

2000—2010 年，法国留学生总数从 13.7 万人增至 26 万人，增加了 89.6%。特别是 2000—2004 年间增长尤为迅速，5 年间留学生数量增加 10 万人。法国目前是全世界第五大留学目的地国，在国际留学市场上的份额占到 6.3%（2010 年）①。

从留学层次上看，法国留学生中有 79.4% 的人就读于普通本科项目，9% 就读于职业导向的学习项目，还有 11% 的留学生攻读研究型学位。从留学生占法国高等教育各层次学生总数的比例来看，在普通本科教育层次，留学生占比为 12.8%，在研究型项目中留学生则占到 42%。在总人数上，留学生占法国高等教育学生总数的 11.6%②。

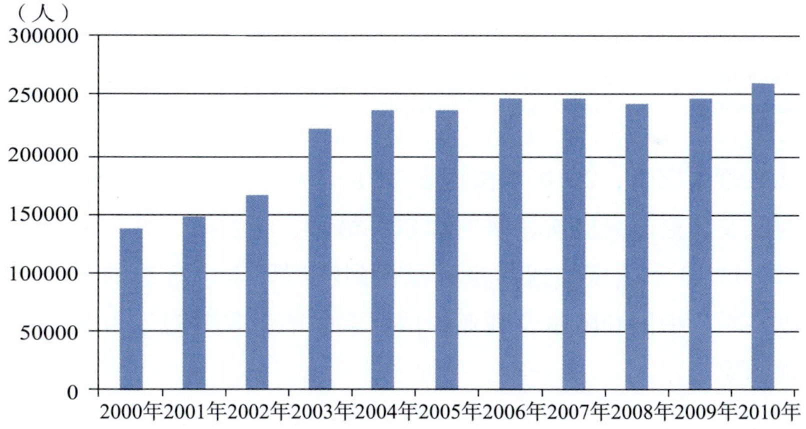

图 3.11　法国留学生总数（1999—2010 年）

【数据来源】UNESCO Institute for Statistics. Data Centre [DB/OL]. [2013-10-14]. http://stats.uis.unesco.org/unesco/reportFolders/Report Folders.aspx.

①② OECD. Education at a Glance 2012: OECD Indicators [M]. Paris: OECD, 2012.

由于特定的历史传统和语言优势，非洲是法国国际学生最主要的生源地，过去 10 年非洲学生占法国留学生总数的比例在 40%—50%。亚洲学生的数量在过去 10 年稳步增长，并在 2008 年超过欧洲成为法国第二大留学生源地。

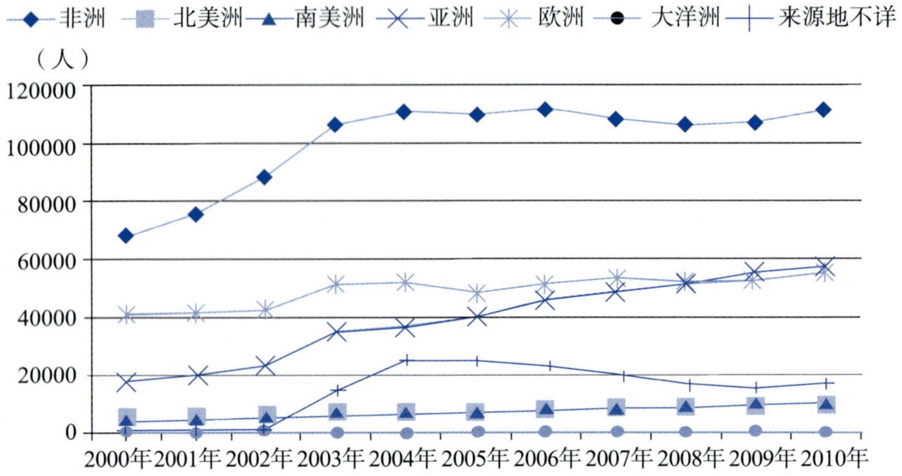

图 3.12　法国留学生源地（2000—2010 年）

【数据来源】UNESCO Institute for Statistics. Data Centre [DB/OL]. [2013 - 10 - 14]. http://stats.uis.unesco.org/unesco/ReportFolders/ReportFolders.aspx.

从来源国家看，2010 年法国留学生十大生源国依次是摩洛哥、中国、阿尔及利亚、突尼斯、塞内加尔、德国、喀麦隆、意大利、越南和黎巴嫩，这 10 个国家的留学生数量占到法国留学生总数的近一半。其中，摩洛哥、中国和阿尔及利亚 3 国留学生的数量超过 2 万人，远远高于其他国家。

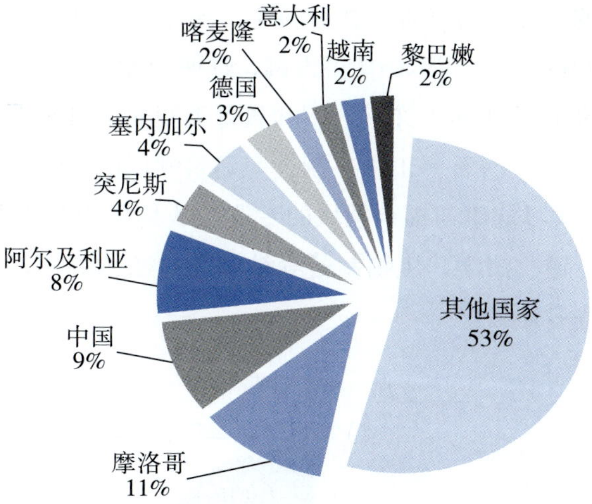

图 3.13　法国留学生主要来源国（2010 年）

【数据来源】UNESCO Institute for Statistics. Data Centre [DB/OL]. [2013 - 10 - 14]. http://stats. uis. unesco. org/unesco/ReportFolders/ReportFolders. aspx.

表 3.10　法国留学生主要生源国（2010 年）

（单位：人）

排名	国家	留学生数量
1	摩洛哥	27467
2	中国	24716
3	阿尔及利亚	20066
4	突尼斯	11659
5	塞内加尔	9278
6	德国	7129
7	喀麦隆	6264
8	意大利	5851
9	越南	5820
10	黎巴嫩	5134

【数据来源】UNESCO Institute for Statistics. Data Centre [DB/OL] . [2013 - 10 - 14]. http：//stats. uis. unesco. org/unesco/reportFolders/Report Folders. aspx.

从留学生的专业分布来看，社会科学、商学和法律类专业是法国留学生最多选择的专业领域。以 2010 年为例，这两类专业的留学生占法国留学生总数的 42.0%；其次是人文、艺术和教育类专业，占到 19.2%；学习自然科学的留学生占 17.4%；工程、制造与建筑领域的留学生占 13%，另有约 8% 的留学生学习健康与福利领域的专业。从具体的专业类别看，艺术、设计、通信、运输、法学、生物制药等被认为是法国高等教育较为有代表性的特色和优势专业。

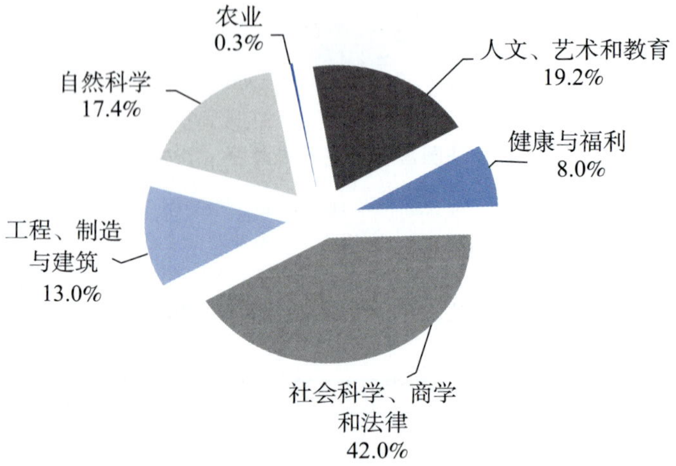

图 3.14　法国留学生专业分布（2010 年）

【数据来源】OECD. Education at a Glance 2012：OECD Indicators［M］. Paris：OECD，2012.

（2）法国留学教育政策总体方针：从移民大国转向留学强国

法国政府历来重视吸引各国人才赴法留学。20 世纪 60 年代，法国就成立了国际交流人员接待管理中心（Égide）作为促进留学和国际高等教育合作、管理国际奖学金项目的国家机构。1998 年，法国教育部与外交部共同成立了“教育国际协助署”（EduFrance），作为高等教育国际化的专门推广机构，在全世界数十个国家设有办事处，这些办事处向各国学生提供留学咨询和信息服务，组织教育展，并协助留学生进行留学申请。

进入 21 世纪以来，法国留学政策的发展有两条基本的脉络。一方面，在全球经济、科技和人才竞争日益激烈和欧洲一体化持续推进的背景下，法国作为传统发达国家和欧洲一体化的重要推动者，将推进高等教育国际化、参与国际人才竞争提升到新的政策高度，各政府部门及学术机构密切合作，在国家外交政策框架中制定留学政策，积极整合各种资源，在全球宣传推广法国高等教育，以促进留学和教育国际化，提升国家竞争力，并加强法国与世界各国的联系，促进法语和法国文化在世界上的推广。另一方面，作为一个传统的移民大国，多年积累的移民问题困扰法国社会方方面面，法国政府在移民接收和入境签证等方面的政策相对紧缩，并时常反复调整政策，这在一定程度上对国际学生赴法留学和在法就业造成障碍。总体而言，法国政府希望推行差异化的移民政策，提高高等教育对国际人才特别是优秀人才的吸引力，吸引更多高素质和知识型人才赴法求学就业，大力提升技术移民比例，将法国从"移民大国"转变为"留学强国"。

1999 年欧洲的博洛尼亚进程启动后，法国对高等教育传统学制进行了改革，逐步建立起与国际接轨的"学士—硕士—博士"三级学位制度，高等教育国际化随之进入一个新的发展阶段，留学规模显著扩大。2000—2004 年的五年间，法国留学生数量迅速增加了十万人。为鼓励优秀人才赴法留学，法国外交部在 1999 年设立了"埃菲尔奖学金"，用于奖励在工程、经济管理、法律和政治学三大领域表现优异的留学生。2004 年，该项目的资助对象进一步扩大到博士生群体。

2005 年，法国计划总署发表了《2020 年的大学生与研究生：国际学生流动与法国吸引力的关键》。该报告提出，国际精英人才流动是法国提升国际竞争力和经济增长的关键所在①。此后，法国政府在推进教育科研国际化、促进留学方面推出了一系列措施，增强法国对国际留学人员的吸引力。例如，2005 年，法国政府推出高校与科研地区性合作计划（Arcus），促进法国高校和科研机构与新兴国家、经济高速发展地区研究机构之间的科研合作，吸引海外青年科研人员。2006 年，法国建立了"科研与高等教育集群系统"（PRES-Pôles de Recherche et d'Enseignement Supérieur），鼓励一个地区或城市的高等教育机构共同分享他们在提升国际

① 赵翠侠．法国接收留学生政策变化分析［J］．学习月刊，2008（22）：7－8．

化水平、国际声誉方面的资源，成员学校要在博士培养、科研、校企合作、国际合作、留学生服务等方面密切合作。同时，另一项政府支持的项目“校园行动”（Opération Campus）启动，致力于通过公共投入改善高校基础设施，以提升国际学生服务水平①。2006 年和 2007 年，在法国外交部主导下，法国分别与中国、智利、巴西、印度以及墨西哥创建博士生交流团项目，以促进青年科研人员的国际交流。

2007 年 3 月，法国外交部和高等教育与科研部一起在各大院校的协作下，在原有的教育国际协助署（EduFrance）基础上创办了法国教育服务中心（CampusFrance）。

2011 年年初，法国教育服务中心进一步扩展，将原来负责法国政府奖学金及院校国际合作协调的艾基德中心（EGIDE）以及法国大学社会事务管理中心（CNOUS）的国际事务部门整合在内，由外交与欧洲事务部及高等教育科研部共同管理。整合后的法国教育服务中心实现了留学服务的体系化，从信息收集、联系学校、签证申请、奖学金申请到留学生注册、住宿、升学等一系列的工作都可以通过法国教育服务中心完成。此外，法国教育服务中心也通过其在世界各地的分支机构以及在线网络平台积极推广法国高等院校及科研机构，对于提升法国高等教育国际化水平、吸引优秀国际人才、促进法国高校及科研机构的国际合作具有重要的推动作用。

同时，近年来法国政府的移民政策频繁调整，对留学政策产生了一定的影响。作为曾经的移民大国，近年来低迷的经济和频繁发生的社会事件迫使法国政府在一定程度上收紧了移民政策，特别是法国大量移民文化程度不高，技术和经济移民比例很低，成为移民政策调整的动因。近年来进入法国的移民中，一大部分人是以家庭团聚的方式入境的。法国 2012 年签发的 19.3 万张居留证中只有 9% 属于技术移民，而同时期英国、西班牙、意大利或加拿大的经济移民已经占到 20% 以上。2007 年 7 月，萨科奇政府曾签发给移民与国家认同部部长一份责任书，要求加强移民控制，“有选

---

① Caroline Macready, Clive Tucker. Who Goes Where and Why? An Overview and Analysis of Global Educational Mobility [M]. New York: the Institute of International Education, 2011: 78-79.

择地”接收外来移民，提高投资、技术等经济移民的数量。该文件甚至提出目标，希望逐步使经济移民占长期移民的一半。萨科奇同时要求移民管理部门与高教部门合作，改革留学生招生方式，强调生源多样化并且侧重理工科，同时鼓励来自落后国家的留学生学成之后归国服务。2008 年以来，在全球金融危机和欧债危机的双重背景下，法国经济持续萧条，失业率居高不下，民意对移民问题越来越敏感，萨科奇政府执政后期更进一步收紧移民政策。2011 年的“盖昂通函”也一度限制了留学生毕业后在法就业，招致广泛的批评。

（3）法国留学政策的具体措施

统一管理的签证政策——除了特定国家①之外，留学生如果在法国进行不超过三个月的短期留学，如参加语言班或短期交流项目，可申请申根签证；除了阿尔及利亚公民之外，其他各国学生赴法国高校留学超过三个月则需申请带有居住许可的长期学生签证（VLS-TS），该签证有效期通常为一年。

2007 年法国教育服务中心（CampusFrance）成立后，在包括中国在内的 31 个设有办事处的国家，留学申请人需通过法国教育服务中心的统一程序（CEF）提交签证申请。签证申请人需参加由法国教育服务中心组织的法语水平考试（eTEF）和留学评估面试（ELA），并向法国教育服务中心提交所需的学历证明、成绩单、留学计划书等材料。材料经法国教育服务中心审核通过后，由各使领馆签证处决定签证的发放。

法国教育服务中心对于不同的申请人有不同的申请程序。对于法语水平尚不够进入大学学习的申请人，在申请签证时通常需要提交语言学校或大学相关专业的预录取证明，持签证赴法后先进行语言学习。已经很好地掌握了法语，可以直接参加大学用法语授课的相关课程的申请人，如果准备申请大学本科第一年或第二年课程，或者是建筑学专业的任何一个年级，都需要通过专门申请程序（DAP）提交签证申请和相关学校、课程申请，并参加专门的 TCF-DAP 法语考试。有很好法语水平的申请人如果希望注册本科三年级或硕士课程，则需经过 Hors-DAP 程序提交申请。

① 欧盟、欧洲经济区成员国以及瑞士。

持长期学生签证的留学生入境后，需在所在地的移民局办公室登记备案。

院校自主的入学政策——法国的高等教育系统由 3500 所公立和私立机构组成，有综合性大学、高等专业学院（工程师学院和工商管理学院）、艺术院校、建筑学院等多种类型。不同学院的学制各有特色，入学要求也各不相同，因而入学政策由各个学校自主决定。通常来说，在法国攻读大学本科或高等专业学院课程需要至少获得相当于法国高中毕业水平的文凭；攻读硕士则需获得相关专业的本科文凭；艺术和建筑类院校还需要申请人有相当水平的专业积累并提交作品作为申请材料。申请攻读博士学位则需首先联系导师，导师会根据科研需要对申请人的学术背景和科研能力进行考察，在导师考察通过后，很多高校还会组成专门评审委员会，对申请人进行最终考核。

公益性为主的学费政策——在法国，高等教育被视为一项公共产品，在政府的大力补贴下，公共高等教育机构收取的学费相对低廉，而且法律对学费额度做出了明确的规定。按照最新标准，2012—2013 年度，各个学业层次一年的学费标准为本科 181 欧元，硕士 250 欧元，博士 380 欧元，工程师学士学位 596 欧元 。私立高等教育机构的学费要比公立机构高出数倍，特别是在商学院和管理学院当中。私立机构一年的学费为 3000—10000 欧元①。

以吸引高层次留学人员为主的奖学金政策——法国留学生有多种奖学金项目可以选择。法国外交部、高等教育与科研部、科研院所、高校、地方政府和部分企业都有面向留学生的奖学金项目，奖学金类型分为学业奖学金、科研奖学金、实习奖学金、差旅补助等。留学生可以通过法国教育服务中心的奖学金搜索引擎“CampusBourses”查找可以申请的奖学金项目。比较著名的留学生奖学金项目包括法国外交部自 1999 年开始设立的针对工程学、经济管理学、法学与政治学三大领域的优秀硕士研究生的埃菲尔奖学金（Eiffel），以及针对全球 430 所法国高中的“第一名计划”（Major）。

---

① CampusFrance. Educational Costs [EB/OL]. [2013 - 10 - 14]. http://www.campusfrance.org/en/page/educational-costs.

近年来，法国对于博士研究生的资助有新的政策。博士研究生越来越被高校和科研院所视为直接参与科研工作的重要力量，攻读博士学位的留学生不再需要按照传统的科研拨款或担任助教的方式获取资助，而是以签订正式工作合同的方式获得收入。工作合同中对博士研究生的科研目标、科研工作期限、工作内容乃至最低收入标准都有明确的规定，只从事科研工作的博士生每月收入不低于1685欧元，同时承担其他工作如教学任务的博士生每月收入不低于2025欧元。在有企业参与的博士联合培养项目中，博士留学生也可获得来自企业的奖学金资助。

严控时间的打工政策——在法国，无论在高等教育机构注册还是在语言学校注册的留学生，只要持有有效居留许可，都可以在学习的同时打工。按照法律规定，一年之内，留学生打工的时间不得超过964个小时，相当于全职工作人员60%的工作时间。打工收入不得低于法定的最低收入标准，即不得低于每小时9.4欧元（2012年7月1日之后）。

此外，留学生也可以在大学或其他高等教育机构从事学生服务工作，包括帮助新生或残疾学生、提供学业辅导、网络技术支持、员工文化建设、就业服务、院校宣传推广等。

法律同时规定，留学生的工作合同期限不得超过12个月，通常从9月1日至次年8月31日为一个有效的合同期，其中从9月1日到次年6月30日期间，学生可以最多工作670个小时，7月1日至8月31日之间最多工作300个小时。

面向高技能和稀缺岗位人员的移民政策——在法国留学与移民没有直接关系，留学生在学期间持有限期的居留许可。但是，留学生在毕业后可以继续留在法国工作，一定年限后可获得长期居留许可乃至入籍。

具体来说，来自欧盟成员国的留学生毕业后可以在法国自由就业。来自其他国家和地区的获硕士以上学位的毕业生可以一次性申请六个月的居留许可（autorisation provisoire de séjour，APS）。如果毕业生在此期间能够找到与所学专业相关且工资收入不低于国家最低工资标准1.5倍的工作岗位，即可将居留身份转换为就业人员。

其他学生如果想在法国就业，则须满足特定条件并通过特定程序将居留身份转变为工作身份。基于法国目前较高的失业率，法国政府于 2011 年 8 月 11 日公布一项新规定，未获得硕士以上学位的留学生只能在以下 14 个岗位就业：审计和财务控制经理、家具及木制品制造设备操作工、机械产品规划师/设计师、质量检查员、建筑和公共工程制图员、跟单员、信息系统生产和操作工程师、玻璃制造设备操作师、远程服务和销售代理、基本机械生产装置操作员、电气和电子产品设计师、制造工艺调解技术员、化学和制药生产设备操作师、家具和木制品工艺调解技术员。除了用工企业的雇用合同之外，企业的用人动机、申请人背景和在法学习经历等也将成为相关部门审核并决定是否批准申请人转换身份的因素。

此外，法国于 2007 年推出了“技能与人才居留许可”（compétence et talent），以吸引特殊技能人才赴法就业。该许可面向有特定技能和特长，能够为法国和申请人祖国的科学、文化、人文、体育等事业做出突出持久贡献的人才。该许可有效期为三年，并且可以延长，申请人同时可获得家庭团聚许可，在入境和居留方面享有与法国公民基本等同的权利。在法国合法居留满五年之后，即可申请加入法国国籍。

（4）法国留学政策的调整及其影响

2008 年以来，在全球金融危机和欧债危机的双重背景下，法国经济持续萧条，失业率居高不下，民意对移民问题越来越敏感，萨科奇政府执政后期逐渐收紧移民政策。2011 年 5 月 31 日，时任法国内政部长的盖昂向各省省长发布一项通函，要求各省提高门槛，“严格审核学生工作许可”并“严控非欧盟籍留学生转换身份”。该规定一度对留学生在法求职就业造成极大影响，大批非欧盟籍的留学生在法国获得学位后，即使找到合法工作，也难以争取到工作签证。该政策引起广泛争议，受到留学生组织、高校和科研机构、企业以及部分政府官员的批评。2012 年 5 月奥朗德就任法国总统，宣布废除这一通函，并代之以新的规定，要求各省长应“优先重新审核自 2011 年 6 月 1 日以来提出的学生居留转工作居留的申请案卷，向当事人发放 6 个月的一次性临时居留证；对已经获得雇用合同的申请人发放允许其在其等待审核期间工作的许可”，新规定还要求留学生申请转成工作身份的材料审理期限不得超过两个月，以免留学生的工作受到行政部门效率迟缓的影响。这一政策调整说明，法国政府对于留学生在法就业的政策趋向于适度宽松。

5. 以移民为吸引力的澳大利亚留学教育政策

（1）在澳留学生基本情况

20 世纪 80 年代中期开始，澳大利亚逐渐转变留学教育政策，将重心从教育援助转向教育贸易，并不断完善、改进教育服务的水平和质量。由此，澳大利亚一跃成为国际留学教育市场上仅次于美国和英国的第三大留学目的地国。受到国际金融危机的影响，2011 年，在澳各级各类留学生总数达到 426748 人，比上一年度减少 8.9%，几乎回落到危机前 2008 年的水平。

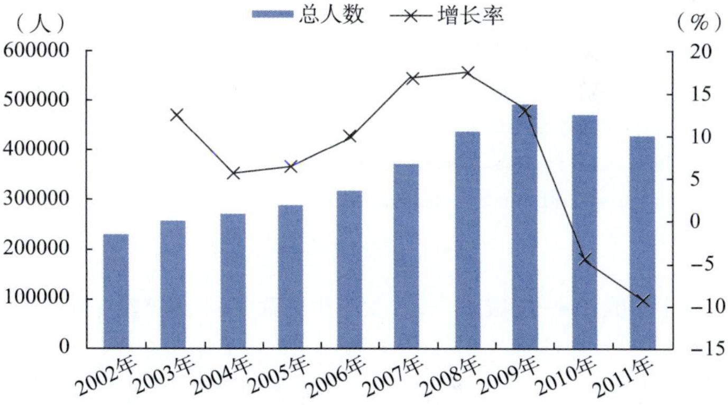

图 3.15　澳大利亚留学生总数年度变化情况

【数据来源】根据澳大利亚教育、科学与培训部国际教育司（Australian Education International）提供的数据编制。

从留学生就读的教育类别和层次来看，2011 年有 226420 名留学生就读于高等教育机构，比上年略有增加。相反，职业教育与培训（VET）、留学生英语强化（ELICOS）、基础教育和其他各级各类教育的留学生数锐减。

从留学生源国分布情况看，2011 年度中国依然是在澳留学生的最大生源国，中国学生占留学生总数的 28.8%，其次是印度（11.4%）、韩国（5.3%）、马来西亚（4.9%）、越南（4.3%）。其中，马来西亚（80.9%）、中国（61.5%）和印度尼西亚（55.9%）的留学生半数以上就读于高等教育机构，高于留学生的整体分布水平。

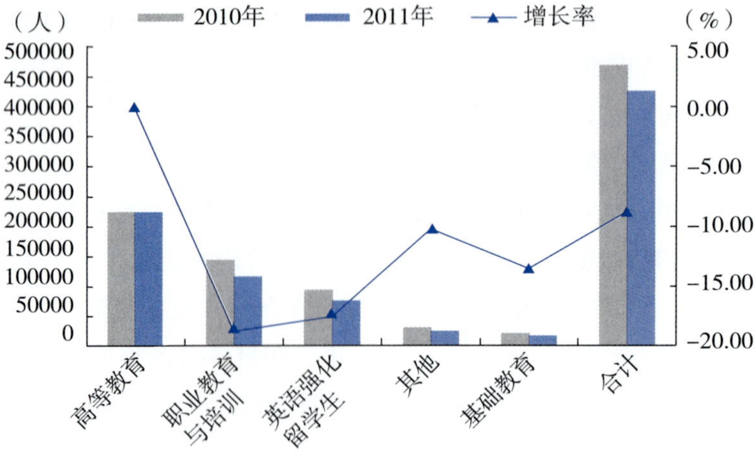

图 3.16　不同教育阶段在澳留学生分布及变化情况

注：由于同一名学生可同时注册在多个教育阶段，故各类教育机构学生数之和大于合计数。表中所列留学生数为持留学签证的学生数。

【数据来源】Interational Students Numbers 2011 [EB/OL]. [2012-12-25]. http://aei.gov.au/research/Research-Snapshots/Documents/International% 20 student% 20 Numer% 202011. pdf.

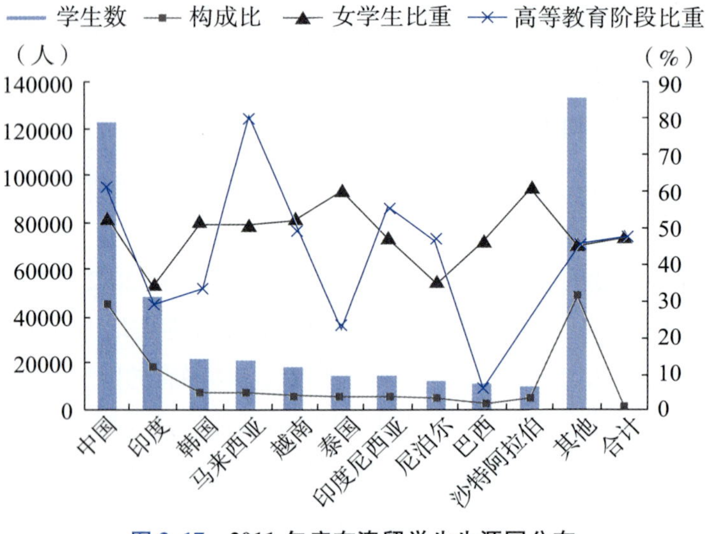

图 3.17　2011 年度在澳留学生生源国分布

【数据来源】Interational Students Numbers 2011 [EB/OL]. [2012-12-25]. http://aei.gov.au/research/Research-Snapshots/Documents/International% 20 student% 20 Numer% 202011. pdf.

澳大利亚高等教育阶段留学生数不断增加，10 年间（2002—2011 年）留学生数翻了一番，但 2012 年高等教育阶段留学生数有所减少。从留学生的专业分布情况看，一直以来商业与管理领域的留学生数最多，占高等教育阶段在澳留学生数的 48.8%（2012 年）。工程学及其相关技术、卫生健康、自然与物理科学的留学生数也逐渐增多，比重增大；社会与文化和其他专业领域的留学生数虽然明显增多，但比重却不断降低；信息技术领域的留学生数不断减少，比重也不断降低。可见，在澳留学生的专业领域分布结构出现明显变化。

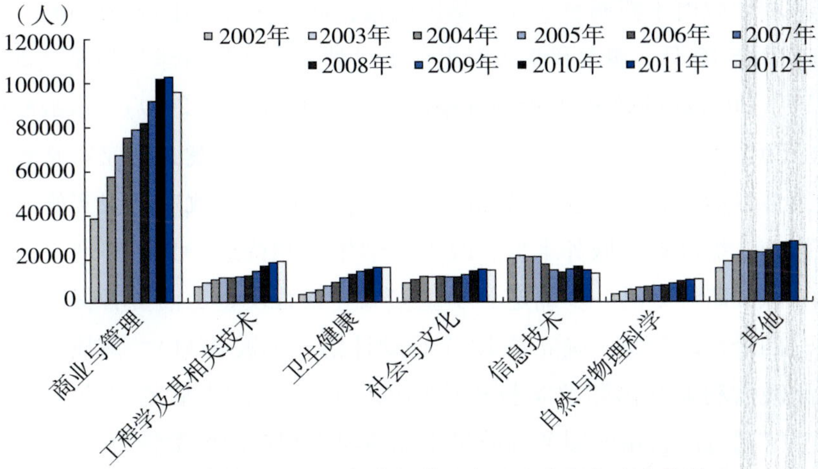

图 3.18　高等教育阶段在澳留学生专业分布及年度变化情况

【数据来源】根据澳大利亚教育、科学与培训部国际教育司（Australian Education International）提供的数据编制。

（2）澳大利亚留学政策总体方针

澳大利亚是典型的移民国家，其留学教育政策的一个突出特点就是将留学教育服务与移民挂钩。20 世纪 80 年代中期以前，澳大利亚留学教育主要是以教育援助为主，自费留学生数量十分有限。1985 年澳大利亚政府颁布《教育服务出口政策》(*Policy on the Export of Education Service*)，将留学生教育定位为服务贸易，1991 年又出台《留学生教育服务法》(*Education Service for Overseas Students Act*，ESOS)，确立了本国教育机构为留学生提供教育培训服务的基本准则和框架，标志着澳大利亚开始切实实施市场导向的留学教育政策。此后，澳大利亚在国际留学教育市场上异军突起，留学生总数和占据的留学市场份额不断增加，超越德、法成为世界三大留学目的地国之一。澳大利亚留学教育迅猛发展不仅得益于其对留学教育的定位，更得益于其打出“移民牌”，扩大留学招生的对象范畴。

2008 年，澳大利亚国内针对留学生的暴力事件频发，致使澳大利亚长期致力于打造的“澳大利亚是安全宜居的国家”形象受损，随后几年留学生数量有所减少，尤其是印度留学生数量锐减。为了消除暴力事件所带来的恶劣影响，恢复、保持澳大利亚在国际留学教育市场上的地位，近几年来澳大利亚政府不断调整签证、移民政策，修改法案，出台新政策。

2010 年 10 月，澳大利亚政府出台了《澳大利亚国际学生战略（2010—2014）》（*International Students Strategy for Australia 2010—2014*）。该战略的目的在于为留学生提供高质量的留学经历，以保证未来澳大利亚留学教育的可持续性发展。在这一战略目标的指引下，澳大利亚政府组织实施了多项政策措施，提高教育服务水平、改善留学生福利待遇。为了实现上述战略目标，该战略计划进一步确定了学生安康、教育质量、消费者保障、信息提供这四个行动领域，确立了 12 个行动计划（见表 3. 11）。该战略计划可以说是澳大利亚在国际留学教育市场的地位受到冲击后的“应激反应”，寄希望于通过改善留学服务的质量来提高澳大利亚的留学魅力。

表 3. 11　《澳大利亚国际学生战略》主要内容

战略目标	支持留学生获得高质量的留学体验，以保证澳大利亚优质留学教育的可持续发展
实施结果	留学生： • 能在澳大利亚的学习和生活方面做知情选择 • 拥有在澳大利亚积极的学习和生活体验 • 获取使其拥有成功未来的技能 澳大利亚： • 建立定位于可持续未来发展的留学教育领域 • 形成高质量教育的口碑 • 完善保障优质教育的监管框架

续表

行动领域	学生安康	教育质量	保护消费者利益	提供更好信息
战略措施	• 学生个人安全指南 • 教育服务提供方的学生安全计划 • 更强大的健康管理办法 • 全国社区参与战略 • 国际学生顾问委员会	• 加强澳大利亚优质培训框架（AQTF） • 加强《海外学生教育服务法案》（ESOS Act）	• 建立取缔教育服务提供方特别工作组 • 加强投诉处理和纠纷调解	• “学在澳大利亚”门户网站 • 政府服务、费用和优惠政策 • 国际学生调查

【资料来源】根据《澳大利亚国际学生战略（2010—2014）》（*International Students Strategy for Australia 2010—2014*）编译。

（3）澳洲留学政策的具体措施

风险级别分明的签证政策——澳大利亚移民与公民事务部规定，旅游签证和工作签证可以在澳大利亚学习三个月以内的课程，但赴澳学习超过三个月则需要申请学生签证。澳大利亚学生签证包括 8 个子类别，即 570—576 类和 580 类。其中 570—576 类学生签证对应不同的教育层次与类别，580 类签证则是面向学生家长的监护签证。澳大利亚留学签证（570—576 类）的要求包括 GTE 审查、财力、英语能力、子类签证要求的相关材料和其他相关事项，同时所有学生签证申请者还要满足“综合要求”，即身心健康、拥有适当的健康保险、没有较大债务。

澳大利亚留学签证采用评级制度。移民与公民事务部根据留学生将要就读的课程类型和生源国划定风险等级，进一步规定对应风险等级的签证申请资料要求。签证风险评估等级共分为 1—5 个级别，级别越高要求越严。例如，日本留学生申请学生签证，就读于任何专业领域的签证风险等级均评为 1 级；而印度留学生若就读于语言课程（ELICOS），风险等级将被评为 4 级，若就读于高校则被评为3级，若是研究生阶段则被评为1级[①]。通过留学签证风险评级制度，澳大利亚在一定程度上是在对留学生进行筛选，防止低层次技术水平的移民倾向，笼络更有经济能力的高水平技术人才。

灵活自主的入学政策——澳大利亚各级各类学校招收留学生有两方面的基本要求，即语言能力和最低学历要求。学习层次不同，对应的入学要求也有所差别。英语水平是获取澳大利亚学生签证的必要条件之一，移民和公民事务部对学生签证申请者的语言能力提出了明确要求。移民和公民事务部规定雅思成绩是唯一承认的、用于申办学生签证的语言水平证明。按规定，评估等级为1和2的各阶段教育，其对留学生的语言要求由校方自行决定；评估等级为3和4的教育，对留学生的语言要求根据其所申请的教育类别而有所不同。职业教育与培训课程、预科和非学历课程的要求高于中学和独立设置的英语专修课程，大学本、专科和硕士、博士的要求相对较高。例如，硕士、博士课程要求雅思总分最低6.0，或者雅思总分5.5加上入学后最多30周的英语专修课程。相比之下，评估等级为3的职业教育与培训课程仅需要5.5的雅思总分，或者4.5雅思总分加上最多30周的英语专修课程；若教育项目的评估等级为4，那么则需要5.5的雅思总分，或者5.0的雅思总分加上最多20周的英语专修课程。实际上，移民与公民事务部所划定的入学要求只覆盖了评估等级较高的部分，且是最基本的要求，部分学校和专业的入学要求有可能高于移民和公民事务部的规定。

除语言要求外，澳大利亚院校还要求留学生具备相应的学历。本科课程要求学生提供澳洲高中毕业证书或相当的学历；研究生课程要求学生完成本科学业并取得学士学位；职业教育与培训院校相对比较宽松，部分课程会要求预备科目或者一定的工作经验。

注重经济利益的学费政策——澳大利亚将教育定位为出口产业，因而更重视学生的经济能力，倾向于招收自费生。澳大利亚院校的学费和生活费，相对于英国和美国来说比较低廉。澳大利亚公立院校对留学生和本地

---

① Department of Immigration and Citizenship. Student Visa Assessment Levels [EB/OL]. [2012-08-25]. http://www.immi.gov.au/allforms/pdf/assessment-levels.pdf.

学生实行双重学费标准，留学生的学费往往是本地学生的3—4倍。留学生没有资格享受澳大利亚政府的资助，因而需要支付全额学费；而澳洲公民或持有永住签证的居民则可以借助澳大利亚政府的资助，享受相对低廉的学费。澳大利亚私立院校数量虽然较多但学校规模相对较小，对留学生收取全额学费，学费水平与公立院校相差不大。以澳大利亚国立大学为例，2011年本地本科学生学费最高为9080澳元（会计、管理、经济、商业、法律、牙医、医学、兽医专业），而相同专业的留学生学费为28000多澳元。在私立的澳大利亚圣母大学（the University of Notre Dame Australia），对留学生和本地学生实行统一的学费标准，从几千澳元到两万多澳元不等。

表3.12 澳大利亚各级各类学校对留学生的学费水平

<table>
<tr><th colspan="2">学校分类</th><th>学费水平</th></tr>
<tr><td colspan="2">大学预科</td><td>9000—14000澳元</td></tr>
<tr><td rowspan="2">大学</td><td>本科</td><td>14000—35000澳元</td></tr>
<tr><td>研究生</td><td>15000—36000澳元</td></tr>
<tr><td colspan="2">职业培训与教育</td><td>5000—20000澳元</td></tr>
<tr><td colspan="2">中小学</td><td>6000—30000澳元</td></tr>
<tr><td colspan="2">英语课程</td><td>12000—19000澳元</td></tr>
</table>

【数据来源】Study in Australia. Education Cost [EB/OL]. [2012-07-25]. http://www.studyinautralia.gov.au/global.australian-education/education-costs.

澳大利亚院校要求留学生预缴学费，因而存在留学生在缴纳学费后没有如期获得留学签证的风险。如有此类情况发生，留学生可以依据《海外学生服务法案》（*ESOS Act*）要求申请学校退回预付学费，但退费比例还要根据具体情况而定。

点缀性的奖学金政策——与美国相比，澳大利亚的奖学金政策并不那么诱人，甚至可以说澳大利亚并没有将奖学金作为吸引留学生的主要途径。澳大利亚的奖学金主要有三个来源，即政府、教育机构和其他组织。奖学金覆盖职业教育与培训、学生交流、本科和研究生等多个教育领域，但专门参加英语语言培训课程的留学生不能申请政府的奖学金。

澳洲奖学金（Australia Awards）统合了澳洲国际发展署（AusAID）和教育、就业、劳动关系部（DEEWR）的奖学金，由政府每年投入2亿多澳元支持，计划每年资助约5000名留学生赴澳学习和本国公民出国留学①。澳洲奖学金的主要目的在于促进与邻国之间的学术、教育交流和长期持久的友好关系，从而培养新一代全球领袖式精英。

澳洲奖学金分为两类（成就类和发展类），主要包括三个奖学金项目（奋进奖学金 Endeavour Awards、澳洲领导力奖 ALA、澳洲发展奖学金 ADS）。澳洲奖学金的统计数据显示，2010年度共资助了2924名学生和学者，较2008年（2548名）和2009年（2704名）有较大提高，其中包括澳大利亚向国外派出的621名留学生，近90%的受助人员来自亚太地区②。但相对于几十万的在澳留学生总数来说，不到3000人的奖学金资助规模实在是微不足道。

相对宽松的打工政策——澳大利亚移民与公民事务部允许留学生及其家属利用业余时间打工，但对工作时间等有一定的限制。按照规定，2008年4月26日及以后获得学生签证的留学生会自动获得工作许可，课程学习开始后便可以开始打工，每两周工作时间不超过40个小时，假期则没有工作时间的限制。持574签证的留学生，即进入硕士和博士课程的留学生，在更高级别的研究性课程开始后打工时间不受限制。留学生的家属也可以打工，但必须等到留学生开始课程学习之后，持573、574或576签证的硕士、博士课程留学生的家属，打工时间不受限制，但其他签证类型的留学生家属每两周最多只能打40小时的工。

留学生打工政策也有例外情况。如果工作是学校课程规定的实习，那么就不算在限定时间内；如果做义工，没有工资，也必须申请工作许可，并且算在限定时间以内。

增强留学魅力的移民政策——澳大利亚留学的一大魅力就在于移民。尽管澳大利亚技术移民政策的具体规定不断修改，但是其最核心的价值取向依然在于吸引素质更高、更有经验、英语更流利而且具备雇主所需技能

①② Australia Awards 2010 Update.［EB/OL］.［2012－10－11］. http：//www.australiaawards.gov.au/australia-awards-2010-update.html#highlights.

的年轻人①。为此澳大利亚政府制定了综合技术移民计划（the General Skilled Migration Program，GSM）。对于有意留在澳大利亚就业或者移民的留学生来说，澳洲的技术移民政策无疑令人振奋。符合移民条件的留学生可以申请移民，暂时不符合技术移民要求或未能就业的留学生可以申请签证延期，最长 18 个月。近十年来，澳大利亚总体移民计划的规模不断扩大，2012—2013 年增加到 190000 人，比上一年度增加 5000 人，新增部分中的 3400 个名额为技术移民②。

2012 年 7 月，澳大利亚政府修改了技术移民计划的相关规定，修改主要体现在新技术移民签证的启用和技术移民评分考试的修订上。新政策下，有意申请技术移民签证者需通过“技能筛选”（SkillSelect）系统提交“意愿”（Expression of Interest），由移民和公民事务部从中选择符合申请条件和澳大利亚需求的有意者正式提交申请。这一规定将会使得技术移民申请的主动权从申请者手中向澳大利亚政府偏移。此外，新政策还在申请者居住地、学习和工作经验要求、旧有签证、年龄等方面放宽了要求，尤其是不再强调学生签证对于申请技术移民的必要性，从而给予持其他类型的实质性签证或过桥签证的人群申请技术移民的机会。但另一方面，技术移民的专业调整会影响留学生的整体结构，使得职业教育课程的学生减少。

（4）澳洲留学政策调整及其影响

2008 年的金融危机对澳大利亚本土的经济影响并不像美国那么严重，并且澳大利亚政府通过技术性操作规避了金融危机的严重影响，使得其 GDP 增长在短时间内由负转正，并凭借其独特的多元文化氛围和移民保障成为金融危机后的留学热门国家。同时，澳大利亚政府为确保其在国际留学教育市场的优势地位，先后几次对移民、留学生服务等政策进行调整，改进留学政策，使之更加符合澳大利亚经济发展的整体利益。

修改《海外学生教育服务法》，加强对留学生利益的保护——澳大利亚政府早在 1991 年便出台了《海外学生教育服务法》，开始对留学生收取

---

① Mark Cully. Skilled Migration Selection Policies: Recent Australian Reforms [EB/OL]. [2012-10-12]. http://www.immi.gov.au/media/publications/research.

② Key Facts About Immigration [EB/OL]. [2012-10-12]. http://www.immi.gov.au/media/fact-sheets/02key.htm.

学费，同时确立了教育提供方的管理模式，成为以法律手段保护留学生利益的开端。为适应新形势，澳大利亚政府又修订出台了《海外学生教育服务法（2000年）》，奠定了澳大利亚留学教育服务和管理体系的基础。国际金融危机爆发后，澳大利亚很快走出了危机所带来的不良影响，并抓住金融危机这个机遇，大力改善留学教育服务，提高服务质量，维持、扩大其在国际留学市场上的份额。2009年时任教育部部长的茱莉亚·吉拉德（Julia Gillard）发出修订《海外学生教育服务法（2000年）》的要求，提出了四个方面的希望，即支持学生利益、将质量作为澳大利亚教育的奠基石、有效的管理、国际教育的可持续性。2010年3月布鲁斯·贝尔德（Bruce Baird）提出了法律修改报告《更有力、简便、有效的海外学生教育法：加强国际学生支援服务》（*Stronger, Simpler, Smarter ESOS: Supporting International Students*），围绕学生支援和国际教育领域的管理两大主题提出了若干修订建议。随后，澳大利亚政府先后分两个阶段做出回应，在第一阶段出台了《2011年海外学生教育服务修订法》（*ESOS Amendment Act 2011*），在第二阶段修改了《2012年海外学生教育服务立法修正案（学费保障服务及其他措施）》（*The Education Services for Overseas Students Legislation Amendment* [*Tuition Protection Service and Other Measures*] *Act 2012*）、《2012年海外学生教育服务（注册收费）修正案（学费保障服务）》（*The Education Services for Overseas Students* [*Registration Charges*] *Amendment* [*Tuition Protection Service*] *Act 2012*）和《2012海外学生教育服务（学费保障服务强制税）》（*The Education Services for Overseas Students* [*TPS Levies*] *Act 2012*）。这一轮的主要政策调整体现在进一步提高高等教育院校的注册审批要求，推出对国际教育更佳的风险管理措施，针对更大范围的违规行为采取罚款措施，扩大联邦政府调解员的职责范围，加强投诉与申诉案件的处理工作，新学费保障服务（TPS）机制的引入及相关辅助措施等[①]。

调整学生签证政策，促进澳高校提高国际竞争力——2010年澳大利亚

① ESOS Review [EB/OL]. [2012-10-15]. https://aei.gov.au/Regulatory-Information/Education-Services-for-Overseas-Students-ESOS-Legislative-Framework/ESOS-Review/Pages/default.aspx#finalreport.

政府委任迈克尔·耐特（Michael Knight）对学生签证项目进行战略性复审，以提高其质量、完整性和竞争力。2011 年迈克尔·耐特向政府提出报告《2011 年学生签证项目战略回顾》（*Strategic Review of the Student Visa Program 2011*），随后移民与公民事务部对学生签证进行了前后两个阶段的调整，主要是降低了对部分学生（等级 3 和等级 4）签证申请的经济要求、留学动机要求，放宽了参加语言培训的学生签证要求，降低了部分入学者的签证风险评级，放宽了留学生打工的相关要求等。这一系列的政策调整使得非大学申请者从中受益。同时新政策收紧了对移民倾向的审查，在一定程度上屏蔽了低端技术人员（例如厨师、理发师）的留学移民。另一方面，此次政策调整显示出澳大利亚政府对高层次留学生的青睐，降低了本科、硕士和博士学位留学生的风险评估等级，简化其申请手续，从而为更多的高学历层次申请者敞开了大门。

加快技术移民政策转向，强调澳本国利益——从 20 世纪 90 年代中期开始，澳大利亚的移民政策逐渐显现出需求导向（demand-driven）[①]，逐渐重视移民申请者所掌握的技能对本国雇主需求的满足程度。2008 年全球性金融危机爆发以后，澳大利亚不断调整技术移民政策，给已在澳洲的留学生和即将赴澳的留学生带来了不小的影响。首先是技术移民职业名单数次修改，使得希望通过职业教育移民澳大利亚的留学生希望渺茫。2008 年 5 月起“移民需求职业名单”（MODL）开始实施。2009 年澳洲技术移民政策再次调整，新推出了“关键职业清单”（CSL），并优先处理雇主提名、州政府担保、商业移民和关键职业清单上的技术移民申请。移民和公民事务部新推出的 CSL 中剔除了传统的理发、厨师、糕点师等课程，收紧了技术移民的要求，偏向于医疗、工业等澳大利亚经济发展所需的专业领域。2012 年技术移民政策再次“变脸”，修订“技术职业清单”（SOL），优先处理区域担保移民计划（RSMS）、雇主提名计划（ENS）、政府提名和 SOL 名单上的申请者。其次是提高对申请者的素质要求，力争获取高素质优秀

① Mark Cully. Skilled Migration Selection Policies: Recent Australian Reforms [EB/OL]. [2012-10-12]. http://www.immi.gov.au/media/publications/research/.

人才。2009年移民与公民事务部逐渐提高了对移民申请者的英语要求。例如，从2009年7月1日起，175类和176类签证申请者必须提供单项6.0的雅思成绩。2010年起澳政府又加强对技术移民申请者的相关工作经验的要求，增加TRA工作准备测试。这两项要求无疑延长了移民的申请时间，给毫无工作经验的申请者增设了一个“障碍”。再次是改变申请方式，松动留学与移民的联系，强化政府在技术移民申请过程中的主动权。2011年移民与公民事务部调整了移民考试，并在2012年全面改革了移民申请程序。满足各项条件的申请者不再能够自动获得移民资格，而是要看申请的条件是否能够满足澳大利亚经济发展的需要，再由澳政府决定邀请何人申请移民。这样，留学澳洲后能否移民的不确定性进一步加大，从而会在一定程度上挫伤部分潜在留学申请者的积极性。

（二）转型期目的地国留学教育政策

转型期目的地国包括日本、加拿大、新西兰等，这类国家在留学教育市场上占有一定的份额，但不及传统留学目的地国，且主要依赖于特定地区的生源（例如亚洲地区），因而在留学教育市场上处于相对弱势的境地。这些国家的留学生数量经历了一个震荡发展的过程，且面临国际留学教育市场的新变化，各国政府都积极采取相应的政策措施，提高本国在留学教育市场的竞争力。总的来看，日本留学教育政策希望通过大量招揽留学生促进本国社会开放程度以及国际竞争力的提高；加拿大则协调各省制定总体性留学教育发展战略，吸纳能够支持加拿大经济繁荣的技术人才；新西兰也积极推动留学教育的市场化，放宽移民控制。

1. 促进社会开放、提高国际竞争力的日本留学教育政策

（1）在日留学生基本情况

日本是东亚地区重要的留学目的地国，长期以来吸引着以亚洲国家为主的世界各地的留学生。日本20世纪80年代中期开始实施“十万留学生计划”，进入21世纪又提出“三十万留学生计划”。在这两个计划的推动下，2011年日本留学生总数达到138075人。受到东日本大地震的影响，2011年度日本留学生总数较上年减少了2.6%。

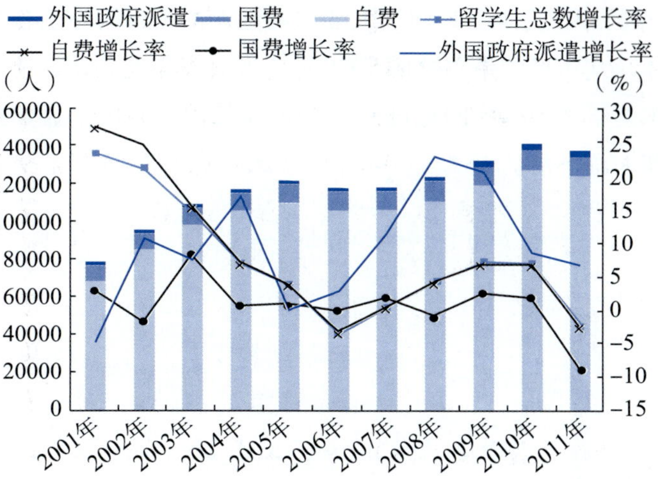

图 3.19　在日各类留学生数量及其变化情况

【数据来源】JASSO. 平成 23 年外国人留学生在籍状況調査結果［R］.［2012－07－25］. http://www.jasso.go.jp/statistics/intl_student/documents/data11.pdf.

从在日留学生的留学费用来源看，绝大部分留学生为自费留学生，占 90.5%（2011 年），其次是由日本政府负担留学费用的“国费”留学生，占 6.8%，外国政府派遣的留学生仅占 2.7%。与 2010 年相比，自费和国费留学生数量有不同程度的减少。

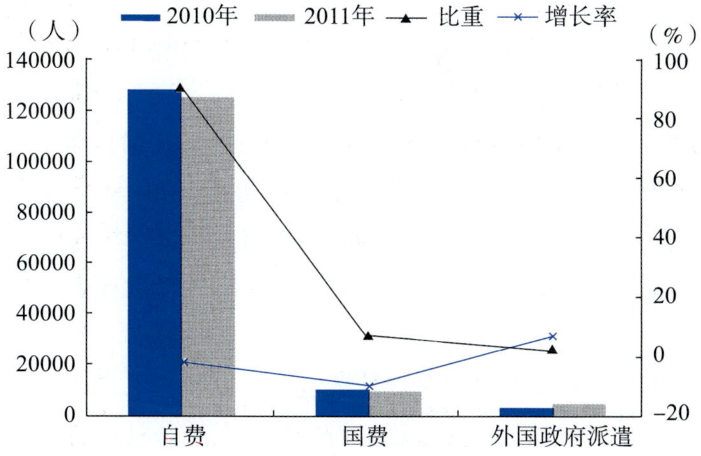

图 3.20　在日留学生经费来源构成情况

【数据来源】JASSO. 平成 23 年外国人留学生在籍状況調査結果［R］.［2012－07－25］. http://www.jasso.go.jp/statistics/intl_student/documents/data11.pdf.

从生源国分布情况看，中国大陆、韩国、中国台湾学生构成了在日留学生的主体，共占留学生总数的 79.9%。与上一年度相比，中国大陆、越南、尼泊尔留学生数有不同程度的增加，而韩国、美国、孟加拉等国留学生数量出现大幅下滑。

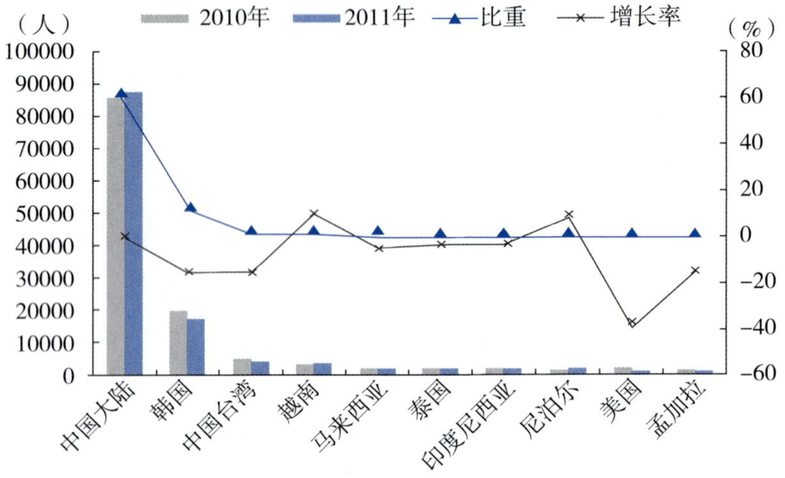

图 3.21　在日留学生十大生源国分布情况

【数据来源】JASSO. 平成 23 年外国人留学生在籍状况調査結果［R］.［2012－07－25］. http：//www.jasso.go.jp/statistics/intl_student/documents/data11.pdf.

从留学层次分布情况看，大学阶段（包括四年制大学、短期大学和高等专门学校）留学生数量最多，其次是研究生、专修学校（专门课程）。在 2011 年度在日留学生数整体下降的背景下，研究生阶段留学生数却依然保持增长势头。2011 年研究生阶段留学生数达到 39749 人，比上一年增长 1.7%；大学、高专阶段留学生 71244 人，比上一年减少 2.0%；专修学校留学生 25463 人，比上一年减少 8.6%；准备性教育课程留学生 1619 人，比上一年减少 24.3%。

从留学专业分布情况看，在日留学生主要集中在人文、社会和工学领域的专业，三大领域留学生占总数的 77.5%。其中，社会科学领域留学生数最多，2011 年达到 55732 人，占 40.4%。从各专业领域留学生数增长情况看，2011 年人文学科、家政、教育、艺术领域留学生数呈现不同程度的减少，其中人文学科留学生数减幅较大；而社会科学、理学等领域的留学生数则有不同程度的增加。

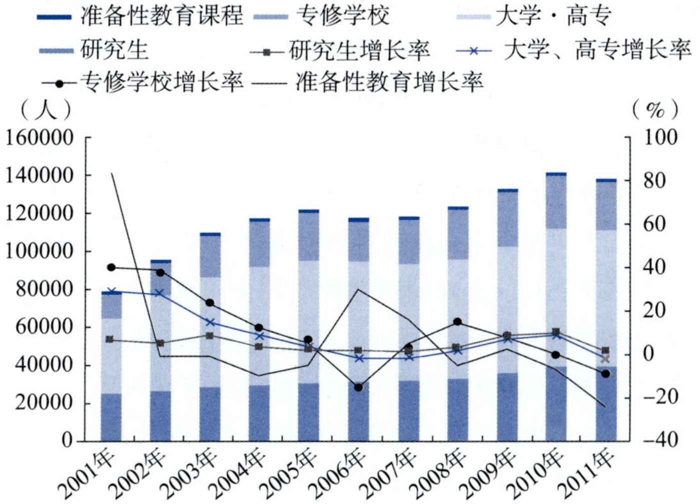

图 3.22　各教育阶段在日留学生分布年度变化情况

【数据来源】JASSO. 平成 23 年外国人留学生在籍状况調查結果［R］.［2012－07－25］. http：//www.jasso.go.jp/statistics/intl_student/documents/data11.pdf.

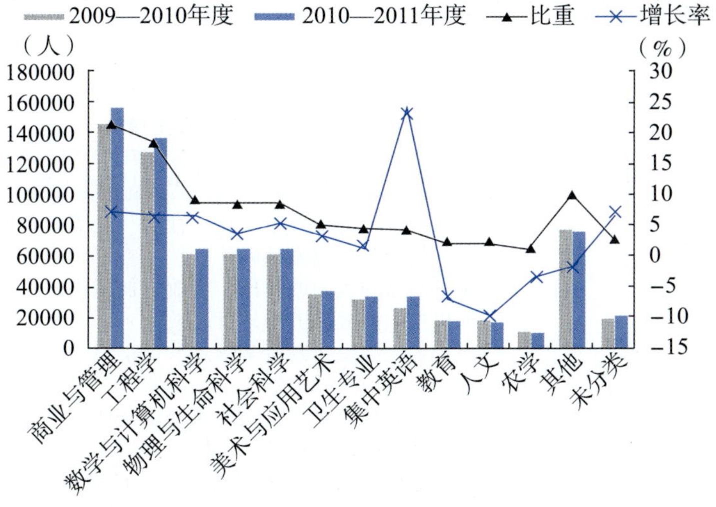

图 3.23　在日留学生专业分布情况

【数据来源】JASSO. 平成 23 年外国人留学生在籍状况調查結果［R］.［2012－07－25］. http：//www.jasso.go.jp/statistics/intl_student/documents/data11.pdf.

（2）留学教育政策总体方针

鉴于日本国际化发展的要求以及日本与美国等主要留学目的地国在留学生数量上的差距，在中曾根内阁的推动下，日本政府1983年制定并开始实施“十万留学生计划”。截止到2003年，在日留学生总数突破10万人，完成了当初制定的目标。随即，中央教育审议会提出了报告《新留学生政策的展开：旨在扩大留学生交流规模、提升质量》（2003年12月16日），对日本留学政策进行了具体分析，并指出了新留学政策的基本方向和具体措施。该报告认为“留学生交流通过培养人才对知识做出国际性贡献的同时，也是非常有助于我国实现国际性开放社会的事业”，另外报告还认为留学生交流能够促进日本人与外国人之间人际网络的形成，促进相互理解，加深友好关系，有助于日渐全球化的世界安定与和平。扩大留学生交流对于日本大学进一步国际化、加强国际竞争力也极为重要。

在该报告的基础上，经过几年时间的协调、磋商，2008年文部科学省联合其他省厅（外务省、法务省、厚生劳动省等）共同制定了“三十万留学生计划”，推动了新阶段日本留学生政策的发展。“三十万留学生计划”提出到2020年接收留学生30万人的目标，确立了计划的两大宗旨和五个方面的具体政策措施（见表3.13），明确提出了留学交流对于增强日本教育机构的国际化水平和国际竞争力的意义。

表3.13 “三十万留学生计划”的具体政策措施

措施领域	具体措施
吸引留学生：激励外国人留学日本，开展一站式服务	① 积极向世界宣传日本文化、社会、高等教育的相关信息，树立日本国家品牌 ② 通过与海外大学的合作，有效增加提供日语教育的海外机构，积极推进海外日语教育 ③ 通过各大学发布的留学信息、日本留学展等多种方法推进留学信息的提供 ④ 领事馆、独立行政法人的海外事务所、大学的海外机构要相互协作，在海外提供日本留学的各种信息。另外，要增强向希望留学的人员提供咨询服务的功能，开展面向有留学意向人员的一站式服务 ⑤ 通过与日本旅游活动（Visit Japan Campaign）的合作，加强留学信息的发布

续表

措施领域	具体措施
改善入口（入学考试、入学、入境）：让日本留学更顺畅	① 通过网络等手段，强化大学等机构发布入学考试等留学相关信息的功能 ② 改进日本留学考试，充分利用日本语能力测试、托福、雅思等考试，推动赴日前入学许可的发放。另外，还要改进在留学生赴日前落实宿舍、奖学金等这些能够让留学生安心留学的各种手续 ③ 推动大学等设立海外机构，积极开展海外留学生招生工作，同时开展大学间的联合与协作 ④ 大学等机构要贯彻留学生的在籍管理工作，简化入境时和入境后在留期间更新申请等有关审查的手续，缩短审查期限
推进大学全球化：建设魅力型大学	① 选定 30 所大学作为国际化中心，重点培育 ② 允许留学生在国际化中心大学、卓越中心计划（Center of Excellence，COE）原则上只用英语取得学位，大幅增加仅用英语授课的课程，从而推动国际性教育研究中心建设 ③ 通过交换留学、学分互换、双学位等国际性大学间联合与协作，以及短期留学、夏令营等促进交流，同时提高学生的流动性，保证课程质量，从而提高大学的国际吸引力 ④ 增加执教于专业课的外籍教师的聘用名额，提高教育研究水平 ⑤ 为推进接收留学生和日本学生海外留学，要促使大学等机构改为 9 月入学 ⑥ 强化大学专门负责留学生接收工作的组织体制，提高有组织地接收留学生的能力 ⑦ 通过优先配置国费留学生名额、财政支援的倾斜分配、竞争性资金及优秀措施项目（Good Practice，GP）的支援等措施，对积极推进全球化的大学等机构进行重点支援

续表

措施领域	具体措施
建设接收环境：采取相应对策，建设让留学生安心、专于学习的环境	① 大学要与各相关机构协作，保证向赴日一年以内的留学生（包括短期留学在内）提供宿舍，采取推动大学的宿舍配备、确保民间宿舍、有效利用公有宿舍等多种对策 ② 继续改善国费留学生制度和私费留学生学习奖励费制度，并贯彻实施 ③ 创设全国性的交流推进会议，作为相关方面会聚一堂的场所，支援地区、企业等联合会的交流 ④ 以日语教育机构、大学的日语教育负责部门为首，充实国内日语教育，减轻留学生在留学期间的困难 ⑤ 促进实施面向留学生及其家族的生活支援措施，例如咨询辅导等
推动留学生毕业后的社会接纳：社会的全球化	① 通过大学设置的专门机构等加强留学生就业支援 ② 充实产学官协作的就业支援和创业支援，例如实习、工作卡制度的运用、就业咨询窗口的扩充等 ③ 促进企业方面的意识改革和接收体制的完善 ④ 讨论明确标明就业范围的在留资格及其办理的弹性化、以就业为目的的在留期间延长问题 ⑤ 通过回国留学生同学会的组织化支援、活动支援等，充实原日本留学生的跟进工作，在原日本留学生中维持、强化人际网，以使其成为日本的理解者和支持者

［资料来源］根据《「留学生 30 万人計画」骨子》编译。

（3）日本留学政策的具体措施

区分层次的签证政策——按照日本入国管理局的规定，在日本本土停留 60 天以上者需按相关要求申请签证。留学生可申请的签证种类除“留学”外，还可以是“研究”、“研修”等。就留学签证来说，入国管理局规定申请者必须具有 12 年的学校教育经历，年龄在 18—30 岁。留学签证的申请资料除必备的身份证明外，还要求申请者提供留学调查表、学费支付者的在职证明、毕业证明或毕业证复印件。

此外，日本政府对自费留学生和国费留学生区别对待。自费赴日的留学生需要在申请签证之前，委托日本国内人员（指导教师、校方等）代理申请“在留资格认定证明书”，作为申请签证和入境的必备材料之一。“在留资格认定证明书”有效期为3个月，也就是说从证明书签发之日算起3个月内，申请人必须入境。但由日本政府出资的国费留学生在办理签证的过程中则不需要提供该证明。

留学生在日本完成学业后，可以有一定的缓冲时间。若留学生选择在日本工作，则可以在教育机构的支持下将留学签证变更为“特定活动”签证，有效期为6个月，可以申请延期一次，最长1年。另外，若留学生毕业后想在日本创业，则可以从“留学签证”变更为“短期滞在”签证，原则上为90天，但可以申请延期，最长180天。因创业变更为“短期滞在”签证的条件和所需手续相对比较复杂。

大同小异的入学政策——根据留学院校的不同，入学政策存在一定的差异，但同一层次和类别的院校之间差异不大。总的来说，日本院校的入学条件包括学历、年龄、语言能力等几个方面的条件。大学和短期大学要求留学生必须完成12年的学校教育（即小学、初中、高中）或者是18岁以上持有国际中学毕业国家级考试资格及德国Abitur考试资格者，或者是参加日本留学考试并取得相应成绩者。在此基础之上，申请者参加由院校组织的入学考试，合格便可入学。这其中包含了一个隐性要求，即语言能力。目前，多数日本大学和短期大学的课程还是日语授课，且入学考试也用日语进行，这势必要求留学生具备一定的日语水平。

研究生院入学则要求申请者完成了16年学校教育（即小学、初中、高中、大学）或者是年满22岁的同等学力者。部分专业（医学、口腔学、兽医学的博士课程）的学历和年龄要求分别提高到18年和24岁。

高等专门学校和专修学校（包括日语学校和其他培训类学校）的入学要求相对较为宽松，但都要求12年的学校教育。非日语学校的专修学校还要求申请者具备一定的日语能力，或具备日语能力考试1级或2级证书，或在正规日语教育机构接受了6个月以上的日语教育，或在日本的小学、初中或高中接受了1年以上的教育。

公平对待的学费政策——日本高校的学费水平因院校属性、课程层次和专业而异，对留学生和日本人实行相同的学费标准。国立大学不论专业和学习层次均收取相同的学费；公立大学任何专业都收取同样的学费，但本科略高于研究生；私立大学则根据专业和课程层次实行不同的学费标准，本科高于硕士，硕士高于博士。总体上，私立院校学费水平远高于国立、公立院校。除了学费以外，第一年入学的学生还需要一次性缴纳“入学料”，其金额同样是国立院校一视同仁，公立院校本科高于研究生，私立院校因专业和层次而异。此外，日本院校还设有学费减免政策，根据学生学业成绩和经济状况给予全免、半免或其他额度的减免。

表3.14　日本高校第一年度学费水平（2010年）

（单位：日元）

		本科			研究生					
		学费	入学料	合计	学费	入学料	合计			
国立		535800	282000	817800	535800	282000	817800			
公立		536632	402720	939352	535948	374913	910861			
		本科			硕士*			博士*		
		学费	入学料	合计	学费	入学料	合计	学费	入学料	合计
私立（部分专业）	医学	3721978	1317013	5038991	707488	231667	939155	529789	191000	720789
	口腔	4076035	607843	4683878				652438	253483	905921
	药学	1761284	354424	2115708	824351	225991	1050342	765998	199073	965071
	理·工	1154703	253730	1408433	*896593*	*242937*	*1139529*	*751263*	*249911*	*1001174*
	文·教育	929996	258543	1188540	*662347*	*222365*	*884711*	*595809*	*227429*	*823237*
	法·商·经济	884721	250374	1135095	*684585*	*232564*	*917149*	*606863*	*229153*	*836016*

注：* 私立院校硕博课程的斜体部分对应的专业依次是“理学”、“人文科学”和“社会科学”。

【数据来源】留学日本. 学费[EB/OL]. [2012－08－25]. http://www.g-studyinjapan.jasso.go.jp/cn/modules/pico/indes.hph? content_id=17.

层次分明的奖学金政策——日本的奖学金政策遵循分类管理、择优录取、兼顾公平的原则，是吸引不同层次留学生、促进留学生努力学习的一种有效措施。日本的奖学金来源多样，提供者包括日本政府、地方自治体、独立行政法人、民间团体和院校自身等。不同来源的奖学金，管理办法不同，但多数奖学金是不允许申请者同时享受其他奖学金的。这一规定在一定程度上保证了奖学金分配过程中的公平，防止多种奖学金向少数优秀留学生集中。

由日本政府提供的奖学金主要是指通过国费外国留学生制度提供的奖学金，创立于 1954 年，其主要目的在于获取优秀人才、为日本国家利益服务。该奖学金的额度较高，足以满足留学生的生活和学习需要，因而申请竞争也比较激烈。近十年来，国费留学生的名额在 9000—10000 人，留学层次不同，奖学金的发放期限和额度也有所变化①。

除文部科学省直接管辖的奖学金外，还有通过日本学生支援机构（JASSO）发放的“私费外国人留学生学习奖励费”，其主要目的在于让自费留学生能够安心学习，从而拉近留学生与日本的感情，促使其成为国际友好关系的桥梁。学习奖励费面向已经在日本留学的、成绩优异且经济困难的自费留学生，资助期限为 1 年，2011 年度资助额度在 4. 8 万—6. 5 万日元/月，共资助了 13421 人②。

地方自治体和民间团体提供的奖学金则更具有针对性，限定留学生的学科、国籍、地域等，资助额度相对较小，一般是为了满足特定地方和组织的需求而设立。例如，由亀井纪念财团提供的奖学金限定在宫城县内，资助对象限定在大学 3—4 年级和硕、博课程留学生，资助名额只有 10 人，资助额度在 5 万—6 万日元/月③。

另外，部分院校还专门设有本校的奖学金④，旨在吸引优秀留学生、激励留学生努力学习，但一般资助名额较少。例如，北海道大学设有“总

---

①②③　日本学生支援机构. 日本留学奨学金パンフレット 2013 [EB/OL]. [2012 - 10 - 17]. http://www. jasso. go. jp/study_j/scholarships_sfisij. html#insatsu.

④　JASSO. 奨学金制度のある大学リスト [EB/OL]. [2012 - 10 - 17]. http://www. jasso. go. jp/study_j/documents/shougakukindaigaku. pdf.

长奖励金”和“私费外国人留学生特待制度”，奖励成绩优异的留学生。

管理有序的打工政策——日本法务省入国管理局规定，留学生可以打工，但需要向入国管理局申请“资格外活动许可”，并遵守相关规定。留学签证是入管局签发给留学生以学习为目的的签证，因此入管局从打工的目的、行业、时间等几个方面作了相关规定。第一，留学生打工不能影响正常学习；第二，打工的目的在于补贴学费和其他必要经费，而非存款或汇款；第三，不能就职于风俗行业；第四，每周工作时间需控制在 28 个小时以内，长假期间每天工作不超过 8 个小时；第五，只能在在籍期间打工。违反上述这些规定，留学生将被视为非法打工，有可能会被遣送回国。从 JASSO 的调查结果来看，2009 年约 76% 的自费留学生打工，其中一半以上就职于餐饮业，另有四分之一左右是各类商店的店员①。

严格控制的移民政策——日本是典型的单一民族国家②，与澳大利亚、美国等移民国家相比，社会对移民的包容和开放程度较低。留学生毕业后可以留在日本工作，留学签证可以随之变更为工作类签证，具体签证种类需根据工作性质和内容决定。尽管如此，并不能说日本移民政策与留学生政策之间存在联动。

就工作类签证来说，入管局规定了四个方面的要求，即学历、工作内容、报酬、就职企业状况。按规定，工作类签证申请者必须是大学、短期大学、高等专门学校的毕业生，或者毕业于专门学校并取得“专门士”称号者；“专门士”所从事的工作内容必须与所学专业相一致；申请者工资水平不低于日本人；所就职的企业经营状况稳定。法务省入国管理局的统计结果显示，从留学签证变更为工作类签证的签发数快速增加，从 2002 年的 3209 人增加到 2011 年的 8586 人，2008 年达到峰值（11040 人）③。

---

① 平成 21 年度私費外国人留学生生活実態調査概要［EB/OL］.［2012－10－17］. http://www.jasso.go.jp/scholarship/ryujchosa21.html.

② 日本境内除大和民族外还存在爱努族，但大和民族统一日本后不断出台歧视性政策，排斥、遏制爱努族，使得日本不断接近单一民族国家。

③ 法務省入国管理局留学生等の日本企業等への就職状況［EB/OL］.［2012－10－17］. http://www.moj.go.jp/nyuukokukanri/kouhou/nyuukokukanri01_00013.html.

（4）留学教育政策的调整及其影响

2008 年下半年源自美国的次贷危机演变为全球性金融危机，给日本多个行业带来了不小的影响，高校毕业生的就业形势并不十分乐观，对留学教育也产生了一定的影响。此外，2011 年东日本大地震以及由此而引发的一系列问题，也在一定程度上影响了留学生赴日的积极性。为了保证经过多年酝酿的《三十万留学生计划》顺利实施，日本政府对留学教育政策进行了一定的调整，主要体现在以下几个方面。

修改《出入国管理及难民认定法》，简化签证手续，放宽留学签证要求——2009 年日本国会通过对《出入国管理及难民认定法》的修正案，全面修改了该部法律。其中，与留学生相关的法律修订主要是合并留学签证与就学签证、实行新的再留管理制度。法律修改前，涉及留学生的签证种类有“留学”和“就学”两种，前一种主要是签发给大学、短大、高等专门学校等高等院校的学生，后一种主要是签发给非高等教育阶段院校的第三级教育机构，主要是语言学校和其他专修学校。就学签证有效时间最长只有 1 年，对留学生的要求相对严格，要求工作时间每天不能超过 4 个小时，每周不超过 20 小时。2009 年法律修订后，二者合并为留学签证，这对于完全不懂日语或者日语水平较低的留学生来说无疑是件好事，也扩大了日本留学生招收的对象范围。另一个较大的改动体现在新在留管理制度的实施，废除“外国人登陆制度”，实行“在留卡”制度。持有在留卡后，留学生出入境时无须申请再入境许可（出境 1 年以内），且留学签证的有效期时间进一步多样化，最长为 4 年 3 个月，这样留学生无须在留学期间多次申请延长签证有效期。

放宽工作类签证要求，促进留学生留日工作——为了促进留学生毕业后留在日本工作、增强日本留学的魅力，入国管理政策恳谈会建议加强对留学生就业的支援，放宽对本科和研究生阶段毕业生所学专业与工作内容之间关联性的要求；延长留学生毕业后在日求职的停留时间，从原来最长 180 天延长到最长 1 年，保证留学生有更充裕的时间找工作。另外，入国管理局还从 2009 年 9 月开始简化就职于日本上市企业的留学生签证种类变更手续，缩短签证审查时间①。这些措施无疑有助于留住更多的留学生，在促进日本社会的国际化、促进经济发展等方面发挥着一定的作用，同时也在向世界发出欢迎留学生的信号。

提高对高层次人才的优待，获取优秀人才——2012 年 5 月，日本开始实施“高级人才打分制”，给予被认定为高级人才的外国人多项优惠措施，包括允许从事多类活动、签证有效期一律规定为 5 年、放宽永住许可的申请条件、入境及签证手续的优先处理、有条件地允许配偶就职、有条件地允许携带本人或配偶的父母、有条件地允许携带家庭佣人②。高级人才的就职领域划分为学术研究活动、高级专门技术活动、经营管理活动三类，按照每个领域的特性制定评分标准。该制度对于高层次的留学生，尤其是访问学者来说是很大的诱惑，也表明日本留学政策继续向吸引高水平人才方向倾斜。

2. 吸纳技术人才的加拿大留学教育政策

（1）在加留学生基本情况

加拿大是仅次于美、英、澳、德、法的第六大留学目的地国，留学生总数虽然不及美国庞大，且近几年在国际留学市场上的地位也有所下降，但仍不可小觑。加拿大移民局统计结果显示，2001—2004 年持留学签证进入加拿大的总人数经历了一个减少的过程，2008 年才恢复到 2001 年的水平。2011 年持学生签证进入加拿大的外国人总数达到了 98383 人③，比上一年度增加 2224 人，保持了近 8 年来的缓慢增长势头。

---

① 留学生受入れに関する施策の実施状況について［EB/OL］.［2012－10－19］. http：//www. moj. go. jp/nyuukokukanri/kouhou/nyukan_ nyukan89. html.

② 高度人材に対するポイント制による優遇制度の導入について［EB/OL］.［2012－10－19］. http：//www. immi-moj. go. jp/newimmiact_3/index. html.

③ CIC. Immigration Overview：Permanent and Temporary Residents［EB/OL］.［2012－08－06］. http：//www. cic. gc. ca/english/resources/statistics/facts2010/temporary/15. asp.

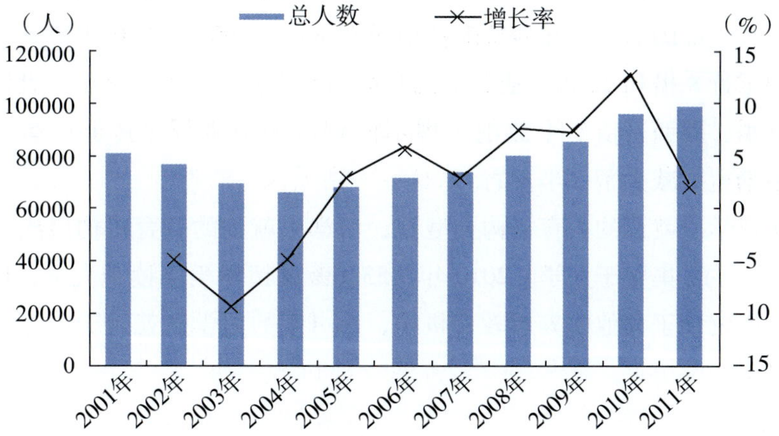

图 3.24　每年持学生签证留学加拿大的人数变化情况

【数据来源】CIC. Canada Facts and Figures：Immigration Overview/2010［EB/OL］.［2012－08－06］. http：//www. cic. gc. ca/English/pdf/research-stats/facts 2010. pdf.

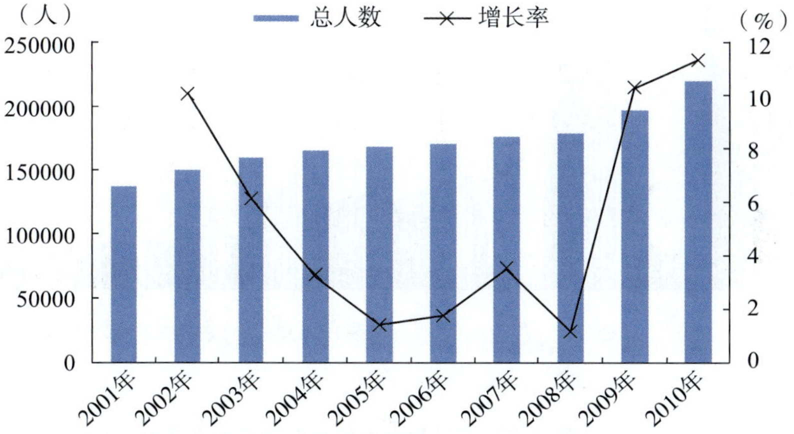

图 3.25　加拿大留学生总数及年度变化情况

【数据来源】CIC. Canada Facts and Figures：Immigration Overview/2010［EB/OL］.［2012－08－06］. http：//www. cic. gc. ca/English/pdf/research－stats/facts 2010. pdf.

从留学生生源国分布情况看，中国已经超越韩国，成为加拿大留学生的第一大生源国。印度和沙特阿拉伯异军突起，2001—2010 年留学生数分别增加了近 8 倍和 22 倍，成为第二和第四大生源国。相比之下，韩国、美国、日本、墨西哥留学生数则呈现不同程度的减少，尤其是日本和墨西哥，留学生数减少了一半左右。

从留学生就读的教育机构类型看，留学生就读的教育机构层次结构相对稳定，主要集中于大学。2010 年，53.6% 的留学生就读于大学，16.9% 的留学生就读于其他中等后教育机构，16.1% 的留学生就读于中等及以下教育机构。

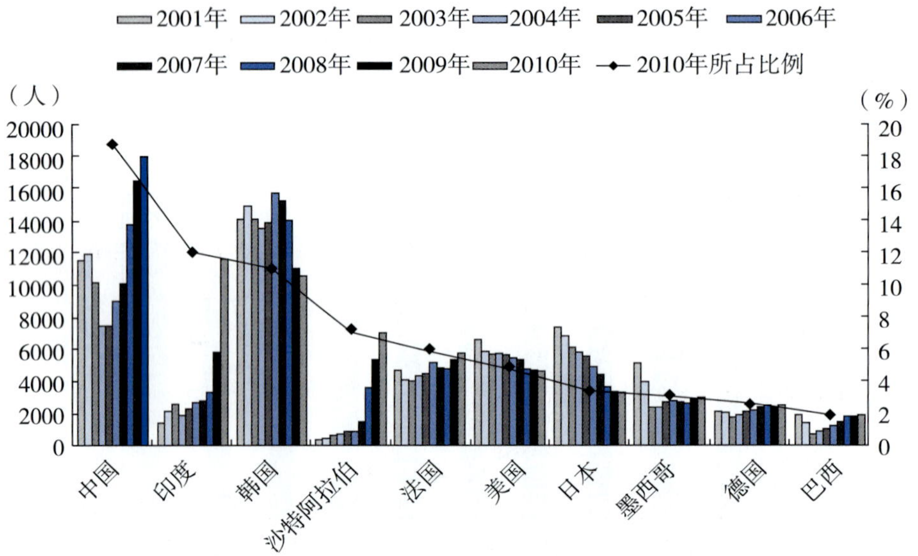

图 3.26　每年持留学签证留学加拿大的生源国分布及年度变化情况

【数据来源】CIC. Canada Facts and Figures: Immigration Overview 2010 [EB/OL]. [2012-08-06]. http://www.cic.gc.ca.English/pdf/researeh-stats facts 2010. pdf.

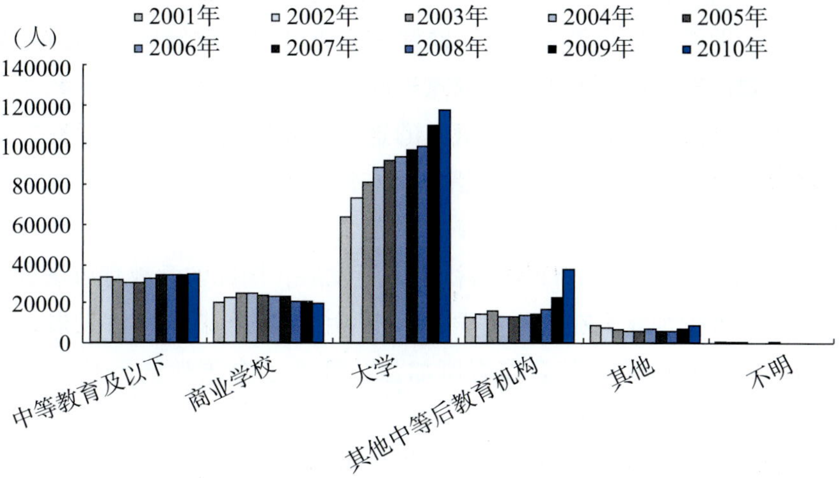

图 3.27　加拿大留学生就读层次分布年度变化情况

【数据来源】CIC. Canada Facts and Figures: Immigration Overview 2010 [EB/OL]. [2012 - 08 - 06]. http://www.cic.gc.ca. English/pdf/researeh - stats facts 2010. pdf.

(2) 加拿大留学教育政策总体方针

分权制的加拿大并没有一个明确、统一的留学教育政策，长期以来，留学教育基本上划归外交事务的范畴，主要由外交与国际贸易部（Department of Foreign Affairs, Trade and Development, DFAIT）牵头推出囊括留学教育在内的相关政策和项目。20 世纪 60 年代，加拿大开始加入国际发展援助（Overseas Development Assistance, ODA），在外交与国际贸易部中设立专门机构，60—70 年代加拿大在国际发展援助方面的财政投入力度迅速增大，最高达到 GDP 的 0.55%（1975 年）①。70 年代后期以来，西方国家普遍受到财政紧缩的影响，加拿大也难逃厄运，于是大幅削减国际发展援助的财政预算。加拿大外交政策的另一主轴——国际文化事务（International Cultural Relations, ICR）虽然在 80 年代中期取得长足发展，最多时

① Trilokekar, Roopa Desai. International Education as Soft Power? The Contributions and Challenges of Canadian Foreign Policy to the Internationalization of Higher Education [J]. Higher Education, 2010, 59 (2): 131 - 147.

得到2000万加元的财政预算作为日常费用，但90年代初期仍然遭遇了和国际发展援助类似的财政削减[①]。说到底，通过国际发展援助和国际文化事务所体现出来的外交政策越来越重视政策本身所能带来的商业利益，也正是由于加拿大外交政策核心价值上的这一重要转变，留学教育在加拿大的语境下不再是单纯的“扶贫”措施或文化交流，更是促进加拿大经济发展的重要手段。

进入21世纪以来，知识经济社会不断发展，国际留学教育市场竞争不断加剧，为维护加拿大在国际留学教育市场的地位、刺激经济发展，加拿大政府部门之间的分工与合作有所加强，推出了全国性国际教育政策方针，调整留学相关具体政策。

外交与国际贸易部自20世纪90年代中后期开始实施国际教育营销项目，由时任部长的塞吉奥·马奇（Sergio Marchi）牵头，每年组织教育营销方面的圆桌会议，并上升为外交与国际贸易部内的一个部门。2005年加拿大在《国际政策声明》中将促进教育国际化纳入政策框架，定位于商业政策范畴。2007年加联邦政府推出了国际教育行销计划（Edu-Canada），决定连续5年每年投入100万加元的公共财政，扩大教育宣传，吸引留学生[②]。该计划由外交与国际贸易部具体实施，在实施过程中外交与国际贸易部通过教育国际活动联邦—省磋商委员会（the Federal-Provincial Consultative Committee on Education-Related International Activities，FPCCERIA）与各省政府和其他联邦政府部门进行交流，协调有关留学教育的相关政策，打造加拿大的教育品牌。

正是在该政策背景的推动下，教育部长委员会2011年6月推出了更加有利于开发国际教育市场的营销行动计划——《让加拿大教育走向世界、让世界走进加拿大：各省国际教育营销行动计划》（*Bringing Education in*

---

① Trilokekar，Roopa Desai. International Education as Soft Power? The Contributions and Challenges of Canadian Foreign Policy to the Internationalization of Higher Education [J]. Higher Education, 2010，59（2）：131－147.

② Advisory Panel on Canada's International Education Strategy. International Education：A Key Driver of Canada's Future Prosperity [R]. [2012－08－06]. http://www.d fait-maeci. gc. ca/education/assets/pdfs/ies-report-rapport-sei-eng. pdf.

Canada to the World, Bringing the World to Canada: An International Education Marketing Action Plan for Provinces and Territories)，号召各省在打造国家级教育品牌、推广加拿大教育方面要通力协作。该计划将重点放在国际学生的招生上，强调了如何让留学生毕业后留在加拿大的问题，延续了加拿大吸纳优质技术人才的政策风格。该行动计划确定了四大预期效果，即增加加拿大国际学生数量、提高加拿大国际留学市场份额、为加拿大学生创造更多留学国外的机会、促进更多国际学生毕业后选择作为永久居民留在加拿大。为了实现这四大预期，该计划还进一步提出了五个行动目标及相应的具体行动措施。从这几个行动目标不难看出，该行动计划不仅在留学生的招生与移民方面做出较大努力，也将会有助于激活加拿大各省经济、促进经济恢复和发展、提高竞争力。

表 3.15 加拿大教育营销计划五大行动目标

行动目标 1	通过提升加拿大教育品牌、开发反映加拿大教育机会价值的全球身份，提高加拿大在国际市场上的竞争力
行动目标 2	提高国际学生获得前往加拿大、在加拿大学习、毕业后留在加拿大的过程的效率和透明性
行动目标 3	保护、提高加拿大作为高质量教育机会提供国的声誉
行动目标 4	提供教育提供者所要求的数据和信息，以满足客户需求、应对市场发展，同时测量留学生招生数和毕业生数增长情况
行动目标 5	为加拿大学生提供更多去国外学习的机会

【资料来源】根据《让加拿大教育走向世界、让世界走进加拿大：各省国际教育营销行动计划》(*Bringing Education in Canada to the World, Bringing the World to Canada: An International Education Marketing Action Plan for Provinces and Territories*) 编译。

伴随加拿大联邦政府 2007 年推出的国际教育战略期满，2011 年加拿大政府决定加大资助力度，促进新国际教育战略的制定和实施。于是外交与国际贸易部组建起专家委员会进行具体讨论，并于 2012 年 8 月提出报告《国际教育：加拿大未来繁荣的重要推动力》(*International Education: A Key Driver of Canada's Future Prosperity*)。从标题上可以看到，报告将国际教育定位于国家发展战略的高度，不仅注重国际教育的人才培养功能，更注重其对整个社会和经济的积极作用。报告勾勒了加拿大发展国际教育的愿景，即成为21世纪国际教育的领跑者，以吸引顶级优秀人才，培养加拿大公民适应国际市场，从而为加拿大未来繁荣奠定核心基础。报告认为加拿大国际教育战略的顺利实施需要联邦政府、省/地方行政区、教育协会和机构的良性合作，并提出未来十年国际教育发展的总体方向和具体发展目标。发展目标分为五大主题——战略核心目标、政策协调与质量保证、“加拿大教育”的推行、投入、基础设施与支持，具体如表3.16所示。

表3.16 《国际教育：加拿大未来繁荣的重要推动力》主要建议

主题	建议
战略核心目标	建议1：到2022年使加拿大的留学生数翻番
	建议2：引入针对加拿大学生的国际流动项目，到2022年每年服务于50000名学生
政策协调与质量保证	建议3：让加拿大教育国际化成为加政府官方政策和计划的战略组成部分
	建议4：创建国际教育与研究委员会，为国际贸易、金融、公民与移民、工业等各部部长提供政策建议
	建议5：维持和加强教育质量，保证其可持续性
“加国教育”的推行	建议6：将加拿大行销活动集中于有限的几个主要市场，进行针对性资源分配
	建议7：加强对加拿大留学教育品牌的市场推广
	建议8：开发一个精致的、综合性的电子交流系统，作为留学生了解加拿大教育的国家门户
投入	建议9：通过向本科阶段留学生提供奖学金，塑造加拿大留学教育品牌
	建议10：将适用于研究生和博士后阶段留学生的补助金和奖学金整合到一个标签/品牌之下，重点支持与加拿大创新振兴计划一致的优先领域
	建议11：与重点国家发展综合的、多方面的双边协定，重视研究生阶段教育和研究的所有方面，并给予一定程度的财政支持

续表

主题	建　　议
基础设施与支持	建议 12：改善教育签证处理过程，为高质量潜在留学生提供一致、及时的处理
	建议 13：拓宽并辅助加拿大驻外使领馆负责加拿大各类教育服务和学习路径工作的人员的综合培训。这样的培训机会也应当提供给其他利益相关者，便于其加深对留学生所需的各类项目和文化支援的理解
	建议 14：支持现有“加拿大体验班”项目的扩展与行销，以有助于加拿大技术移民的开展和劳动力市场需求的满足

【资料来源】根据《国际教育：加拿大未来繁荣的重要推动力》（*International Education：A Key Driver of Canada's Future Prosperity*）编译。

除外交与国际贸易部外，教育部长委员会（the Council of Minister of Education）、公民与移民部（Citizenship and Immigration Canada）、加拿大边境服务局（Canada Border Services Agency）、人力资源与技能开发部（Human Resources and Skills Development Canada）、加拿大国际发展署（Canadian International Development Agency）、加拿大工业部（Industry Canada）、国际发展研究中心（International Development Research Centre）也以不同形式参与到加拿大留学教育政策的制定与具体实施过程中。

加拿大前后两期国际教育战略计划恰是加拿大留学教育政策转向的体现，即从松散的、各自为政的留学政策逐渐向有组织、协调合作的留学教育政策过渡，反映出加拿大在变化莫测、竞争加剧的国际留学教育市场上地位受到威胁的现状，以及加拿大努力改变这种状况的政策意图。

（3）加拿大留学政策的具体措施

考虑地区因素的签证政策——按照加拿大公民与移民部的规定，进入6个月以上课程学习的留学生需要办理学习许可（study permit）。申请学习许可，留学生需要提供几个方面的证明材料，包括院校接收证明、身份证明、财力证明、申请说明等。留学生首先要拿到院校方面的入学许可才有资格申请签证，同时还要证明有足够的财力支撑在加拿大的学习。受消费水平的影响，魁北克省和其他省份对留学生的财力要求有所不同。魁北克地区要求学生出具学费和一年的生活费（11000 加元），魁北克以外的地区对生活费的要求则相对较低（10000 加元）。留学生随行的家属人数也与财力要求有直接关系，人数越多要求越高。另外，在学习许可的申请过程中，留学生需要明确学习许可审核过程中的“双重目的”（Dual Intent）原则，即外国人成为永久居民的目的不应阻碍其成为临时居民。由此，公民与移民部原则上要求留学生学成回国。

多样化的入学政策——在分权体制下，加拿大各省的教育制度虽然都划分为初等、中等和高等教育三个阶段，但各省具体划分方法等方面仍存在细微的差别，也使得留学生入学要求并不统一。大学的入学标准主要由院校自行决定，但总的来看，各省高校基本都从语言、学历和以往学业成绩等方面提出相应要求。加拿大院校一般要求学生提供托福或雅思的成绩单，托福不低于 90 分、雅思不低于 6. 5 分，但具体需要提供哪种语言考试成绩还需要根据校方要求确定。除语言成绩外，学生以往的学历和学业成绩也是决定是否录取的重要参考条件。申请进入加拿大大学的学生一般需要提供近三年、最新或最终的成绩证明，此外还需提供目前所在院校出具的在籍证明或毕业证明，且这两项证明材料必须要得到加拿大官方的认可。

需要注意的是，加拿大分为法语区和非法语区，部分院校的一些课程可能是以法语授课，因而可能要求学生具备一定的法语能力。另外，安大略省的大学入学申请与其他省份不同，需要通过省统一的大学入学申请中心办理。

就读于研究生阶段的留学生除提交相应的学历、学业成绩证明外，还需要提供 GRE 或 GMAT 等标准化考试成绩和相关领域内 2—3 名专家的推荐信，以证明申请者的研究能力。

因地而异的学费政策——加拿大各省教育收费水平各异，对本国学生和留学生实行双重学费标准，留学生的学费通常是本国学生的 2—3 倍，最高达 6—7 倍。例如，2011—2012 年度，安大略省的渥太华大学本国学生学费为 5421 加元，国际学生为 17080 加元；魁北克省的蒙特利尔大学本国学生学费为 2168—5858 加元，国际学生则是 14562—16259 加元①，足以证

① AUCC. Tuition fees by university [EB/OL]. [2012 - 10 - 26]. http: //www. aucc. ca/canadian-universities/facts-and-stats/tuition-fees-by-university/.

明留学生与本国学生学费水平之间的差距。

外交与国际贸易部最新的国际教育经济影响研究报告显示，在各教育阶段中大学阶段的留学生学费最高，平均接近 1.7 万加元，此外平均还需支付 1900 加元的附加费用和书本费等。从各省各级各类教育的平均学费水平看，中等及以下教育阶段中不列颠哥伦比亚省和安大略省学费水平相对较高，均突破了 1.3 万加元；商业学校中爱德华王子岛和安大略省学费水平较高，均在 2 万加元上下；大学本科教育中仍然是爱德华王子岛和安大略省学费水平略高，同样在 2 万加元上下。

表 3.17　2010 年度各省各级各类留学生学费平均水平

（单位：加元）

省份	中等及以下教育机构	商业学校	大学			其他中等后教育机构	其他
			学费	附加费	书本费		
纽芬兰与拉布拉多	9000	10980	10310	500	1200	10980	10980
爱德华王子岛	10000	22710	23340	500	1200	22710	22710
新斯科舍	8000	12990	12390	640	1200	12990	12990
新不伦瑞克	11160	12140	11700	410	1200	12140	12140
魁北克	7945	16220	15990	630	1200	16220	16220
安大略	13250	19160	19060	810	1200	19160	19160
马尼托巴	10000	12200	11740	430	1200	12200	12200
萨斯喀彻温	10795	14080	13820	440	1200	14080	14080
阿尔伯塔	9830	17900	17640	820	1200	17900	17900
不列颠哥伦比亚	13430	16890	16850	520	1200	16890	16890
北部三个地区	—	8300	7490	360	1200	8300	8300
全国平均	10341	14870	16770	700	1200	14870	14870

【资料来源】Roslyn Kunin & Associates, Inc. Economic Impact of International Education in Canada-An Update (Final Report) [R/OL]. [2012-10-23]. http://www.international.gc.ca/education/assets/pdfs/economic_impact_en.pdf.

青睐高层次留学生的奖学金政策——加拿大的奖学金数量有限，且竞争激烈。中等后教育阶段的留学生可以申请奖学金（scholarships）、补助金（grants）和各种资助（bursaries），但这些资助多偏重于硕士和博士，本科生获取的机会比较小。

留学生可以申请的奖学金按照经费来源可以分为三类，即加拿大政府提供的、私人和民间团体提供的、院校提供的。由加拿大政府提供的奖学金没有以本科生为资助对象的项目，主要是面向研究生和访问学者等，体现了较强的国家利益需求。私人团体提供的奖学金则比较具有针对性，通常对于留学生的就读专业和研究内容等提出具体要求。由院校提供的奖学金通常包括教学助理（TA）、研究助理（RA）、针对新生的一次性奖学金等，各院校具体的资助项目各异。

起步较晚的打工政策——留学期间，留学生可以从事一定的校内或校外工作，但校外工作一般需要申请学生工作许可（student work permit）。2006 年 5 月以前，留学生只可以在校内打工，无须申请工作许可，但必须是持有学习许可并就读于公立或私立院校的全日制学生。2006 年 5 月，加拿大放开了对留学生校外打工的限制，使其合法化。公立院校、受助私立院校（50% 以上经费来自政府）或与本地政府签有校外工作协议院校的留学生，可以申请校外工作许可，在不影响学业的前提下，每周打工时间不得超过 20 小时，放假期间（寒暑假、春假）没有时间限制。如留学生转变身份，不再是全日制学生或学业成绩受到影响，则必须交回工作许可①。

需求导向的移民政策——留学生毕业后可以通过“毕业工作许可项目”（the Post-Graduation Work Permit Program，PGWP）申请有期限的工作许可，还可以通过加拿大政府的移民项目成为永久居民。工作许可的有效期基本不能超过留学生就读课程的时间，留学生就读的课程最短 8 个月，签证有效期最长 3 年。

申请工作许可的留学生必须是就读于官方认可的院校 8 个月以上课程的全日制学生，能够顺利获得学位、文凭或证书。留学生需在获得院校出具的预期毕业书面证明后的 90 天内提交申请。

除了上述针对留学生的工作签证外，加拿大备有多个移民项目，从留

① Get a Student Work Permit [EB/OL]. [2012 - 10 - 26]. http://www.cic.gc.ca/english/study/work.asp.

学生中挑选符合加拿大经济发展需要的优秀人才。这些移民项目包括省提名项目（Provincial/Territorial Nominee Program）、技术和专业工作人员项目（Skilled workers and Professionals）和经验类移民（Canadian Experience Class）等。对于留学生来说，通过省移民项目虽然可以获得移民的机会，但该项目分配给留学生的名额十分有限；通过技术和专业工作人员项目移民，对申请者的工作经验和学历要求相对较高，留学生必须是博士在读才有资格申请；相比之下，经验类移民对留学生来说便利了许多。

留学生在特定领域获得一定年限的工作经验后，便可以申请加拿大“经验类移民”，成为永久居民。留学生在申请过程中可以得到一定的优待，技术工作经验要求由2年缩短为1年。所谓技术工作经验主要是指管理类、专业类和技能类工作经验。此外，申请技术移民时，申请者还需要满足一定的语言要求，向签证官提交由加拿大官方指定机构组织的语言水平考试成绩，具体要求因行业领域而不同。此外，留学生从毕业到成功申请技术移民这段过渡期，加拿大政府还备有上述“毕业工作许可项目”，一方面辅助有能力的、符合加拿大人才市场需求的留学生顺利完成过渡，另一方面也是技术移民整个流程过程中人才筛选的环节。

（4）加拿大留学政策调整及其影响

受地缘政治的影响，加拿大历史上与美国保持着密切的联系，是世界上与美国一体化程度最高的国家①。但在最近一次国际金融危机中，由于加拿大采取了保守、稳健的金融体制，及时采取降低贷款利率、出台经济刺激计划等措施，使得加拿大在国际金融危机中所受影响相对较小。2009年出台的《加拿大经济行动计划》大幅增加的基础设施和公共服务领域的公共财政投入，其中很大一部分投入到教育、培训领域，以改善劳动力知识结构、创造就业机会、拉动经济复苏。在这一系列经济政策的影响下，留学教育政策也逐渐改进，维护和提高加拿大在国际留学市场的地位，带动加拿大经济发展。

---

① 朱炳元，赖风．资本主义发达国家应对国际金融危机的政策和举措［J］．经济理论与实践，2010（7）：38－42．

调整留学签证政策，提高服务质量——2008 年，加拿大公民与移民部推出新政，降低了留学签证对资金的要求，资金连续持有时间由原来的 18 个月降低为 12 个月，同时股票、证券、房地产等商业行为和交易记录可以作为资金来源的说明材料。该政策的出台使得加拿大留学签证申请人数大增，入境留学生数由不足 8 万人（2008 年）增加到 8.5 万人（2009 年）。2009 年留学签证政策再次调整，放宽了体检时间的要求，但另一方面却增加对申请人家长个税税单的要求，作为资金证明的补充材料。此外，为了加速签证审核，加拿大整合、增设签证中心，推出部分国家网上申请的服务。例如，2008—2012 年加拿大已经在中国设立了北京、上海、广州、重庆四家签证中心。

扩大校外打工许可范畴，利于降低留学成本——2006 年 4 月以前，加拿大不允许留学生在校外兼职，留学生只可以在校内工作，否则便构成违法行为。2006 年 4 月以后，公民和移民部放宽要求，允许留学生校外打工，但仅限于公立院校的学生。2008 年 5 月加拿大公民与移民部长黛安·芬利（Diane Finley）宣布了对不列颠哥伦比亚省内符合条件的私立院校留学生颁发校外工作许可。此后，其他各省的私立院校不断加入校外工作许可项目。打工政策的不断放开，对留学生降低留学成本来说无疑是一个利好的变化，同时也无形中增加了加拿大留学的魅力。

增加“经验类移民”，吸引留学生毕业移民——2008 年加拿大公民与移民部调整了移民政策，提高了一般类型移民申请的难度，但却降低了与留学生和高水平技术人才相关的移民项目的要求，同时推出了面向留学生的“经验类移民”项目，无形中加强了留学与移民之间的联系。该项目与“毕业工作许可项目”相结合，形成了一条留学生从留学逐渐过渡到移民的通道，即在留学—短期工作—永久移民这个过程中的每个环节，加拿大政府都出台了相应的政策措施促进各环节顺利衔接。从加拿大公民与移民部统计数据来看，经验类移民推出以来，申请人数（p. a.）[①] 逐年增加，

① 这里的申请人数主要是指主申请人的数量（principal applicants，p. a.），此外经验类移民还允许配偶和家属移民（spouses and dependants，s. d.），其人数也逐年增加，2011 年已达到 2054 人。

2009 年 1775 人，2010 年 2533 人，2011 年 3973 人①。

3. 放宽移民控制的新西兰留学教育政策

（1）在新留学生基本情况

新西兰在 20 世纪 90 年代之前在国际留学教育市场上并没有受到多大的关注，但自 90 年代末亚洲金融危机后，新西兰意识到教育服务作为贸易出口所潜在的巨大利益，便放宽了留学政策。于是，新西兰留学生数迅速增加，但好景不长，伴随国际留学教育市场竞争的加剧，新西兰留学生数从 2004 年开始不断减少，2008 年达到低谷后又开始缓慢恢复。2011 年新西兰各级各类教育机构中的付费留学生总数为 97294 人，其中八成以上的留学生就读于第三级教育机构（Tertiary Education）。

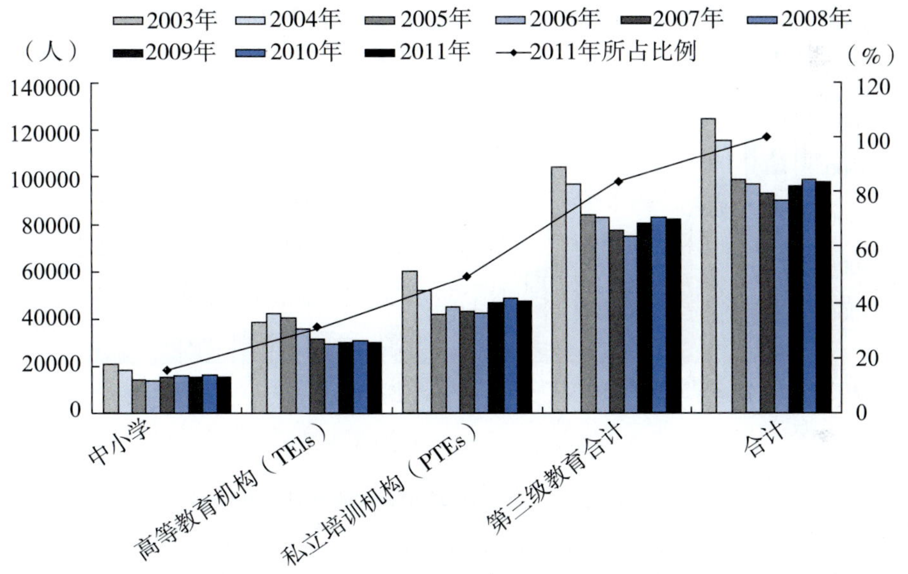

图 3.28　新西兰留学生数量及其年度变化情况

注：新西兰教育统计仅统计了各级各类教育机构中的付费留学生数，故本部分均采用新西兰付费（fee-paying）留学生数进行分析。

【数据来源】Education Counts. Export Education Levy Key Statistics（Full Year）[EB/OL]. [2012 - 08 - 06]. https://www.aei.gov.au/research/International-Student-Data/Pages/default.aspx.

---

① Facts and Figures 2011— Immigration Overview: Permanent and Temporary Residents [EB/OL]. [2012 - 10 - 31]. http://www.cic.gc.ca/english/resources/statistics/facts2011/permanent/02.asp.

国际留学教育市场竞争的加剧使得新西兰留学生主要生源国出现较大变化。从生源国分布情况看，中国是新西兰留学生的最大生源国，其次是韩国、印度、日本、沙特阿拉伯。2011 年中国留学生数为 23071 人，占新西兰留学生总数的 32.7%；韩国留学生 12407 人，占留学生总数的 12.8%；印度留学生 12358 人，占留学生总数的 12.7%。2010 年和 2011 年相比，中国、印度、沙特阿拉伯、越南等国留学生数有不同程度的增长，但韩国、日本、德国、巴西、泰国、美国等国留学生数却呈现不同程度的减少。

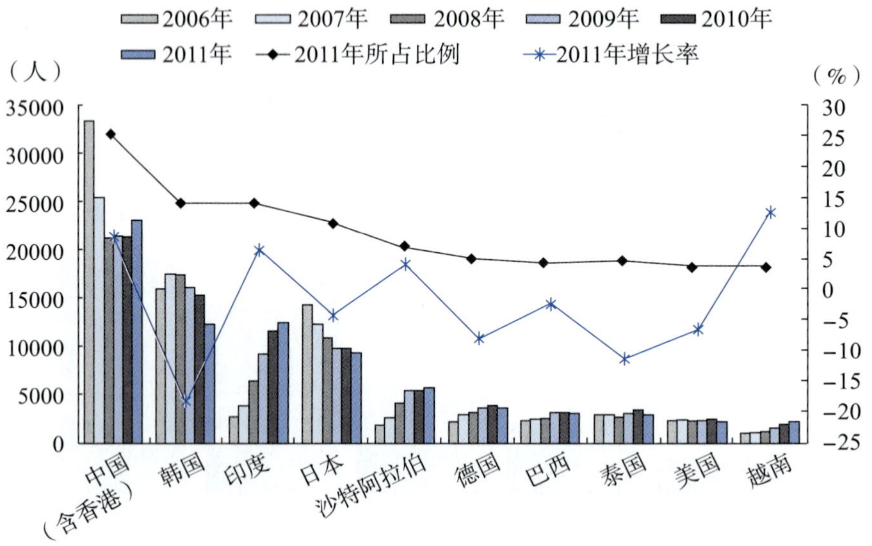

图 3. 29　新西兰十大生源国留学生数及其变化情况

【数据来源】Education Counts. Export Education Levy Key Statistics（Full Year）[EB/OL]. [2012 - 08 - 06]. https：//www. aei. gov. au/research/International-Student-Data/Pages/default. aspx.

从高等教育阶段留学生专业分布情况看，近五年来基本没有发生较大的变化，面向非英语母语者的英语课程依然是最受欢迎的领域，2011 年留学生数达到 36231 人，虽比上一年度有所减少，但仍然占高等教育阶段留学生总数的 44%。其次是商业与管理（21%）、自然和物理科学（6%）、信息技术（6%）等。

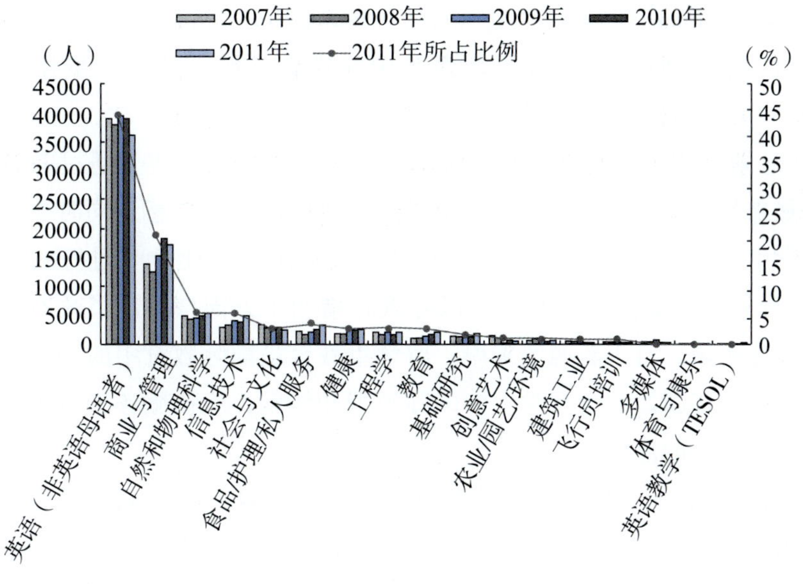

图 3.30　新西兰高等教育阶段留学生专业分布及其变化情况

【数据来源】Education Counts. Export Education Levy Key Statistics (Full Year)[EB/OL]. [2012-08-06]. https://www.aei.gov.au/research/International-Student-Data/Pages/default.aspx.

（2）新西兰留学政策总体方针

新西兰虽然是面积不大的岛国，但自从 20 世纪 80 年代末政府对留学生的态度由“援助”转为“贸易”后，它高质量的教育水准以及较高的福利待遇吸引了大批留学生，迅速成为国际留学市场上比较具有吸引力的留学目的地国之一。

国际留学教育市场竞争的加剧使得新西兰留学市场出现萎缩迹象，留学生数一减再减。于是，新西兰政府在其原有与移民政策联动的留学政策的基础上，联合九个相关政府部门①制定了《国际教育计划 2007—2012》

① 九个相关政府部门是劳工部（the Department of Labour）、教育检查办公室（the Education Review Office）、教育部（the Ministry of Education）、外交事务和贸易部（the Ministry of Foreign Affairs and Trade）、研究·科学·技术部（the Ministry of Research, Science and Technology）、新西兰国际发展署（the New Zealand Agency for International Development）、新西兰资格局（the New Zealand Qualifications Authority）、新西兰贸易发展局（the New Zealand Trade and Enterprise）和高等教育委员会（the Tertiary Education Commission）。

(*The International Education Agenda*: *A Strategy for 2007—2012*)(下文简称《计划》),回顾和检阅了新西兰国际教育状况,并进一步作出战略部署。

《计划》将国际教育视为贸易支柱产业之一,寄希望于通过教育产业的发展来促进新西兰经济转型,加强新西兰的国际存在感,同时让本国社会和学生更多地接触国际社会、了解和掌握在国际社会上通行的必要知识。《计划》为新西兰政府参与国际教育指明了方向,确定了政府采取行动的优先领域。对于新西兰来说,留学生教育是国际教育中的一个组成部分,能够丰富新西兰本国学生的国际视野和体验,应该服务于本国经济发展和社会发展的需要。

《计划》指出国际教育应该达到以下四个目的:(1)新西兰学生能在一个紧密相连的世界中茁壮成长;(2)国际学生能够在新西兰体验丰富的教育和生活经验;(3)新西兰教育提供者的学术和财务实力得到加强;(4)新西兰获得更大的经济和社会收益。与这四个目的相对应,《计划》总结了四大优先领域,每个优先领域中又具体包含多个行动措施。四大优先领域包括,提高新西兰教育的国际声誉和知名度、加强高质量教育的提供能力、建立机构层面和系统层面的联系(例如支持研究从而提升资质认可)、支持产业和供应者恢复国际教育收益的可持续增长(尤其是在所谓的“深度”市场的国家)。

表 3.18　新西兰《国际教育计划 2007—2012》制定的发展目的、主要预期结果与政府总体性措施

目的 1	目的 2	目的 3	目的 4
新西兰学生能在一个紧密相连的世界中茁壮成长	国际学生能够在新西兰体验丰富的教育和生活经验	新西兰教育提供者的学术和财务实力得到加强	新西兰获得更大的经济和社会收益

续表

目的1	目的2	目的3	目的4
主要预期结果			
• 新西兰学生很好地掌握全球性知识，尤其是了解亚洲和太平洋地区 • 新西兰学生理解和尊重其他文化，并为国内、国际社会的公益事业做贡献 • 新西兰学生具备在国内外多文化、多语言环境下取得成功的技能 • 新西兰学生有事业心且性格外向，他们作为新西兰人的性格通过国际经验和互动得到加强	• 国际学生受到欢迎，接受有效的适应性指导、示范性精神关怀和学习支持 • 国际学生取得学术成就，并选择留在新西兰继续学习 • 国际学生很好地融合到新西兰教育机构和社区中 • 雇主从国际学生的才智中获益，并得到灵活的移民政策的支持 • 国际学生成为新西兰源源不断的支持者，促进未来学术、经济联系的发展	• 通过国际联系，新西兰教育提供者的学术和研究能力继续提高 • 国际教育课程要是高质量的、战略性的、契合提供者的使命、多样化的、创新的、可持续的、管理有序的 • 新西兰的中小学和高等教育机构资格受到国际认可和重视，不论出于学习还是工作目的	• 新西兰国际关系通过教育伙伴关系得到进一步加强 • 新西兰研究从日益加强的国际合作、基金和商业化中获益 • 人们更好地理解新西兰教育知识产权和国际服务 • 新西兰国际教育与其他商业活动建立紧密联系 • 新西兰出口教育收入持续增长，并使地方社区从中受益
政府总体性措施			
• 运用现有机制，例如修订后的中小学国家课程、高等教育战略、国家高等教育教学中心等	• 集中关注学生福利问题，监控并报告新西兰留学体验的质量以及教育质量 • 保护并加强新西兰作为优质留学目的地国的声誉	• 优先关注教育质量和成就 • 鼓励提供者量力而行，以最适宜的方式从事国际教育，并要确保国际教育与提供者的整体教育和规划很好地整合	• 在各成员拥有互补性重点的政府间教育关系方面，继续开展战略性、合作性的“新西兰公司”做法

续表

目的1	目的2	目的3	目的4
政府总体性措施			
• 激发语言学习和学生流动的意识和需求，有针对性地提供适当的财政援助 • 通过帮助教育提供者提高其收容量，来达到政府要求	• 明确国际学生带给新西兰的长期和不易测量的收益，例如作为劳动力市场上的紧缺人才、作为新西兰潜在的拥护者等	• 与“新西兰教育促进会”通力合作支持提供者，尤其是在维持国际学生招生水平方面 • 通过教育出口税、新西兰贸易发展局企业能力协助和其他行动计划所资助的工作项目，来发展提供者的整体能力 • 通过多边参与和战略性双边参与，使新西兰的有限资源最大化以发展政府间关系	• 高度重视通过国际发展援助和其他途径提升伙伴国教育能力 • 策略性地提供资源、集中市场推广努力的同时，兼顾国际教育中不同主体的利益

【资料来源】根据《国际教育计划2007—2012》(*The International Education Agenda: A Strategy for 2007—2012*) 编译。

为更好地应对瞬息万变的国际留学教育市场、提高国际教育收益，新西兰政府于 2011 年又提出了新的国际教育战略——《国际教育领导声明》(*Leadership Statement for International Education*)（简称《声明》），为今后 15 年新西兰国际教育发展设定了大胆的目标，其核心是要在未来 15 年内使新西兰国际教育的经济价值翻倍。另外，该战略还提出了一系列的战略目标以及政府和产业部门为之需要付出的努力。

《声明》描绘了新西兰国际教育发展的愿景——“新西兰优质教育服务在国际上备受追捧，而且在社会、文化和经济方面的国际交往不断扩大”，以及逐渐实现愿景的战略目标（Goals）和具体目标（Objectives）（见表 3. 19）。

表 3.19　新西兰《国际教育领导声明》提出的战略目标

	具体战略目标
目标 1 新西兰提供的教育服务受到国际学生的高度追捧	未来 15 年新西兰将通过增大高等教育机构、私人教育提供者和中小学的国际学生招生规模，努力使这一类教育服务的年度经济价值翻倍，达到 50 亿美元
目标 2 其他国家提供的新西兰教育服务受到国外学生、教育提供者、企业和政府的高度追捧	在未来 15 年新西兰将作为在亚洲、太平洋、中东、欧洲和美国展开的“新西兰公司”战略的领导方，发展和维持与主要伙伴国家的互惠性教育关系；提高离岸教育服务的年收入，至少提高到 5 亿美元；增加离岸教育提供者的国际学生在校生数，从 3000 人增加到 10000 人
目标 3 新西兰最大限度地利用国际教育专业人员培养劳动者的技能，提高研究能力，培育新西兰与海外公司之间更为广泛的经济联系	未来 15 年新西兰将使研究生阶段的国际学生数翻倍（尤其是 PhD 以外的研究生），从 10000 人增加到 20000 人；提高本科学历以上国际学生由学习变为居民的转化率；提高新西兰人有效处理跨文化问题的技能和知识

【资料来源】根据《国际教育领导声明》（*Leadership Statement for International Education*）编译。

比较《国际教育计划 2007—2012》和《国际教育领导声明》不难发现，《计划》兼顾经济转型和国家认同的实现，而 2011 年出台的《声明》更加明确地强调留学教育所蕴藏的经济利益，提出的战略目标更加具体、更加容易衡量。《声明》不单单是强调增加传统意义上留学教育的经济收入，还注意到离岸教育贸易的收益问题和高水平技术人才的培养和保留。吸引技术人才移民新西兰依然是新西兰留学政策的主要魅力所在，也是新西兰解决本国人口老龄化所带来的劳动力短缺问题的重要途径。

（3）新西兰留学教育政策的具体措施

与保护留学生利益挂钩的签证政策——赴新西兰留学三个月以下一般不需要申请学生签证，但要求所就读院校必须已经获得了新西兰学历评估委员会（New Zealand Qualifications Authority）的认可或豁免。对于多数长期留学生来说，申请学生签证仍然是赴新留学的必要条件。学生签证的申请对申请人和其将就读的课程都有一定的要求。初次申请学生签证，留学生需要提供由院校方面出具的入学证明，且载有院校、课程、学费、学习方式等相关详细信息。所申请的课程必须通过新西兰学历评估委员会的批准。但如果不是初次申请，入学证明内容的要求则相对简单，只需明确课程名称、学费及学习方式即可。所有学段的教育提供者以及其提供给留学生的课程都必须要在新西兰学历评估委员会注册、认证，否则就读其中的留学生将不能受到《国际学生照顾准则》（*Code of Practice for the Pastoral Care of International Students*）的保护。13 岁及以下的小留学生必须有家长陪读才可申请签证。此外，新西兰学生签证申请还在健康状况、资金证明、毕业后离新计划等方面作出了要求。尤其是在资金方面，移民局的要求比较细致。留学生需要提供能够支持留学费用的资金来源证明，就读于 9 个月以内课程，申请者需要提供至少 1250 新西兰元/月的预付生活费证明；就读于 9 个月以上课程，则要提供 15000 新西兰元/年的预付生活费证明。

弹性化的入学政策——受英属殖民历史的影响，新西兰的学制与英国存在较大的相似性，大学学制三年，使得来自不同学制体系的留学生在赴新西兰留学时需要通过预科等方式完成转换。在招收留学生方面，新西兰各大学拥有自行设定招生要求的权利。总的来看，留学生入学要求主要包括学历要求和语言能力要求两个方面。但为了吸引留学生，新西兰的大学入学要求实际上存在缓和的余地，即便留学生暂时达不到入学的要求，也可以通过读语言学校或者预科课程过渡到大学，从而扩大了留学生招生对象。

一般情况下，大学本科最低入学标准要求雅思 6.0，或者托福 550 分（或 80—90 分）；研究生阶段的最低要求则相对较高，一般要求雅思 6.5，或者托福 580 分（或 90—100 分）。实际上，一些专业的要求要远高于最低入学标准。例如，部分专业只接受雅思成绩（梅西大学兽医技术本科专业），或者要求较高的语言成绩（梅西大学航空学本科要求雅思 6.5）。在学历方面，所有院校都要求留学生尽量提供相当于新西兰大学入学标准的学历证明材料，具体要求因生源国不同而有所差异。

差异化的学费政策——相比于美国、英国等国家，新西兰的留学费用比较低廉，体现出较强的竞争力。虽然各所大学的学费标准有所不同，不同课程学费标准也存在差异，但都要求留学生在入学前支付学费，以便于申请学生签证。新西兰院校对留学生实行双重学费标准，本科学习每年花费 18000—25000 新西兰元，而本国学生则只需要 5000—10000 新西兰元，是留学生学费标准的三分之一左右。学习层次越高，学费水平也相应提高。中学学费大约为 10000 新元；到了研究生阶段，留学生学费为 25000—40000 新西兰元，但博士阶段留学生享受与本国学生相同的学费水平。除了学费以外，留学生还需缴纳杂费、保险费、书本费等。

机会有限的奖学金政策——新西兰提供给留学生的奖学金比较少，尤其是本科阶段的留学生，获得奖学金的机会比研究生（尤其是博士）阶段要小得多。与其他国家类似，新西兰奖学金按照来源可划分新西兰政府、私人及非官方组织和院校三类。由政府提供的奖学金包括“新西兰国际博士研究奖学金”（NZIDRS）、“国际本科生奖学金”（NZIUS）等，其资金均来自政府财政预算，要求较高，竞争性较大，且限定参评留学生的国籍。一些基金会和国际组织也向留学生提供奖学金，例如亚洲发展银行、亚太教育基金会等。此外，很多院校也为留学生提供奖学金，但资助对象往往限定专业、种族和学习层次等，博士阶段留学生获得奖学金的机会相对较大。

要求复杂的打工政策——新西兰移民局允许持学生签证的留学生利用业余时间打工，但是需要向移民局提出申请。移民局对留学生打工限制条件相对较多，只有全日制第三级教育机构的留学生有资格申请打工许可。留学时间的长短也会影响到移民局对打工的要求，留学 12 个月以上的留学生可以在圣诞节和新年假期打工；就读于私立培训机构或高等教育院校且预计留学 2 年及以上的留学生、计划在新西兰获取技术移民所要求的学历的留学生、获得学校和家长书面许可的中学 12 或 13 年级的全日制学生、部分满足条件的语言课程留学生、留学半年以上的高校交换留学生，每周最多可以工作20个小时。移民局还严令禁止留学生涉足不良场所的工作，且全日制学生也不能从事个体经营。

开放的移民政策——众所周知，新西兰也是一个移民国家，移民政策比较开放，吸引着来自世界各国不同文化背景的移民。对于留学生来说，毕业后可以通过两种途径达到移民的目的，一是直接申请技术移民，二是先工作一段时间再申请移民。

新西兰技术移民的要求包括年龄、健康状况、品格、英语水平和职业登记几个方面。移民局要求有意向移民的外国人首先要向移民局提交个人情况和移民意向，收到移民局的邀请后才可以正式申请移民。申请者不能超过55岁，身体健康，申请者及其家属无犯罪记录，且英语水平达到雅思6.5，如果申请者家属英语水平没有达到要求则需要参加移民局规定的英语培训。从具体的移民打分系统看，越年轻分数越高，工作经验越长分数越高，工作的行业和地域越符合新西兰的需求越有利，学历越高也越有利。显而易见，新西兰将技术移民的申请对象定位于年轻的优秀技术人才。

留学生毕业后若暂时没有找到工作或者计划短期在新西兰工作，则可以申请“毕业求职签证”（Graduate Job Search Visa）或“毕业工作签证”（Graduate Work Experience Visa）。前者是针对在新西兰取得学位后暂时没有找到工作的留学生，最长12个月，必须在毕业3个月以内申请（但博士毕业可以在6个月以内申请），且需要提供4200新元的资金证明。毕业工作签证则是面向拿到工作录取通知的留学生，有效期2年或3年，但工作内容必须与留学生所取得的学位和证书相关。

（4）新西兰留学政策调整及其影响

在最近一次国际金融危机中，新西兰同澳大利亚很相似，都“逃过了一劫”，虽然国内经济都受到了一定程度的影响，但远不及美、英等国。新西兰的GDP在2008—2009年经历了负增长，2010年才由负转正。新西兰联储也在2010年下半年解除了应对金融危机的临时性措施。在全球性金融危机的推动下，世界各国开始调整经济政策的重点，新西兰也不例外。20世纪80年代末至90年代初，新西兰将留学政策的总体方针从“援助”

调整为“贸易”，并在此后的发展过程中不断围绕教育出口做文章。

调整签证政策，吸引更多留学生——2010 年新修订的《移民法 2009》(*Immigration Act 2009*) 生效，对新西兰签证及移民政策做出重大调整。第一是引入了新型签证“过渡签证”(interim visa)，用于衔接旧签证过期后到新签证签发前的这段时期，使得留学生免于非法滞留，同时要求学生延长签证时重新申请，以确保留学生滞留新西兰目的的纯正性。第二是取消留学生配额制度，以更加开放的姿态招收留学生。第三是延长健康证明和无犯罪记录的有效期，从 2 年延长为 3 年。第四是授权更多的新西兰院校以网上签证申请的权利，从而缩短申请这些学校的留学生的签证办理时间。

修改教育法案，加强留学生利益保护——除在签证政策上做文章外，新西兰还出台《教育法修正案 2011》(*The Education Amendment Act 2011*)，提出建立新的政府机构 (the new crown agency) 推进国际教育的发展，同时还在有关留学生的三个方面进行了修改。第一是要求教育提供方如提供 2 个星期以上的教育服务或者收取学费，则必须将享受该服务的非本国学生登记为留学生。这一规定旨在将更多的留学生纳入到《国际学生照顾准则》的保护范畴之内。第二是启动国际教育申诉机构，调查并裁决由“授权代表”和“准则管理者”提出的有关留学生的投诉。该规定使得留学生可以委托他人代为申诉，避免因语言和文化障碍而妨碍留学生行使投诉的权利。第三是取消教育出口税规则的有效期，因而规则在撤销前将一直有效。该规定将会免去一些不必要的手续，减少学校和相关机构的工作负担。

放宽打工限制，便于降低留学成本——在国际金融危机之前，新西兰于 2005 年放宽了对留学生打工时间的限制，由原来每周 15 个小时以内上调至每周 20 个小时以内，允许打工的学生范围也有所扩大，而且部分学生配偶可获无限制性工作许可。2007 年新西兰政府推出《国际教育计划 2007—2012》后，允许打工的学生范围进一步扩大，在高等教育机构留学 1 年以上的交换学生也可以申请打工。这一系列政策增加了新西兰留学的吸引力，这一点从新西兰高等教育阶段留学生总数的变化上可以窥见一斑。

（三）新兴目的地国留学教育政策

新兴目的地国是指最近几年在国际留学教育市场上崭露头角的目的地国，主要包括新加坡、韩国等。为在国际留学教育市场上招收更多的留学生，这些国家都积极采取多方面政策措施，健全、完善本国留学教育服务，并在可能的范围内提高留学服务质量。总体上看，新兴留学目的地国尽管在留学教育方面没有深厚的积淀，但却可以发挥后发优势，模仿、借鉴传统留学目的地国的经验并在本国现实的基础上创新。与其他类型的留学目的地国相比，新兴留学目的地国通常会制定较为宏大的留学教育发展战略或计划，推动本国从生源国向目的地国转变。新加坡为留住优秀人才，扭转作为留学中转站的尴尬境地，大力促进留学教育的发展；韩国则注重留学教育的规模发展，同时也开始注重留学教育的内涵建设。

1. 留住优秀人才的新加坡留学教育政策

（1）在新留学生基本情况

新加坡是亚洲金融危机后迅速崛起的留学目的地国之一，其留学生数不断增加。据《发展新加坡教育产业》报告显示，2002 年新加坡共有就读于公、私立教育机构的留学生 5 万人左右。从新加坡留学生总体情况看，多数留学生就读于高等教育机构和商业学校，且相当大一部分就读于高等教育机构的留学生受到新加坡政府奖学金的支持，就读于商业学校的留学生则趋向于选择学费低廉的课程。

2002—2008 年新加坡各级各类留学生总数从 5 万人增加到 8.6 万人左右①，2009 年留学生总数继续增加，达到 9.55 万人，其中高等教育阶段留学生数为 40401 人②，但 2010 年新加坡留学生数减少了 0.4 万人，降到

① Minister Lim Hng Kiang's Written Reply to Parliament Questions on Singapore as an Education Hub, Question No. 576 of Notice Paper No. 83 of 2008 [EB/OL].（2008 -05 -26）. http：//app. mti. gov. sg/default. asp? id =148&articleID =14001. 转引自寺倉憲一. 留学生受入れの意義—諸外国の政策の動向と我が国への示唆—. レファレンス [J]. 2009（3）：51 -72.

② UNESCO Institute for Statistics. UNESCO Global Education Digest 2011 [EB/OL]. [2012 -08 -09]. www. uis. unesco. org/Education/Documents/ged-2011-en. pdf.

9.15 万人左右[①]。2012 年 7 月在新留学生总数[②]继续下降到 8.4 万人左右，其中 68% 就读于高等教育机构。另外，从留学生所就读的院校属性来看，52% 的留学生就读于公立院校，48% 的留学生就读于私立院校，公私立院校留学生分布大体相当[③]。

（2）新加坡留学教育政策总体方针

新加坡从 1965 年独立以来很长一段时间里向国外派出了大量的留学生，是留学生输出大国。直到 1985 年李显龙主管下的经济委员会将教育列为未来重点培育和发展的 18 个服务领域之一后，新加坡才逐渐从留学输出国向留学目的地国转变。从此，新加坡不仅将“走出去”留学视为促进国家振兴和发展的途径，而且开辟“引进来”的思路，重视新加坡留学教育的增长潜力和其对经济发展的带动作用。新加坡吸引留学生，不仅是为了追求留学教育所产生的相关经济收益，例如留学生在新加坡的各种消费、创造相关就业机会等，而更多是为了能让留学生毕业后留在新加坡工作乃至移民，以解决新加坡的劳动力及人口结构问题。

伴随新加坡留学教育的不断发展，教育产业所带来的收益也不断增大，例如，2000 年教育产业给新加坡带来了 30 亿新元的收益，占 GDP 的 1.9%[④]。此外，1998 年新加坡经济发展局（EDB）为发展研究生阶段教育，出台了“TOP 10”计划，即在 10 年之内吸引十所世界知名大学到新加坡建分校，加速新加坡高水平技术人才的培养。为了进一步推动新加坡留学教育的发展，2003 年新加坡贸易与工业部下设的经济检讨委员会（Economic Review Committee）服务产业分委员会（Sub Committee on Service Industries）出台了名为《发展新加坡的教育产业》（*Developing Singapore's Education Indus-*

---

① Clark, Nick. International Mobility Data Sources [EB/OL]. [2012-08-09]. http://www.wes.org/ewenr/11apr/feature.htm.

② 此处的留学生总数是指持有学生许可（student pass）的人数。

③ Minister Lim Hng Kiang's Written Reply to Parliament Questions on EDB's Global Schoolhouse Initiative [EB/OL]. [2012-08-09]. http://www.mti.gov.sg/NewsRoom/Pages/Minister-Lim-Hng-Kiang's-written-reply-to-Parliament-Questions-on-EDB's-Global-Schoolhouse-initiative.aspx.

④ Department of Statistics, 2000. 转引自 Developing Singapore's Education Industry [EB/OL]. [2012-08-09]. www.mti.gov.sg/...sg/.../ERC_SVS_EDU_MainReport.pdf.

try）的报告，确立了新加坡将教育产业（industry）发展为商业（business）的远景目标，即发展自给自足的教育生态系统，向世界提供多样而有特色的优质教育服务，从而成为新加坡经济增长、能力发展和吸引人才的推动力。《发展新加坡的教育产业》提出在未来10—15年，教育产业的收入要达到GDP的3%—5%，新增就业机会22000个，新增全日制留学生100000人等发展目标，并划分教育服务市场，针对各市场领域提出建议。2003年经济检讨委员会在各领域分报告的基础上提出了《新挑战，新目标》的中长期经济发展战略，将教育列为信息服务行业，进行重点培育和发展，提出将发展成地区性教育中心的总体目标以及相应的行动措施。同时，服务产业分委员会还推出分报告《促进教育产业的增长》（*Facilitating the Growth of the Education Industry*），在私立学校教育质量、学生签证、师资队伍、教育用地、海外行销五个方面提出推动教育产业发展的具体建议。

表 3.20 新加坡发展教育产业的政策建议

教育市场划分		主要政策建议
高等教育	本科阶段	邀请高质量教育机构在新加坡设立分校或放开大学设置，但要辅以分层认证制度以确保质量；政府为就读于私立大学的本国学生提供财政资助；学生签证需要求资金证明和一定的学术标准，并提供优质服务；提供留学生保险；协调各相关政策；创建透明公平的竞争环境
	研究生阶段	继续向存量开发领域投入；允许专业硕士课程（例如MBA）招收全额付费的留学生；制定鼓励新加坡教育机构间进行合作研究的国家研究基金规划；改善个税规定以吸引一流师资；利用现有激励制度促进基础设施的发展
商业和专业学校		吸引高水平外国服务供应商，促进本地学校发展；实施质量保证制度，帮助教育服务供应商提高产品质量；让官方机构把控办学许可颁发的权力，激励供应商提高质量；给商业和专业学校提供可扩展的共享基础设施；调整签证规定，便于半工半读；鼓励学校与产业界合作；开发潜在小众领域，例如逻辑、语言、信息技术、卫生保健、酒店管理等

续表

教育市场划分	主要政策建议
企业培训和高层经理教育	尝试建立共享、可扩展的培训设施；鼓励企业利用现有资源进入培训领域；鼓励跨国公司在新加坡设立亚太培训总部，以拓宽其业务活动范围；鼓励企业培训中心与本地大学之间展开合作
学前及寄宿学校	教育部要研究讨论开放中等教育是否可行；鼓励学校设施得到更有效的利用；短期内吸引高水平的外国教师，长期则需要自行培养
网络学习及配套服务	招揽全球性大牌公司落户新加坡，发展业务；促进这些大牌公司与本地企业间的合作；建立公开、透明处理国内外诉讼的机构

【资料来源】根据经济检讨委员会服务产业分委员会报告《发展新加坡的教育产业》（*Developing Singapore's Education Industry*）编译。

在经济检讨委员会的报告和政策建议下，2003 年新加坡政府推出了“全球校园计划”（Global Schoolhouse Project），推动新加坡建设成为提供多样化教育服务的亚洲教育中心。该计划确立了三个主要目的，即让教育领域推动经济增长，为经济发展建立产业人才存量，推动吸引、培养和挽留符合经济需要的优秀人才，在此基础上设定了招收留学生数量的具体目标。从颁布实施以来，该计划对于新加坡扩大留学生规模、增强多样性发挥了积极作用。受 2009 年出台的《私立教育法》（*the Private Education Act*）的影响，该计划的实施重点从注重留学生规模的扩大以及教育产业占 GDP 份额的增长，逐渐转向重视产业人才存量建设和推动吸引、培养和挽留符合经济需要的优秀人才这两个方面①。这一转向反映出新加坡留学教育开始进入内涵式发展阶段。

① Minister Lim Hng Kiang's Written Reply to Parliament Questions on EDB's Global Schoolhouse Initiative [EB/OL]. [2012 - 11 - 07]. http: //www. mti. gov. sg/NewsRoom/Pages/Minister-Lim-Hng-Kiang's-written-reply-to-Parliament-Questions-on-EDB's-Global-Schoolhouse-initiative. aspx.

（3）新加坡留学政策的具体措施

分类管理的签证政策——新加坡移民与关卡局（ICA）规定，凡是进入新加坡教育机构进行全日制学习的外国人必须要申请学生准证（student's pass）。但有三类人员例外，即在政府/政府辅助/独立学校/外国体系学校/新加坡教育部注册的幼儿园，或社区发展、青年及体育部许可的托管中心学习的家属准证持有人；移民豁免令持有人；已获得新加坡关卡短期访问准证，并希望在其最初的新加坡关卡访问准证有效期内或30天内（以较短时期为准）完成短期课程的来访者。此外，部分国家和地区的留学生除了申请学生准证外，还需要申请入境签证。

在接到学校的录取通知书后，留学生需要在两个星期的有效期内向移民和关卡局申请学生准证。学生准证要求申请者必须就读于全日制课程，申请要求和程序根据留学生所就读的院校和课程类型而不同。就读于私立教育机构的留学生，在拿到入学通知时要确认该教育机构是否在私立教育委员会注册并得到“教育信托保障”计划（Edu Trust）认证，公立学校和高等教育机构则无此要求。需要注意的是新加坡学生准证中所要求的“担保金”与使馆面签所要求的“银行存款证明”是两回事。前者由移民与关卡局收取，在新加坡交付，但本科和研究生阶段的留学生无须缴纳；后者是用于证明留学申请者有足够的资金支付留学费用。

表3.21　主要教育机构学生准证申请要求和条件

机构类别	对教育机构的要求	本地担保人	担保金	提交时间	处理时间
私立教育机构	在私立教育委员会注册并通过“教育信托保障”计划认证	无要求	5000新元/1000新元/1500新元以上或无要求，因国而异	课程开始前至少2个月以上、6个月以内	通常4周，评级高的机构2周
外国体系学校	需通过“教育信托保障”计划认证	无要求	无要求	课程开始前至少1个月	通常5个工作日

续表

机构类别	对教育机构的要求	本地担保人	担保金	提交时间	处理时间
技术教育学院	—	21 岁以上新加坡公民或永住居民	—	课程开始前至少 1 个月	通常 5 个工作日
公立/受助/独立学校	—	21 岁以上新加坡公民或永住居民	—	—	通常 5 个工作日
理工学院和大学	—	—	—	课程开始前至少 1 个月以上、2 个月以内	通常 5 个工作日（无须入境签证者）；或 10 个工作日（需入境签证者）

【资料来源】ICA. Apply for Student's Pass [EB/OL]. [2012-08-09]. www.ica.gov.sg/services_Center_overview,aspx? pageid=256.

注重考试的入学政策——新加坡在管理留学生招生时采取分类管理、自主招生与政府统一管理相结合的方式。学前、初等、中等及初级学院招生归教育部统一管理，教育部在语言准备、入学年龄等几个方面做出指导性建议，具体招生要求由各学校自行设定。相比之下，高等教育机构（主要是理工学院和大学）拥有较大的自主权，自主制定招生政策。

由于新加坡很长一段时间采用与英国相同的教育制度，尽管近些年一直在不断调整，但是满足条件的留学生仍然要和本地学生一样在几个关键年级参加统一考试，例如 PSLE、GCE "N"、GCE "O" 等。参加这些考试的年级，学校一般不招收新的留学生。申请进入初等、中等教育机构的留学生需要参加由新加坡教育部组织的统一考试——留学生入学考试

（AEIS），而后依据成绩申请学校。

在高等教育阶段，各个学校的招生政策各异，但基本都在以往学业成绩（高中、大学或更高）基础上进行选拔。本科阶段，部分学校和专业还会要求申请者参加入学考试和面试。研究生阶段，录取更强调学术性，不仅要求申请者具有本科学历，而且要成绩优良。除学业成绩外，留学生还需要提供有效的 GRE/GMAT 和托福/雅思成绩，录取后可能还需要参加校方组织的资格考试。

分门别类的学费政策——与英国和澳大利亚相比，新加坡的学费较为低廉。新加坡在不同教育阶段，对留学生实行差别化学费标准。中小学教育阶段，公立学校按本国/东盟/非东盟国家划分学生类别，由教育部规定不同的学杂费标准。到了高等教育阶段，高校首先按照是否接受学费补助（Tuition Grant）区分全额学费和受助学费，受助学费标准则按照本国/永住/国际学生进一步区分为三个档次——本国学生水平最低，永住居民次之，国际学生最高——但国际学生与新加坡公民之间的差距并不是很大。不同的专业学费标准也不同。新加坡国立大学 2012—2013 年度本科生的学费制度就是很好的例证。除学费外，多数院校还收取一定的杂费，如学生公会费、考试费用、医疗服务费、保险费等。每所大学的杂费标准有所不同。另一方面，全额学费对于各类学生都一视同仁，试验类专业学费相对较高。

表 3.22　新加坡国立大学本科部分专业学费标准（2012—2013 年度）

（单位：新元）

学院	全额学费	受助学费		
		新加坡公民	永住居民	国际学生
艺术和社会科学	27200	7460	9850	13730
计算机	34900	7460	9850	13730
工程学	34900	7460	9850	13730
法律	30100	10000	13200	18400
医学（除护理）	116100	21740	28700	40010
理学（除药学）	34900	7460	9850	13730

【资料来源】根据新加坡国立大学主页相关说明整理（http：//www. nus. edu. sg/oam/apply/international/tuitionfee/BYA-tuitionfees. html）。

与就业挂钩的奖学金政策——进入高等教育机构的留学生获得奖学金的机会相对较多。一般不论留学生还是新加坡本地学生，大学入学后自动就有资格申请“学费补助”（Tuition Grant），但是受助学生必须与新加坡政府签订协议，承诺毕业后为新加坡公司工作 3 年，或为新加坡卫生部工作 6 年（医学专业）或 5 年（牙医专业）。

此外，留学生还有机会申请其他类型的奖学金，例如：由与新加坡政府有合作关系的企业（新加坡航空、淡马锡基金会）提供的奖学金；由公共服务部门提供给研究生阶段留学生的奖学金，包括 ASEAN 奖学金、优秀青年奖学金（AStar Youth Scholarship）等。各院校留学生所能申请的奖学金不同。

相对宽松的打工政策——新加坡的留学生打工政策主要由人力部（Ministry of Manpower）制定。按照《外国员工雇佣法》的规定，留学生需要申请工作许可（Work Permit）才能合法打工，但就读于部分高等教育院校的留学生则无须向人力部申请，只需事先征得所在学校同意即可。在放假期间，这类留学生可以全职打工；学期期间每周打工不超过 16 小时。就读于没有得到人力部豁免的教育机构的留学生，需要申请工作许可，获批后才能合法打工。目前，获得人力部豁免、允许其学生在假期打工的院校有 45 所，而允许其学生在假期和学期期间打工的院校有 22 所①。

相对宽松的移民政策——新加坡是一个对移民和外国劳工比较开放的国家，将移民作为改善本国人口结构、获得优秀人才、保持经济活力的重要手段之一。正是基于这样一种理念，在高等教育招生阶段，新加坡政府投入大量的公共财政，在学费上一视同仁地资助留学生，并以此为交换条件，要求受资助的留学生毕业后留在新加坡工作至少 3 年，自然工作准证也不成问题。这些有工作经验的留学生可以进一步申请成为永住居民，甚至申请成为新加坡公民。在这方面，新加坡政府规定了接收永住居民和新公民的配额。相对于欧美国家来说，新加坡的移民政策比较宽松，这也正

---

① Ministry of Manpower. Employment of Foreign Students [EB/OL]. [2012 - 11 - 08]. http://www.mom.gov.sg/foreign-manpower/working-in-singapore/Pages/employment-of-foreign-students.aspx.

符合其招揽世界优秀人才的政策取向——将新加坡从“留学中转站”打造成“移民终点站”。

在具体政策方面，新加坡将外国人按照学历层次和工作经验等进行分类，制定相应的准入政策，在各方面政策上均显示对高层次人才的倾斜，学历水平越高所能享受的优惠政策越多。凡是持有 P 类、Q 类或 S 类工作准证（Work Pass）的外国人都有资格申请永住资格。P 类准证根据申请者的收入水平又分为 P1（月收入 8000 新元以上）和 P2（月收入 4500 新元以上），而 Q 类（月收入 3000 新元以上）和 S 类（月收入 2000 新元以上）签证的要求则相对较低。需要注意的是持有工作许可（Work Permit）的一般工人没有资格申请永住，且最长只能在新加坡工作 2 年，期满后必须离境。就留学生来说，在申请留学时参照新加坡政府制定的《战略和技能需求列表》（*Strategic and Skill-in-Demand List*，SSL）选择就读专业更有助于毕业后移民。因为在审核工作准证和永住的过程中，学历水平、出身院校以及申请者对新加坡的潜在贡献都是考察的主要内容。此外，Q 类准证实际上拓宽了留学生移民的通道，月收入 3000 新元以上的优质院校毕业生都可以申请，积累一定的工作经验后持 Q 类准证的老留学生则可以进一步申请永住资格。拿到永住资格 2—6 年后、21 岁以上的外国人才能申请成为新加坡的公民（Singapore Citizen），享受更多公民权利。纵观新加坡这一系列的移民政策，不难发现从留学生计划到新加坡留学那一刻起，便已经进入一个庞大的人才筛选系统之中。

（4）新加坡留学政策调整及其影响

在最近一次全球性金融危机中，新加坡是东亚第一个出现经济衰退的国家[①]，2008 年和 2009 年连续 2 年 GDP 的实际增长率呈现低迷状态，甚至出现负增长[②]。其中，制造业等几个领域受损最为严重。2010 年以后，新加坡经济又恢复高增长的态势，但仍然不太稳定。与经济状况相联动，

① Shandre M. Thangavelu. Global Financial Crisis：Impact on Singapore and ASEAN. EABER Working Paper Series，No. 29［EB/OL］.［2012－11－12］. http：//www. eaber. org/node/21958.

② Economic Survey of Singapore 2011［EB/OL］.［2012－11－12］. http：//www. mti. gov. sg/ResearchRoom/Pages/Economic-Survey-of-Singapore-2011. aspx? cat = Economic Survey of Singapore.

新加坡政府不断调整国家发展战略和人才战略，在一定程度上影响了留学教育政策。

整顿私立学校，确保教育质量——2009 年新加坡出台《私立教育法》，调整教育领域的治理结构，将教育质量置于核心地位。按照该法的规定，新加坡组建了私立教育委员会（the Council for Private Education），专门管理私立教育，主要通过“强化注册框架”（Enhanced Registration Framework，ERF）和“教育信托保障”（EduTrust Certification）实现，前者是强制性的，后者自愿参加。另一方面，移民与关卡局在签发学生准证的问题上，要求申请者即将就读的私立院校必须是通过“教育信托保障”认证的私立教育机构，这样一来，只有那些教育质量较高且通过私立教育委员会认证的私立院校才能招收留学生，从而客观上形成对留学生合法利益的保护，防止其上当受骗。另外，通过促进教育质量的提高，新加坡教育品牌的声誉也得到了保护。

调整学费政策，拉大留学生与本国学生学费水平的差距——2008—2009 年度以前，新加坡高等教育阶段留学生的学费水平与本国学生相差不大，扣除政府的学费补助后一般高出约 10%①。实行组别学费制度（cohort-based fee system）后，明显出现了几个变化：一是区分新加坡公民和永住居民，二是全面提高学费水平，三是拉大留学生与本国公民之间的差距。虽然理论上提高学费水平可能会导致一部分国际生源的流失，但与欧美地区的传统留学目的地国相比，新加坡的比较优势仍然存在。而且，较高的学费水平可能会促使更多的学生利用学费补助，这就意味着提前招揽了一批优秀人才。

签证政策“一张一弛”，向高级水平人才倾斜——所谓“一张一弛”是指，放宽学生准证要求，同时提高工作准证的要求。2008 年 12 月 15 日开始，就读于私立教育机构的留学生在申请签证时不再需要提供本地担保金，这对于留学生来说无疑减少了负担。但是，国际金融危机过后，新加

① 例如，新加坡国立大学 2007—2008 年度，法律专业本科生的新加坡公民和永住居民的受助学费为 6110 新元，留学生为 6720 新元，全额学费为 25110 新元（数据来自于新加坡国立大学 2012—2013 年度招生政策中关于学费的相关说明）。

坡调整了技术人才政策，先是提高 P1、Q 类和 S 类工作准证的收入水平要求；其次降低外国人在各行业的最高比重（例如，持有 S 类工作准证的外国员工最高比例由 25% 降低到 20%）；再次是收紧对各类外国技术人才实施的优惠措施（主要是携带亲属问题）。从具体政策的变化情况看，P1 准证所受影响最小，而对中等技术人才明显不利。这样的变动体现出向高水平技术人才倾斜的移民政策取向，也正是金融危机后新加坡努力恢复经济发展的努力。然而，对于留学生来说，虽然会有更多的留学机会，但通过相对比较低端的职业技术培训进而移民的路似乎越来越窄。

2. 注重规模发展的韩国留学教育政策

（1）在韩留学生基本情况

韩国近几年来在国际留学教育市场上异军突起，在政府主导下从传统留学生源国逐渐转向留学目的地国，成为国际留学市场上的一匹“黑马”。进入 21 世纪以来，尤其是韩国政府加大推动政策以来，留学生总数迅速增加，从 2001 年的 11464 人增加到 2011 年的 89537 人，增加近 7 倍。

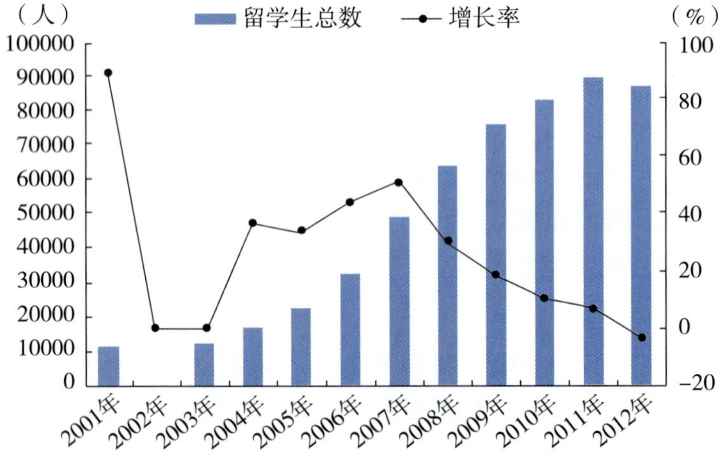

图 3.31 韩国留学总数年度变化情况

注：无 2002 年度相关统计数据。

【数据来源】MOE. 년도국내외국인 유학생통계（2003—2008）[EB/OL]. [2012 - 11 - 15]. http://www.moe.go.kr/web/275/ko/board/download.do?boardSeq=36896；MOE. 년도국내외국인 유학생통계（2012）[EB/OL]. [2013 - 06 - 01]. http://www.moe.go.kr/web/275/ko/board/download.do?boardSeq=82570.

从留学生源国分布情况看，2010 年度中国大陆留学生数量最多、比重最大，占在韩留学生总数的 60%—70%。其次是来自日本的留学生，共 3876 人，占总数的 4.6%。来自蒙古国的留学生数与来自日本的留学生数相差不多，各 3333 人，各占 4.0%。

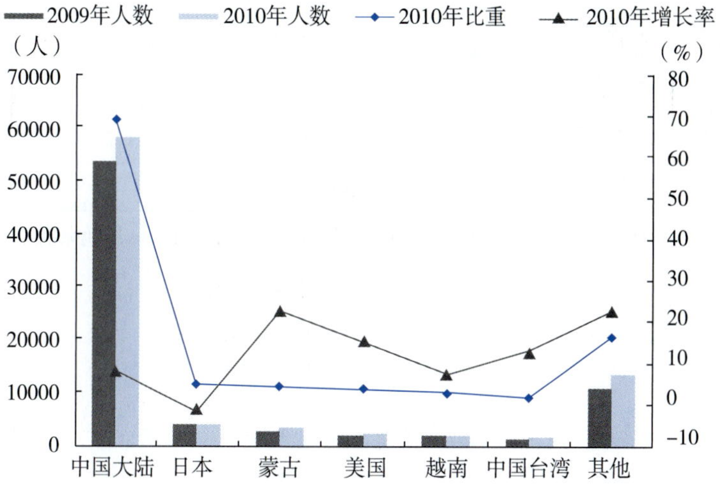

图 3.32 在韩留学生主要生源国分布及年度变化情况

【数据来源】MOE. 년도국내외국인유학생통계 (2010) [EB/OL]. [2012 - 11 - 15]. http://www.moe.go.kr/web/275/ko/board/download.do? boardSeq =48584.

从留学生的经费来源看，绝大多数在韩留学生属于自费留学，但韩国政府和大学也资助一定数量的留学生。2010 年度，自费留学生数达到了 71843 人，比上一年增加 7572 人；韩国政府和大学资助的留学生数均有不同程度的增加，但其他类型的留学生数呈现不同程度的减少。

从留学生就读的专业分布情况看，大部分留学生就读于高等教育，其中就读于人文社会类专业的留学生占一半左右。此外，就读于语言进修课程的留学生比重相对较高。这一点与欧美国家留学生就读专业分布差异较小、理工类专业学生偏多的分布特点形成鲜明对照，反映出韩国文化在吸引留学生方面所发挥的独特作用。2010 年，就读于人文社会专业的留学生达到 42049 人，占 50.2%；其次是语言进修课程的留学生，共 17064 人，占 20.4%；工科类专业的留学生数量也不少，达到 9091 人，占 10.8%。

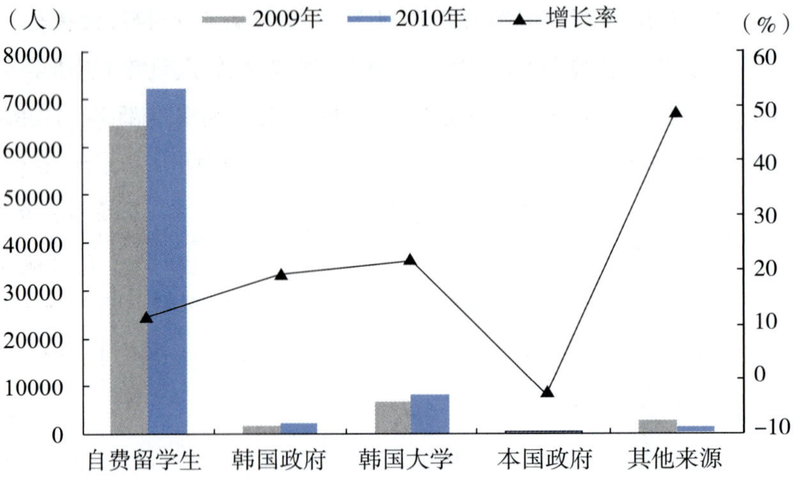

图 3.33 在韩留学生经费来源情况

【数据来源】MOE. 년도국내외국인유학생통계 (2010) [EB/OL]. [2012 - 11 - 15]. http://www.moe.go.kr/web/275/ko/board/download.do? boardSeq = 48584.

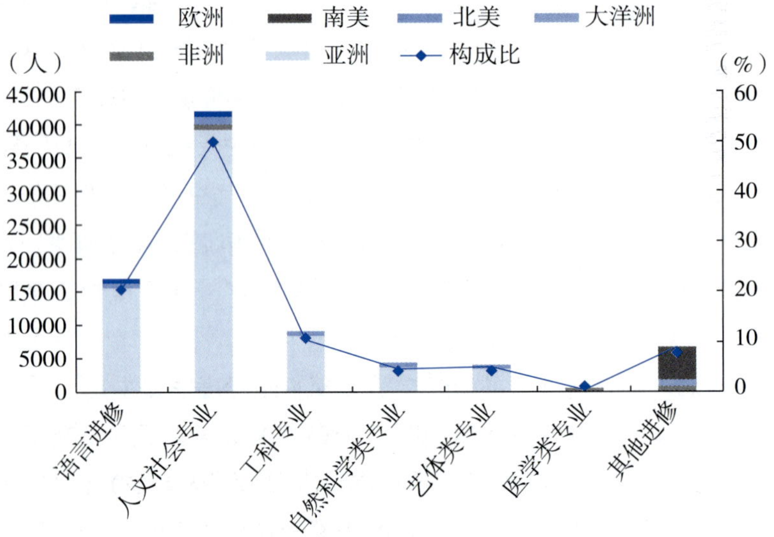

图 3.34 2010 年在韩留学生专业分布情况

【数据来源】MOE. 년도국내외국인유학생통계 (2010) [EB/OL]. [2012 - 11 - 15]. http://www.moe.go.kr/web/275/ko/board/download.do? boardSeq = 48584.

（2）韩国留学教育政策总体方针

韩国长期以来都是主要留学生输出国之一，输出留学生数量仅次于中国和印度。伴随着国际化进程的不断推进和留学市场的发展，韩国也想从中分得一杯羹，既想通过留学教育服务促进建设一流发达国家，又希望以此获得国际化人才，弥补知识经济时代本国人才需求的缺口。

为适应21世纪教育国际化发展的需要，扩大韩国在国际上的影响力，20世纪90年代中期韩国教育部就已经出台推进留学生教育发展的相关政策，例如1995年、1996年向大学下发的《推进改善外国留学生政策》的通知，提出促进韩国大学扩大留学生招生规模。2000年以后，韩国教育人力资源部先后制定了几个促进留学生教育发展的政策。2001年制定了《扩大接受留学生的综合方案一》，主要内容包括：第一，政府对大学英语授课课程的开设给予财政支持；第二，通过提高奖学金和扩建留学生宿舍等改善留学环境；第三，积极吸引东南亚优秀学生赴韩留学；第四，建立专用网站，以便为外国学生提供留学政策说明以及资讯信息等；第五，考虑制定韩国语资格证制度①。但该方案的实施并没有给韩国留学教育带来多大的起色。

2004年韩国政府进一步完善了2001年方案，出台了《扩大接收留学生的综合方案二》，并进一步确定了方案的主题——“学在韩国”（Study in Korea）。2004年的方案基本确立了韩国的留学教育政策从派出向招收的转向。综合方案二中明确提出韩国发展留学教育的目标，即在2010年前吸引5万名外国留学生到韩国学习，从而开发和利用外国人力资源，将韩国发展成为东北亚教育中心。该方案提出了六方面的政策任务，包括增加政府奖学金、发挥海外留学工作网络的作用、加强赴韩留学的宣传力度、改善留学生学习居住条件、促进韩国语以及韩国文化的普及和提高行政办公效率等。

为了保证韩国留学生教育发展计划目标的顺利实现，韩国教育人力资源部等相关部门相继出台了推动留学生教育发展的规章制度。法务部也相

① 高绿路. 韩国高等院校留学生教育的现状及其政策研究［D］. 山东师范大学，2010.

继出台了《外国留学生打工规定》（2002 年）和《外国人语言进修生管理指导》（2004 年）等文件，教育人力资源部国外人力资源政策科公布了综合方案的实施细则——《扩大接收留学生的综合方案的详细推进计划》（2005 年）。在明确的政策目标的引领、政策措施的推动下，韩国留学生规模迅速扩大，从 2004 年不足 1.7 万人增加到 2008 年的 6 万多人，提前实现了计划目标。同时韩国教育部修订了方案二的目标，形成《“学在韩国”发展计划》，计划在 2012 年前招收 10 万留学生。

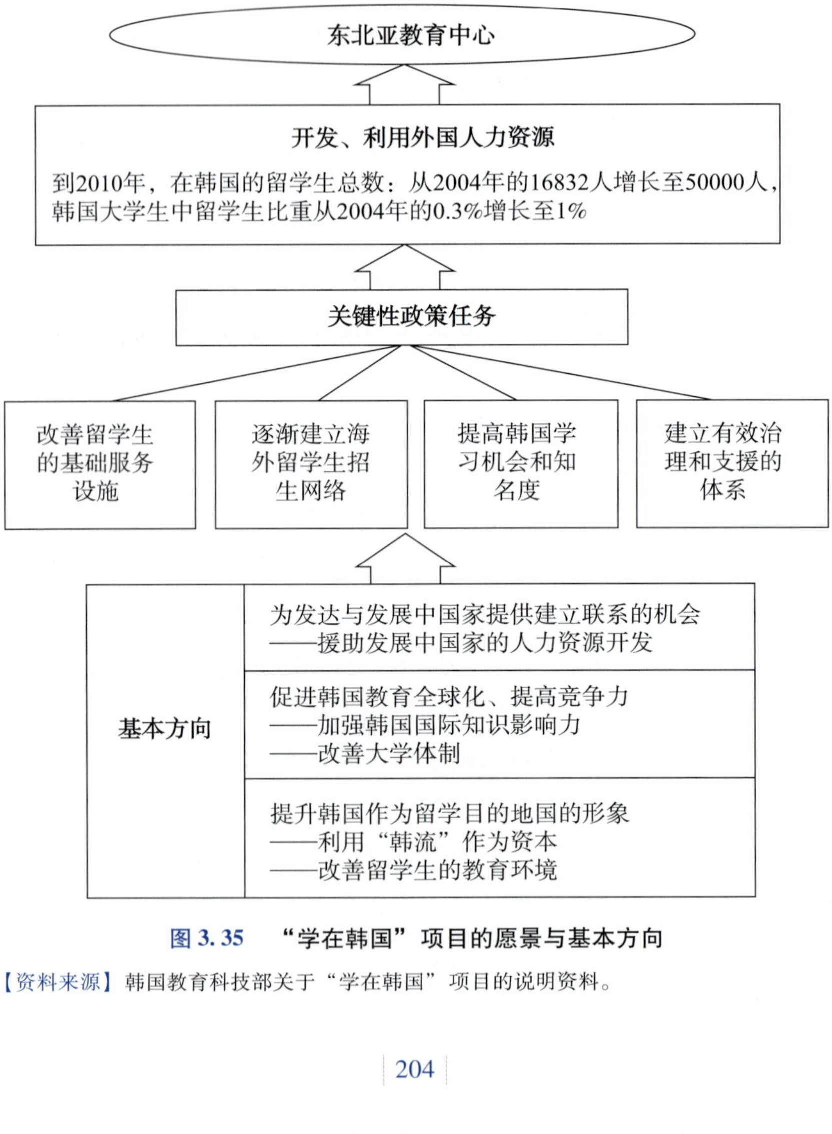

图 3.35　“学在韩国”项目的愿景与基本方向

【资料来源】韩国教育科技部关于“学在韩国”项目的说明资料。

留学生数的迅速增加也暴露出留学生管理中的种种问题。例如，非法打工问题、学习动力不足问题、留学生的流失问题等。2009 年韩国教育科技部注意到留学生管理中存在问题，加大了对留学生管理不力院校的处罚措施，并于当年出台了《外国留学生支援管理改善方案》。与此同时，留学教育质量问题也让韩国教育科技部备感担忧，甚至考虑将吸引留学生的措施和质量管理措施纳入到正在制定之中的“全球教育愿景 2020”里，从而加强这些措施的实施力度①。2011 年韩国教育科技部推出“留学生招生与管理能力认证制度”，促进四年制大学和专门大学提高留学生服务和管理质量。该认证不是强制性的，但通过认证的院校可以获得“全球韩国奖学金”项目以及政府部门多个项目的准入资格，对于院校和留学生来说有一定的激励作用。

表 3.23　“留学生招生与管理能力认证制度”的定量评价指标

指　标	计算方法
负责留学生教育的专任教师比重	负责留学生事务的专任教师数/教师总数 ×100%
韩国派出留学生数及其比重	• 派遣人数：在国外大学取得学费的韩国学生数 • 比重：派遣人数/在校生数 ×100%
交换留学生数及其比重	交换留学生数/在校生数 ×100%
定员的留学生数及比例	留学生数：留学生总数 - 定员差额 比例：留学生比例 × 韩国学生定员充足率
留学生流失率（dropout）	流失的留学生数/留学生总数 ×100%
留学生的多样性	最大生源国留学生数/留学生总数
留学生学费负担的减负率	留学生人均缴纳学费/韩国学生人均缴纳学费 ×100%
宿舍提供率	（住在学校宿舍的留学生数 + 住在其他类型宿舍的留学生数）/留学生总数 ×100%

【资料来源】韩国教育科技部报道资料（2011 年 8 月 12 日、25 日）。转引自日本文部科学省『諸外国の教育動向（2011 年度版）』第 260 页。

① Global HR Division. Strengthened Management of International Students in Korea [EB/OL]. [2011-02-28]. http://www.mest.go.kr/web/42208/en/board/enview.do?bbsId=265&currentPage=7&boardSeq=21044&mode=view.

在2011年先期试点的基础上，2012年韩国正式推出了“大学课程国际教育质量保证体系2012”（The International Education Quality Assurance System 2012 for the Undergraduate Courses），促进高等院校留学生招收的规范化，提高本国院校的留学生管理水平。这一系列政策措施说明，在政府主导下推进的韩国留学教育正在转变思维，由粗犷式发展向内涵发展转变，从一味强调数量的扩张、追赶OECD发达国家①转向对质量的关注和对“学在韩国”品牌内涵的打造。

鉴于赴韩留学生数量的不断增加，2012年韩国再次延续了此前推行的扩大留学生招收规模的政策，教育科技部讨论制定了《“学在韩国”2020计划》（*Study Korea 2020 Project*）。该项目确立了到2020年前要吸引20万留学生的发展目标，提出为实现这一目标，要有战略性地招收留学生，并提供相应的服务，帮助留学生适应在韩国的学习和生活，同时继续加强韩国在海外一直开展的宣传活动②。

（3）韩国留学政策的具体措施

如果说20世纪80年代到90年代中期是韩国大量向国外输送留学生的时期的话，那么90年代中后期至今，尤其是21世纪以来，韩国政府在留学生教育方面的战略部署从“输出”逐渐转为“输入”，有关留学生的各项具体政策和措施也在这个转向过程中迅速制度化。总体上，韩国留学签证要求比较宽松，入学门槛相对较低，学费较为低廉，既有获得奖学金的机会，也可以打工。移民不太容易，但工作签证较为容易获取。

分类管理的签证政策——按照留学生的类别，韩国移民局设置了多种签证，主要包括C—3、D—4、D—2三种。C—3签证是短期综合签证，适合90天以下的语言课程申请人。D—4签证是一般研修签证，适合90天以

① 例如，韩国在2006年6月制定的“VISION2030”中提到的计划是，今后10年韩国外国留学生与在校生比例达到2005年日本的水平（2.2%），再过10年达到OECD国家2005年的平均水平（6.4%）。

② Suh You-mi. New global Korea：From brain drain to brain circulation [EB/OL]. [2012-09-24]. http：//english. mest. go. kr/web/42208/en/board/enview. do? bbsId=265&boardSeq=32686.

上课程的申请人，包括在大学附设的语言培训中心进修韩国语的人，在相当于留学资格的教育机构或其他教育机构（除学术研究机构外）接受教育的人，在国立、公立或公共的研究机构、进修院、团体等进修技术、技能等的人，在外国投资企业或在国外投资的企业等实习或进修的人，从事研究活动的人。一般短期访学拿的基本是此类签证。最后一类是 D—2 签证，属于长期留学签证，适合 90 天以上的语言课程申请人。一般多数就读于高等教育机构的留学生申请的是此类签证，包括欲在根据韩国教育法的规定而设立的专科大学、本科大学、研究生院，或根据特别法的规定而设立的专科大学以上的学术研究机构接受正规课程（学士、硕士、博士）教育，或是欲从事特定领域研究的人。三类签证都对申请者的财力提出一定的要求，C—3 签证要求申请者提供学费缴纳证明，D—4 要求提供财力证明（3000 美元以上的韩元汇款或兑换证明）或大学间学术交流协议，D—2 则要求提供银行存款证明。

院校自主的入学政策——留学韩国可以选择春季入学或者秋季入学，各留学层次的院校对留学生的入学要求存在一定的差异，但总体上的要求主要体现学历、学业成绩、留学计划等几个方面。是否录取留学生的决定权在高等教育院校手中。报考大学的正规课程，原则上需修完相当于小学、初中、高中的 12 年以上的学业年限。对于在外国学完小学、初高中全部课程的外国人，各大学以特例入学考试的方式进行自由选拔，不受额定入学人数的限制。

一视同仁的学费政策——在韩国，大学对留学生和本国学生实行相同的学费标准。国立大学学费一般低于私立大学，人文社会类专业一般低于理工类、艺术类和医学类专业，本科阶段的学费低于研究生阶段的学费水平。相对优惠的学费政策不但有助于留学生节约留学成本，而且也有助于提高韩国留学的吸引力。

表 3.24　韩国大学平均学费标准

类别	系列类别		费用（美元/学期）
国立大学	人文社会类	本科	2000—2300
		研究生	2500—2700
	理工类	本科	2500—2800
		研究生	3000—3300
	艺术类	本科	2800—3000
		研究生	3500—3800
	医学类	本科	4300—4400
		研究生	4000—5100
私立大学	人文社会类	本科	3000—3500
		研究生	3800—4000
	理工类	本科	4000—5000
		研究生	5000—6000
	艺术类	本科	4000—5000
		研究生	5000—6000
	医学类	本科	5000—6000
		研究生	6500—7000

【资料来源】根据学在韩国官方网站. 留学费用［EB/OL］. ［2012－11－15］. http://www.studyinkorea.go.kr/cn/sub/overseas_info/Korea_edu/edu_cost.do 相关说明编制。

重在吸引人才的奖学金政策——韩国政府为了吸引世界各国留学生，促进韩国高等教育的国际化，先后制定了多项针对留学生的奖学金项目，以奖学金为突破口，由政府牵头推动项目实施。目前，教育科技部、文化体育观光部、外交通商部等都设有以留学生为资助对象的奖学金，2010 年这些由政府部门提供的奖学金整合为“环球韩国奖学金”（Global Korea Scholarship，GKS）。GKS 奖学金体系中既包括面向本科生和研究生的奖学金，也包括面向交换留学生、艺术类留学生的奖学金。但政府奖学金所能惠及的留学生十分有限，且对学业水平的要求比较高。除政府外，很多韩国大学也向留学生提供种类多样的奖学金，这些奖学金主要是根据成绩决定，一般会减免留学生学费的30%—100%，以提高韩国高等教育机构的吸引力。另外，韩国高等教育财团也向亚洲各国的教授或研究员提供资助，促进亚洲地区人才的培养。

利于节约留学成本的打工政策——韩国在调整留学生政策的过程中一并调整了留学生打工政策，法务部2002年专门出台《外国留学生打工规定》，规范留学生的打工行为。按照要求，持有D—2和D—4签证的留学生可以申请打工，但是必须要在高等教育机构（至少是大专）修完6个月课程。申请打工的留学生必须要得到指导教师的同意。学期期间，每周打工时间不能超过20个小时；放假期间，打工时间不受限制。这一政策对于留学生降低留学费用无疑具有十分积极的意义。

严格控制的移民政策——韩国作为一个半岛国家，国土面积狭小，民族单一，资源相对有限，因而在移民政策上相对比较严格。但是，对于优秀人才在韩国就业，其签证政策则相对宽松。按照韩国《移民管制法》的规定，毕业于韩国大学理工类专业的本科生和毕业于人文社会类专业的硕士生可以在毕业后直接留在韩国从事全职工作，无须再申请入境许可。按照所从事的工作性质，在韩留学生可以申请将D—2签证换为E—1（教授）、E—3（研究）或E—7（特定活动）签证。其中，转为E—3签证要求留学生必须是科学技术类专业的毕业生。此外，对于成绩优异的留学生，修完7个学期的课程（硕博留学生修完3个学期）后，便可申请将留学签证换为相应的工作签证。

（4）韩国留学教育政策的调整及其影响

韩国素来与美国之间存有密切的经济关系，因而2008年国际金融危机不仅给韩国金融体系带来了巨大冲击，而且也波及了实体经济①。韩元汇率在此次全球性金融危机中出现较大震荡，资产大幅缩水。对于众多赴韩或准备赴韩的留学生来说，留学成本会有所降低。但同时受金融危机的影响，留学生毕业后的就业前景可能不容乐观。近几年来，韩国政府不断加

---

① 新华网．金融危机对韩国的影响及应对措施［EB/OL］．（2008-11-16）［2012-11-16］．http：//news. xinhuanet. com/world/2008-11/16/content_10365695. htm.

强与亚洲地区的联系，力图将韩国打造成为东亚地区的教育中心，在留学教育相关政策上也作出调整，以吸引留学生，推动本国教育服务贸易的发展。

放宽打工政策和签证要求，吸引多层次留学生——2008 年以前，在韩国的留学生中，只有持 D—2 类签证，即长期留学签证的留学生才有资格申请打工。2008 年以后，韩国放宽了对留学生打工的限制，将允许打工的留学生范围从原来的 D—2 签证持有者拓宽到包含 D—4 签证中留学期限半年以上的留学生。这样，部分就读于语言课程的留学生和交换留学生也可以从事校外打工，便于降低留学成本。这一政策调整对于想以较低成本留学韩国，但需要从语言课程开始学起的留学生来说十分有利。除放宽留学生打工限制外，韩国法务部 2009 年 6 月开始放宽了对外国人在韩国就学的签证要求，即持合法签证的外国人在不违反所持签证的目的和停留期限的前提下，无须申请资格外活动许可便可以进入韩国正规教育系统学习，包括中小学、学院及大学。这一政策惠及多种签证持有者，包括 D—1（文化活动）、D—5（记者）、E—3（研究）等①。

扩大奖学金受惠范围，吸引优秀留学生——伴随着韩国留学生数量的不断增加，2010 年韩国对中央政府支持的奖学金项目进行了有机整合，把多个相关奖学金项目统合到 GKS 总体性项目之下，便于政府推动教育交流的展开。整合后的 GKS 项目更注重通过提供“软件”援助，支持发展中国家的教育人力资源开发。GKS 项目不仅仅是简单地将原有留学生奖学金统合到同一个项目名称下，它还提高了留学生奖学金的资助力度，扩大了资助名额，调整了奖学金的侧重点。2012 年出台的《“学在韩国”2020 计划》中进一步明确了增加 GKS 预算的具体目标，即到 2015 年 GKS 的预算额要达到 1000 亿韩元，每年新邀请的留学生数达到 1000 人，2020 年预算额进一步扩大到 2000 亿韩元。

---

① Registered Foreigners in Korea Can Study Without Permission Starting from 15 June 2009 [EB/OL]. [2012-11-19]. http://www.immigration.go.kr/HP/COM/bbs_03/ListShowData.do?strOrgGbnCd=104080&strFilePath=imm80/&strRtnURL=IMM80_3010&strNbodCd=noti0090&strNbodCd=noti0090&strWrtNo=2362&strAnsNo=A&strThisPage=4.

整顿教育服务提供市场，改善留学生管理质量——留学生数量的增加以及留学生层次的多样化使得留学教育出现问题的几率大大增加，再加上韩国私立教育机构对留学生的管理松懈，进一步加剧了留学生非法打工和辍学等问题。鉴于此，韩国政府2009年修订出台了新的《留学生支援与管理改善方案》，从本国的教育服务提供方入手，促进本国教育机构改善留学生招收和管理质量，从而打造“学在韩国”的国际教育品牌。在留学生招收方面，该方案规定了基本的招收条件。在留学生服务和管理方面，该方案要求满足条件的校方设立留学生中心，提供学习、生活等多个方面的服务和指导。

（四）国际留学教育政策综合考察

1. 影响留学教育政策制定的主要因素

伴随国际化进程的不断推进，世界各国自进入21世纪以来，尤其是2008年国际金融危机前后纷纷制定国际教育发展战略，积极推动留学教育发展，偏重于吸引留学生到本国就读。影响各国制定留学教育政策的主要因素可以归纳为五个方面，即本国在国际留学市场的定位、经济发展状况、劳动力状况、社会文化与语言、国际政治关系。

（1）国际留学教育市场上的定位

纵观世界几个主要留学目的地国的留学教育政策，不难发现，留学教育政策制定的最基本出发点在于对本国在国际留学教育市场上的现状与预期目标之间差距的认识。伴随留学教育产业化发展的不断深入，全球留学生总数持续增加，2000—2010年高等教育阶段留学生总数从210万人增加到410万人①，十年间增加了近一倍，相当于此前三十年的增长总量。在这个迅速变化的国际留学教育市场中，各国纷纷制定适宜的留学教育政策，分析本国目前的留学教育状况，设定未来五年、十年，乃至更久的发展目标。留学教育政策的目的就是消除从现状到目标的差距，如何认识这

---

① OECD. Education at a Glance：OECD Indicators 2012［EB/OL］.［2012-11-29］. http：//www. oecd-ilibrary. org/education/education-at-a-glance_19991487.

个差距，采取怎样的方法、手段逐渐缩短差距，促进发展目标的实现，是影响留学教育政策制定的重要因素。

（2）产业结构与经济发展状况

在全球化时代，世界各经济体已紧密地联系在一起，成为一个不可分割、相互依存的有机体。同时，日益激烈的国际竞争伴随知识经济社会的崛起逐渐聚焦于“软实力”，人才成为决定国家竞争力的核心要素。人才需求的总量、层次、类型等都受制于产业结构和经济发展状况。经济发展水平的提高和产业结构的调整必然会对人才需求提出新的要求。从第一产业到第二产业，再到第三产业，产业结构的不断升级同时也要求劳动者的素质随之调整。总的来看，第一、第二产业对中低端劳动力需求相对旺盛，而第三产业对于技能型劳动力需求更大。在知识经济社会中，第三产业进一步升级，对劳动力的需求不只是强调技能，也更加强调劳动者的创新意识。这些经济因素都在不同程度上推动各国采取相应的政策措施，引导留学生的专业、层次结构的变化，以更有效、更便利地满足本国经济发展的需要。

另外，从宏观层面来讲，世界经济发展的总体状况也在一定程度上影响着留学教育政策的制定。2008 年爆发的全球性金融危机在某种意义上促进了各国加快调整留学教育政策的步伐。金融危机爆发后，世界经济中心从美国独大逐渐转向多元化，伴随这个过程，各国无论是从留学教育产业的角度出发，还是从国际人才战略的角度出发，都在积极地推出符合本国需要的留学教育政策。

（3）劳动力状况

与产业结构和经济发展状况紧密相关的另一个影响留学教育政策制定的因素，是一国在一定时期内的劳动力状况。在全球化时代，人才的流动不仅仅限于地理空间上的一国之内，随着世界各国间联系的紧密程度不断加强，国际人才流动亦成为一种值得注意的现象。在这个背景下，有三种办法可以解决一国劳动力的短缺问题：一是调整本国高等教育专业设置，培养急需的技术人才和紧缺行业人才；二是实行技术移民，对于特定行业和特定层次的人才给予政策优惠；三是通过留学教育储备潜在人才，扩大人才选择范围的同时，在一定程度上消解技术移民中所内含的被动性。伴随留学生的到来，留学目的地获得的不仅是潜在的人才，同时也获得了一大批低端劳动力（主要是通过留学生打工实现），这有助于节约劳动力成本。也正因如此，世界各国普遍允许留学生利用业余时间打工，也给留学生就业或移民提供一定的优惠政策。

（4）社会文化与语言

社会文化传统也是影响一国留学教育政策的一个不可忽略的因素。一个社会对外国人的包容程度影响着留学生接收的总量、留学生移民政策等多个方面。社会包容性越高，对留学生的政策则可能更为开放，对留学生数量的限制也会随之放松或取消。同样，在留学生毕业后移民这个环节上，社会包容性较高的国家，移民政策相对灵活、宽松。

此外，语言也在潜移默化地影响着留学教育政策。在英语占绝对优势的全球化时代，按照英语与母语之间的关系，可以将世界各国大致划分为三种类型，即英语为母语的国家、英语为第二语言的国家、英语为外语的国家。语言环境的不同在一定程度上决定了留学教育市场的侧重点和留学生的招生政策等。例如，在以英语为官方语言的新西兰，语言课程被视为留学教育产业的重要部分，在招生、签证等多个方面都出台了相应配套政策。而在日本，英语既不是母语又不是第二语言，因而在制定留学生政策时必须要考虑对留学生的语言要求问题。另外，非英语国家的留学生政策还涉及留学教育课程、非英语语言教育等多方面的问题。

（5）国际政治关系

除上述几个因素外，国际政治关系也不容忽视。第二次世界大战以后的留学教育，多是融合在国际发展援助的框架下，重视维护文化友好关系和价值输出，以增强政治影响力为最终目的。20 世纪 80 年代中期以来，各国财政状况吃紧，在国际发展援助框架下的留学教育逐渐远离人们的视线，代之以市场经济框架下的留学教育。尽管如此，国际政治关系仍是影响签证政策的重要因素，尤其是国际政治突发事件，对留学教育政策影响相对较大。国际政治关系对留学教育政策的影响，主要体现在签证政策和就业、移民等方面。尤其是对于发达国家来说，留学政策往往与外交战略和国家利益紧密联系在一起。例如，澳大利亚的签证政策将不同国家和地区划分为不同的风险等级，对各等级的签证实行分类管理；“9·11”恐怖袭击事件后，美国收紧了签证政策，对部分敏感专业实行“螳螂政策”，以达到保卫国土安全的目的。

2. 新兴留学目的地国扩大留学教育市场的政策措施

（1）扩大海外影响的教育宣传措施

面对竞争愈发激烈的留学教育市场，新兴留学目的地国在吸引留学生方面采用了多种途径和手段宣传本国教育，力图形成品牌效应。扩大海外影响的教育宣传措施多种多样，既有通过媒体进行的直接宣传，也有通过文化、教育交流活动等进行的间接宣传。在当今信息化的时代，教育宣传的途径和手段不仅限于传统的媒体，例如，报纸、电视广告等，各国还建立专门的教育宣传网站，集宣传与留学信息服务于一体。这些网站往往都有政府部门的支持，形成从入门到出口一条龙的服务系统，方便世界任何一个角落的任何人认识、了解、选择本国的教育服务。教育宣传网站还常与本国特色文化相结合，以文化为载体和魅力源吸引留学生，韩国便是很好的一例。

除专门的官方留学服务网站外，新兴留学目的地国还积极组织留学教育展，招生院校在本国政府的带领下走出国门，突破“酒香不怕巷子深”的观念局限，深入到主要的出国留学市场，给留学教育需求者提供更直接、真实、有效的信息，宣传本国教育，吸引留学生。不仅新兴留学目的地国，众多传统留学目的地国也积极开展留学教育展，例如美国从2000年开始在国务院和教育部的推动下每年在国内外举行国际教育周（International Education Week）活动，澳大利亚、新西兰、英国、法国、加拿大等也在海外开展留学教育展等相关活动。

（2）利于提高市场占有率的招生政策

招生政策对于推动留学教育的发展也具有不小的影响，利好的招生政策无疑有助于提高留学教育市场的份额。纵观几个新兴留学目的地国利好的招生政策，不仅包括拥有留学生招生自主权的院校放宽入学要求，也包括招生政策与教育质量管理等其他相关政策相互联动。例如，新加坡2009

年出台《私立教育法》，将留学生招生的限额与院校的评价级别挂钩，院校质量越高，所能招收的留学生数量越多。

与多数传统留学目的地国不同，新兴留学目的地国在拓展留学教育市场的过程中，不仅会面临本国教育在国际留学教育市场上的认可度问题，更会面临本国教育机构在招收留学生方面的动力和积极性问题。在传统留学目的地国，高等教育阶段留学生的招生与本国学生招生同属一个框架下，由政府主管部门出台原则性的限定政策，由院校自主决定留学生招生数量和原则，因而留学生的数量往往受到录取名额的限制。在韩国这样的新兴留学目的地国，招生政策则大不相同。韩国《高等教育法实行令》规定，外国留学生的招生是正式招生名额之外的“特别招生”，不受录取名额的限制，高校能够充分发挥自主招生权①。

（3）提高满意度的保障与服务措施

在强调内涵发展的时代，仅仅招收到留学生并不能保证本国留学教育的持续发展。完善的保障和服务措施是提升留学教育质量的一个重要手段。新兴留学目的地国往往在留学生管理、保障和服务方面的经验积累比较薄弱，在推动本国留学教育发展的过程中容易出现因管理不善等而出现的种种问题，例如留学生非法打工、辍学、人身安全受到威胁、就医困难等，对于留学教育的健康发展造成不利影响。鉴于此，新兴留学目的地国借鉴别国经验，积极出台维护留学生利益、提高服务质量的相关政策措施，推动留学教育的内涵发展，提高留学生的满意度。这些政策措施大致包括两方面的内容：一是促进留学体验满意度提升的政策措施，主要包括留学教育质量保障措施、调整规范留学教育机构行为的措施等；二是针对留学生的生活、健康、就业等采取的一些保障与服务性措施，例如生活咨询、就业支援、编制生活指南等。例如，新加坡 2009 年出台《私立教育法》，调整、规范私立教育机构在留学教育方面的行为；韩国在 2004 年出台了《外国人语言进修生管理指导》，2009 年又出台《外国留学生支援管

① 梁美淑. 21 世纪以来中韩外国留学生教育政策的重要进展与展望［J］. 世界教育信息，2008（9）：13－16.

理改善方案》，2011 年推出了“留学生招生与管理能力认证制度”，继而又出台了“大学课程国际教育质量保证体系 2012”，这一系列的政策措施恰恰反映了新兴留学目的地国在推动本国留学教育发展中所做的努力。

（4）提高吸引力的就业与移民政策

在知识经济时代，人才是关键。新兴留学目的地国在推动本国留学教育发展的过程中，除前面提到的几个政策措施外，还注意将留学生的需求与本国人才和经济发展等方面的需求相结合，在就业与移民方面体现得较为明显。对留学生来说，利好的就业和移民政策无疑是有助于降低和回收留学成本，有助于满足留学生毕业后的就业和移民需求；对留学生接收国来说，适当的就业和移民政策既有助于引进优质人才、弥补人才短缺，也有助于留学教育作为服务产业的发展。新加坡为了能够通过留学教育吸引、留住优秀人才，将奖学金和留新工作捆绑起来，留学生接受奖学金的同时也需要履行毕业留新工作 3 年的义务；此外，新加坡还建立了向高水平国际人才倾斜的移民通道，刺激高层次留学生移民。而在韩国，移民政策与留学教育的联系小，主要是通过便于就业的签证政策来实现对留学教育的刺激。韩国《移民管制法》在办理就业签证手续方面给毕业于韩国理工专业的本科生和人文社会专业的硕士以上留学生以一定的政策优待。

二、中国留学教育政策

“留学政策是中国政府公共政策的重要组成部分，是国家决策层根据一定时期的基本国策、国际关系、价值标准与合理性原则，对留学活动实施管理、服务、控制和调节的制度性规定。其主体内容和实施导向是由国际和国内的政治、经济、文化状况以及中国对外关系所决定。”[①] 留学政策反映了一个国家或政府的价值取向，也直接影响到学生流动的规模和走

① 苗丹国，程希．1949—2009：中国留学政策的发展、现状与趋势［J］．徐州师范大学学报：哲学社会科学版，2010（3）．

向。中国留学政策是中国政府依据国内的政治环境、经济发展和人们对教育的需求等状况以及国际关系和外交要求而制定的对出国留学和来华留学实施调控、管理、服务的制度性规定。它对学生的国际流动具有较强的制约和导向作用，是推动学生国际流动的重要的外部力量。从改革开放至今，中国在实践探索中稳步前进，到目前形成了比较稳定的留学教育政策。

（一）改革开放后留学教育政策逐步完善

1978 年 12 月，党的十一届三中全会召开，党的工作重心转移到经济建设上来，中国进入了改革开放的社会主义建设新时期。改革开放政策改变的不仅是中国的经济发展模式，同时也带动了中国与外国教育交流的发展，留学教育迈进了一个全新的发展时期。1977 年 5 月 24 日，邓小平在《尊重知识，尊重人才》的谈话中指出："我们要实现现代化，关键是科学技术要能上去。……没有知识，没有人才，怎么上得去?"[①] "在人才问题上，要特别强调一下，必须打破常规去发现、选拔和培养杰出人才。"[②] 同年 8 月，在科学和教育工作者座谈会上，当谈到接受华裔学者回国问题时，他高屋建瓴地指出："我们要创造条件，盖些房子，做好安置他们回国的准备工作。他们回国总要有个家，总要有必要的工作条件吧！接受华裔学者回国是我们发展科学技术的一项具体措施，派人出国留学也是一项具体措施。"[③] 1978 年 3 月 18 日，邓小平同志在全国科学大会开幕式上的讲话中指出："独立自主不是闭关自守，自力更生不是盲目排外。"他强调："我们要积极开展国际学术交流活动，加强同世界各国科学界的友好往来

① 邓小平. 尊重知识，尊重人才［M］//邓小平. 邓小平文选：第二卷. 北京：人民出版社，1994：40－41.

② 邓小平. 在全国科学大会开幕式上的讲话［M］//邓小平. 邓小平文选：第二卷. 北京：人民出版社，1994：95－96.

③ 邓小平. 关于科学和教育工作的几点意见［M］//邓小平. 邓小平文选：第二卷. 北京：人民出版社，1994：57.

和合作关系。”① 邓小平的这一讲话精神成为新时期中国教育科学文化对外开放政策的先声。

改革开放以来的30多年间，为适应经济、科技的改革与发展的需要，教育部等有关部门出台了有关出国留学、归国工作的政策文件共计400余件。在不断探索和总结经验的过程中，中国留学教育经历了恢复、调整以及规范化发展阶段。

1. 形成自费和公派留学相互补充的出国留学格局

出国留学是中国培养高层次人才的重要手段，也是中国教育领域的一项长期举措，随着中国社会经济的发展，出国留学政策也在不断调整与发展。在出国留学政策的指导下，目前中国已经形成了以国家公派、单位公派和自费留学互相补充的出国留学格局。

（1）出国留学恢复和起步阶段（1978—1985年）

1978—1985年为出国留学政策恢复和起步阶段，这一阶段的公派留学政策为“突出重点，统筹兼顾，保证质量，力争多派”；同一时期，我国开始制定自费留学政策，并启动留学回国政策。

增加公派留学生数量——1978年是中国留学教育发展的重大转折点。为了实现四个现代化，尽快缩短中国与西方国家的差距，这一年，中国改革开放的总设计师邓小平提出要把派遣留学人员作为实行对外开放的一个重要措施，做出了扩大派遣留学生的重要部署。1978年3月，中国政府选拔了23名“尖子”，于5、6月间将他们派往加拿大、英国、法国、日本、澳大利亚和新西兰等国学习。同年6月23日，邓小平在清华大学听取教育部工作汇报时说：“留学生的数量要增大，主要搞自然科学。这是五年内快见成效，提高中国水平的重要方法之一。要成千成万地派，不是只派十个八个。我们要从外语基础好的高中毕业生中选派一批到外国进大学，今年选三四千，明年派万把人。这是加快速度的办法。现在我们的格格太小，要千方百计加快步伐，路子要越走越宽。我们一方面要努力提高自己

① 邓小平．在全国科学大会开幕式上的讲话［M］//邓小平．邓小平文选：第二卷．北京：人民出版社，1994：91．

大学的水平，一方面派人出去学习，这样也可能有一个比较，看看我们自己的大学究竟办得如何。教育部要研究一下，花多少钱都值得。”①这一重要指示在新时期出国留学史上具有重要的开创意义，也是制定中国新时期留学政策的最重要的指导思想，从而翻开了新时期中国留学教育崭新的一页。

为响应邓小平的倡议，1978 年 7 月 11 日教育部向中共中央和国务院呈报《关于加大选派留学生数量的报告》，就留学生的选派原则、选派方式和选派规模等具体事项做出规划，拟“主要向西方国家扩大派遣留学人员”，报告提出选拔的出国留学生包括大学生、研究生和进修生，其中以大学生为主。出国留学生所学专业应本着“保证重点、兼顾一般”原则，以自然科学为主。同年 8 月，教育部的报告获国务院批准，教育部发出了《关于增选出国留学生的通知》，提出要高度重视留学人员的选派工作，专业主要为理工科相关专业。《关于增选出国留学生的通知》明确了这一时期的留学生的类别及派遣方针，即“要选拔大学生、研究生和进修生出国留学，并应以理、工、农、医为主”。在上述方针指导下，1978 年 10 月，以著名科学家周培源教授为团长的中国教育代表团赴美访问，同以美国国家科学基金会主任理查德·阿特金森为首的美国代表团经过艰苦谈判，达成非官方口头谅解，双方互派留学生。首批留学生派遣工作立即展开。1978 年 12 月 26 日，首批由科技和教育工作者为主的国家公派留学生共 52 人在邓小平访问美国以前离京，飞抵美国。

1979 年初，邓小平率团访问美国，在与美国总统卡特所签的中美关于《科学与技术合作协定》中，将中美关于派遣留学生的口头谅解作为正式协议进行签署。同年，教育部成立出国留学培训部和集训部。此后，中国政府和民间教育代表团纷纷出访日本、加拿大等国，同时也接待了各国访华代表团，商谈互派留学生事宜。与美国达成协议后，原国家教委陆续与英国（1979 年）、埃及（1979 年）、加拿大（1979 年）、荷兰（1979 年）、

① 沈頔. 改革开放三十年中国留学事业之回顾与思考［J］. 四川行政学院学报，2009（1）：77－79.

意大利（1980年）、日本（1981年）、联邦德国（1981年）、法国（1981年）、比利时（1981年）、澳大利亚（1986年）等国政府达成交换留学生协议。[①] 随后，开始有中国留学生赴英、日、德、法等西方发达国家求学，与苏联及东欧各国互派留学生的工作也逐步恢复，从而掀起了中国近现代以来最大规模的出国留学热潮。为进一步调整和完善出国留学人员选派政策，1979年8月，国务院批准了教育部、外交部、国务院科级干部局提交的《关于改进出国留学人员工作的请示报告》，提出出国留学人员"要经过复查选拔，保证质量，力争多派……从1981学年起逐步加大研究生派出比例"。1979年12月底到1980年初，教育部和国务院科级干部局召开了"文革"后首次"全国出国留学工作会议"，会议进一步明确了派遣留学人员出国学习的方针是"在确保质量的前提下，根据国家需要和可能，要广开渠道，力争多派，必须坚持以自然科学、技术科学为主，兼顾其他方面的原则"。即"以培养高校师资和科技人员，以学习自然科学、技术科学为主、自然科学中以技术科学为主"的"三为主"方针。[②]

为了适应大量派遣留学人员工作的需要，1979年以后，中国在留学人员较集中的国家，例如美国、加拿大、日本、英国、法国、德国、澳大利亚、俄罗斯等国，设立了40多个教育处组。努力为留学人员服务，保护留学人员在外的合法权益，为推动出国留学工作的发展起到了重要作用。[③]

1980年10月，教育部等六个部门召开了出国留学人员管理工作会议，通过了《关于出国留学人员管理工作会议情况的报告》。会议进一步明确了派出留学人员的方针，即"突出重点，统筹兼顾，在保证质量的前提下争取多派一些，并在最近几年内保持派遣数量相对稳定"。上述会议第一次提出单位也可派出留学人员，提出了有关计划、选派工作的改进意见。1980年11月，教育部等部门根据实际情况对派遣人员做出调整，提出应

---

① 宋健．百年接力留学潮［N］．科技日报，2003-02-12.

② 苗丹国．中国留学六十年：当代中国的出国留学政策与引导在外留学人员回国政策的形成、变革和发展［M］．北京：中央文献出版社，2010：188.

③ 韦钰，出国留学工作二十年：纪念邓小平同志关于扩大派遣留学人员讲话20周年［N］．光明日报，1998-06-28.

多派研究生，少派或不派本科生。

1980 年 12 月 25 日，国务院科级干部局在上报国务院的《关于一九八一年选拔留学人员计划的请示报告》中上两年留学生派出情况，提出要“充分发挥各部门、各地区的积极性，广开渠道，择优选拔，保证质量，力争多派”。“派出对象，以研究生和进修生为主，增加研究生比例，减少大学生数量”，并建议留学选派政策的重点转向读取更高学位的研究生项目。之后的《关于一九八二年选拔留学人员计划的请示报告》对留学生重点学习专业做了详细规定，提出“在学科安排上，仍以自然科学为主，适当增加社会科学和管理科学名额”，而且要根据中国发展国民经济和科学技术的重点项目和优先顺序来安排重点专业。

1982 年 4 月 2 日，为了开拓派遣渠道，探索逐步扩大选拔派遣博士留学生的数量和途径，教育部印发《关于 1982 年试行选拔出国留学攻读博士学位研究生的通知》，要求本着德智体全面衡量、择优录取、确保质量的原则，选拔具备出国条件的优秀人才出国攻读博士学位，出国留学攻读学位层次进一步提高。此后，国家公派留学项目进一步增加选派出国攻读学位的研究生，并加快了派出速度。

奠定自费出国留学事业发展的政策基础——1978 年以前，受政治、经济等多方面因素影响，中国自费出国留学人数很少。1949—1978 年，中国以自费留学方式出国的人几乎为零，国家也没有针对自费留学的统一政策。随着公派留学生的派出，自 1979 年以后，申请自费留学人员日益增多，而我国的留学教育政策对自费留学的范围和手续等却缺少相关规定，自费出国留学审批缺少透明度。1981 年 1 月 14 日，国务院批准并转发教育部、外交部、公安部、财政部、国家人事局、国务院科级干部局和国家劳动总局七个国家部委局《关于自费出国留学的请示》，同时印发《关于自费出国留学的暂行规定》，这是新中国成立以来第一个关于自费出国留学的政策性文件，奠定了中国自费出国留学事业发展的政策基础，也是中国政府在实行“对外开放”政策中迈出的最大胆的一步。

《关于自费出国留学的暂行规定》明确了自费出国留学的性质、自费留学与公费出国留学的关系等，明确了“自费留学人员是国家出国留学人员的组成部分；对自费留学人员在政治上与公费留学人员一视同仁；但在申请条件上有一定的限制”。该项规定明确了自费留学是培养人才的渠道之一，且对在校学生和高校毕业生自费留学没有限制。

鉴于《关于自费出国留学的暂行规定》不针对在校研究生。1981 年 9 月，教育部发布了《关于在校研究生自费出国留学问题的通知》，对在校研究生自费出国留学做出了严格规定。该规定明确：“国内培养的研究生，应该在国内完成学业。在学期间的研究生（包括应届毕业研究生），不得中途停止学习，申请自费出国留学……研究生毕业时，应当服从国家统一分配。如拟自费出国留学，要到工作岗位后，再按手续办理。培养单位（学校、研究机构）不负责此项事务。”根据上述规定，自费出国留学的只能是高中毕业出国读本科和大学本科毕业出国读研究生，表明自费留学政策开始有所收紧。但实际上，大量在校本科生和在学研究生甚至以“退学”名义中断学习，利用各种途径自费出国留学。

针对自费出国留学人员中发生的种种问题，以及出国留学总体形势的变化，中央于 1982 年 3 月和 7 月分别出台了《关于自费出国留学若干问题的决定》和《自费出国留学的规定》，要求“自费出国留学人员，必须有定居国外的可靠亲友或国内亲属提供学习和生活的全部费用的确实保证，并办好国外入学许可证件，方能申请到国外上大学或当研究生”，“在校大学生、在校和在职研究生，不准自费出国留学；大学本科和专科毕业生必须服从国家统一分配，并在国内工作两年后，经过组织批准，方能对外联系自费出国留学。研究生毕业后也必须服从国家统一分配，如果需要出国留学，须经所在单位批准，按国家派出留学人员办法办理”，“对申请自费出国留学人员必须进行严格的政治审查。凡政治思想反动、道德品质恶劣和有违法乱纪行为的人，不得批准出国”。

为了防止国内科教人才流失，1982 年的自费出国留学政策比 1981 年更严格。该政策扩展了自费留学的范围，同时提出了更多限制性条件。除了高校在校学生不准自费出国留学外，还规定了自费出国留学的年龄限制以及对自费出国留学人员进行政治审查等。规定包括自费出国读大学或者研究生者不能超过 35 岁；申请自费出国进修者不能超过 45 岁；具有中级以上职称者和毕业研究生不能申请自费出国留学等。这一政策的实施，在社会上引起了一番讨论，认为自费出国留学政策太严，不利于更多的人自费出国留学。

1984 年，中央检查了几年来自费出国留学的政策和工作，提出“对自费出国留学，要坚决大胆放开”的要求。1984 年 12 月 26 日颁布的《国务院关于自费出国留学的暂行规定》指出：“凡中国公民通过正当合法手续取得外汇资助或国外奖学金，办好入学许可证件的，不受学历、年龄和工作年限的限制，均可申请自费到国外上大学（专科、本科）、做研究生或进修”，对申请自费留学的条件有所放宽，从而打通了自费出国之门。1985 年的《中共中央关于教育体制改革的决定》进一步放宽自费留学申报条件，指出：“要通过各种可能的途径，加强对外交流，使我们的教育事业建立在当代世界文明成果的基础之上。”从此，中国的对外教育交流进入一个新的阶段，交流的规模日益扩大，交流的形式日益多样，内容日益丰富。

启动留学回国政策——改革开放初期，中国公派出国的学生主要以访问学者为主（1978—1981 年，占出国留学人员的 70% 以上，1981 年比例最高，为 84.07%，1982 年骤减至不到 60%）[①]。这些留学生基本上是“文革”前的大学毕业生，且大多是经过严格挑选后派出，因此，1978—1981 年派出的留学人员回国率高，派出的人数与回国的人数大致相符。在大量选派留学人员工作开始后，开始出现了一些公派留学人员以种种正当或不正当的理由“推迟”或“不归”的现象；另外，西方国家有意无意地截留中国留学人才的现象也越来越多。公派留学生的回国问题逐渐引起关注。

1981 年《关于做好留学人员回国工作的通知》重申了政策原则，指出要做好出国进修人员的工作，“进修人员学习年限为 1—2 年，不得攻读学位，学习期满后，不得申请工作”。1983 年 7 月，劳动人事部和教育部《关于 1983 年毕业留学生分配问题的报告》针对公派留学人员回国问题做

---

① 陆丹尼. 20 世纪 80 年代中国留学教育政策的演变［M］//李喜所. 留学生与中外文化. 天津：南开大学出版社，2005：410.

了进一步规定，提出了今后回国留学生的工作分配原则：进修人员、单位公派留学人员回国后回原单位工作；国家统一计划选派的留学人员，除了选派时有特殊规定的人员外，毕业回国后一律由国家统一分配工作；自费留学生毕业回国后由各单位量才录用。显然，这个分配计划对留学回国人员的工作安排过于死板，留学人员和用人单位都没有选择的余地。

1984 年，国务院召开"全国引进国外人才和出国留学人员工作会议"，第一次提出了要改进留学人员回国工作安排的问题。为了吸引留学人员回国和更好地安置他们，国家开始试行博士后科研流动站制度，并开始探索中外联合培养博士的途径，并在 1986 年发布了《关于 1986—1987 年度资助部分高等学校选派博士生与国外合作培养的通知》。

1985 年，中央引进国外智力领导小组办公室、原国家教委、国家科委联名向国务院呈报了《关于争取留学博士毕业生早日回国工作的请示》，提出了改革留学生毕业回国工作的分配制度。这次改革的总原则是在保证国家重点需要和学用一致的原则下，允许用人单位和留学生本人相互选择。政策反映了国家在争取留学生回国工作方面的新思路：一是给在国外的留学生以选择工作的权利，这样能够促使一部分人下决心回国工作，以更好地发挥作用；二是积极争取公派出国留学人员回国工作，不能只是坐等；三是鼓励留学回国人员开辟新的工作领域，不仅仅局限于国家计划的范围①。

如何做好留学人员回国工作、如何积极发挥留学人员的作用问题也是当时邓小平最为重视和关心的问题，他首先提出要为留学人员积极创造回国工作的条件。1985 年 7 月 16 日，邓小平在会见李政道时说："主要目的是要把人弄回来。我们有几万人在国外，这是财富，要收回来。"为此，他表示："我们的留学生有几万人，如何创造他们回来工作的条件，很重要。"② 他一方面积极倡导为回国留学人员提供广阔的施展才华的舞台，同时提出要认真研究留学回国人员的工资、住房等待遇问题，切实解决他们

① 于富增，等. 教育国际交流与合作史 [M]. 海口：海南出版社，2001：233.

② 江波. 认真学习邓小平关于出国留学工作的思想 [J]. 中国国际教育交流，2009 (11).

的各种实际困难。他的这些讲话进一步促进了回国政策文件的出台。

1978—1985年，中国留学教育政策走过从无到有、从不完善到逐步完善的过程。其间，中国共派出3万多人出国留学，其中前期多数是出国短期进修人员，公派出国留学人员平均每年为3800多人，超过了改革开放初期提出的每年派出3000人的目标。这一阶段，我国政府及时地提出和确立了“突出重点、统筹兼顾、保证质量、力争多派”的公派留学人员的方针，总体来看是与发展实际相符的，政策的实施取得了较为明显的成效，使中国留学教育的发展有一个很好的开端。

这一阶段的政策着重派出公费留学人员，积极鼓励和支持国家公派、单位公派出国留学的学生。1980年以后，单位公派势头强劲，呈后来居上之势。公派留学人员都是从各高校和科研院所选拔，留学生多是“精英”。由于政策强调要突出重点，公派计划中存在着重理工、轻人文社会科学和管理学科的偏向。随后，有关部门制定了自费留学政策，奠定了中国自费出国留学事业发展的政策基础。但由于政策制定处于探索阶段，缺乏稳定性。这一时期也开始尝试开展回国留学人员的安排工作，但政策的出台具有一定滞后性。因此，在1983—1986年，出现了大量出国攻读博士学位的留学人员毕业后在国外滞留不归的现象。

（2）留学教育政策调整阶段（1986—1991年）

在肯定出国留学工作已取得的成绩，吸收国外先进的科学技术和经营管理经验的基础上，1986年5月，中共中央、国务院发布了《关于改进和加强出国留学人员工作若干问题的通知》。规定公派出国留学人员应保证质量，着重派出进修人员和访问学者，适当减少攻读硕士学位的研究生，增加攻读博士学位的研究生，并积极开辟通过中外合作进行科学研究和培养博士的途径。在进一步总结中国留学教育恢复和起步阶段经验与教训，并结合当时留学教育发展的现实状况的基础上，1986年12月13日国务院批转原国家教育委员会《关于出国留学人员工作的若干暂行规定》，并于1987年6月11日在《人民日报》全文刊发。《关于出国留学人员工作的若干暂行规定》（也称107号文件）是中国第一份全面阐述出国留学教育政策的法规性文件，明确了派遣留学生的政策是对外开放基本国策的一部分。这一文件的颁布，标志着中国留学教育政策开始走向成熟。

《关于出国留学人员工作的若干暂行规定》提出：中国公民出国留学是中国对外开放政策的组成部分，必须长期坚持有计划地发展各种形式的出国留学；出国留学工作应密切结合国内生产建设、科学研究和人才培养的需要；应坚持博采各国之长的原则，兼顾基础学科和应用学科，以应用学科为重点。文件规定了公派出国留学人员的范围、国家公派和单位公派的概念以及公派留学人员的构成；规定了公派出国留学人员应具备的政治条件、业务条件、外语条件和身体条件，以及各类公派出国留学人员的选拔办法；规定了公派留学人员和派出单位签订“出国留学协议书”的制度，并明确了协议书应包括的内容，以尽可能保证公派留学人员如期回国服务。该文件确定了新的留学方针，即“按需派遣，保证质量，学用一致”，并相应地将国家公派留学人员由以研究生为主转向着重派出进修人员、访问学者。

明确“出国留学协议书”制度——1986 年 5 月 4 日《关于改进和加强出国留学人员工作若干问题的通知》第一次明确出国留学人员与派出单位签订“出国留学协议书”的制度规定，以经济和法律手段来约束出国留学人员，要求他们学成回国。文件指出：“要建立公派出国留学人员与选派单位签订协议书的制度，明确出国留学人员与选派单位的责任、义务和权利。”《关于出国留学人员工作的若干暂行规定》也强调“公派出国留学人员要与选派单位签订‘出国留学协议书’”。1987 年 12 月原国家教委和司法部联合印发《关于签订“出国留学协议书”的通知》，通知具体规定了协议书的内容，包括留学内容、目标、期限、国别、身份、经费（来源及支付方法）以及协议双方各自应承担的义务和享有的权利。《出国留学协议书》的签订是中国公派留学政策的重大调整。但是，由于签订人法律意识淡薄、协议书法律效力有限、政策执行力度不够等条件的限制，该政策当时并未发挥预期的效果，但它对今后的公派留学回国政策产生了深远的影响。

1989 年以后，中央根据当时国内外的形势，及时调整了出国留学政策，坚持“博采各国之长”的原则，减少派出攻读博士学位的研究生，增加派出高级访问学者和博士后人员的比例。这一阶段，派出的进修人员、访问学者，占派出留学生总数的三分之二以上。自1991年起，公费出国留学人员的选派采取限额申报、专家评议、择优录取的办法，以访问学者和高级访问学者为主，侧重应用学科。

进一步开放自费出国政策——从20世纪80年代中期起，中国自费留学人数一直处于上升的势头。1986年《关于出国留学人员工作的若干暂行规定》肯定了出国留学“是吸收国外先进的科学技术、适用的经济行政管理经验及其他有益的文化，加强中国高级专门人才培养的重要途径，有益于发展中国人民同各国人民的友谊和交流”，并且指出“有计划地发展各种形式的出国留学，必须长期坚持”。该规定还明确表示，自费出国留学是国家培养建设人才的一条渠道，应予以支持。该规定包含了对自费出国留学教育政策的全面阐述和规定，其中再次对自费出国留学人员的定义作了更为明确的限定：“自费出国留学人员是指中国公民提供可靠证明，由其定居外国及香港、台湾地区亲友资助，或使用本人、亲友在国内的外汇资金，到国外高等学校、科研机构学习或进修。”其中“高校在校生获准自费出国留学的，可保留学籍一年”等政策性规定直至今天仍被采用。从1986年起，自费留学生人数就超过了国家公派与单位公派留学人数之和。

1986年自费留学政策中的很多规定恢复了1982年留学教育政策的精神，但仍有一些限制性规定，如限制高校应届毕业班学生、在学研究生等一般不得自费出国留学。因此，很多人采取退学的办法来达到自费出国留学的目的。1987年4月23日，原国家教委向中国驻外使领馆印发了《关于做好自费留学人员工作的通知》，要求各使领馆要充分认识到做好自费留学生的管理和服务是培养人才和争取人心的重要工作，应将其列入使领馆的工作内容。

1986年《关于出国留学人员工作的若干暂行规定》对留学回国工作的规定只有一条，即国内留学人员的管理部门、派出部门和单位，应及时做好出国留学人员回国后的工作安排，充分发挥他们的作用。同时，对自费出国留学人员和公派出国留学人员在政治上要一视同仁。作为对上述文件中有关自费出国留学政策的补充和完善，1990 年 1 月，原国家教委发布了《关于具有大学和大学以上学历人员自费出国留学的补充规定》，主要对不同类别的高校学生的服务期和培养费作了规定。文件一方面通过服务期和偿还培养费的规定使得自费留学政策更严谨；另一方面使自费留学政策更加灵活，自费出国留学人数急剧增加。

争取出国留学人员回国工作创业——针对这一阶段大批留学人员滞留海外的问题，国家开始从多方面争取出国留学人员回国工作，包括组织国内用人单位出国招聘留学人员，表彰做出突出贡献的留学回国人员，为留学回国人员提供经费资助等。原国家教委自 1987 年起实施了“优秀青年教师资助计划”；1988 年成立了“中国留学服务中心”，并在全国多个省市建立分中心，逐步建立起全方位、多功能的留学回国服务体系；中心还专门成立了“回国服务处”、“留学人员回国投资事务处”和留学人员学历学位认证和档案服务机构，为留学回国人员提供服务；2003 年成立了“留学回国工作办公室”，加大力度吸引留学人员回国工作或以多种形式为国服务。

从 1987 年开始，国家拨出 1000 万元专款，专门用于留学回国人员的科研资助。从 1990 年开始，原国家教委每年从出国留学经费中拿出 20%，用于留学人员回国的安置工作，解决其科研和住房问题，并于当年设立了“留学回国人员科研启动基金”项目。截至 2008 年，该项目共分 33 个批次先后资助了 17654 名留学回国人员，资助金额共计 5. 2 亿元①。

这一阶段中国留学教育政策开始步入法制化的轨道；自费留学政策进一步开放，自费留学规模快速扩展，并逐步发展为中国出国留学教育的最主要方式；国家设立了若干基金，鼓励留学人员回国，1987 年起实施的“优秀青年教师资助计划”、1990 年设立的“留学回国人员科研启动基金”项目等，为留学人员回国后的初期科研工作提供了资助和保障，对吸引留学人员回国工作、安置留学后回国人员起到了积极作用。

① 王辉耀. 中国留学人才发展报告［M］. 北京：机械工业出版社，2009：27－28.

（3）规范和快速发展阶段（1992—2006 年）

1992 年是改革开放以来中国社会经济发展的又一关键年，邓小平视察南方并发表重要讲话，中国共产党第十四次全国代表大会召开，确立了建立社会主义市场经济体制的目标，改革开放进入了新的发展阶段。1992 年以后，国家政治稳定、经济发展，出台了一系列旨在规范、鼓励出国留学的方针政策，公派留学政策进一步理顺，自费留学政策更趋完善，留学教育也获得了迅速发展。

进一步理顺公派留学政策——1989 年以后，出现了大批留学人员滞留不归的现象，导致国内社会对当时的留学政策产生了一些疑虑。如何对待学成未归的出国留学人员以及是否要坚持既定的留学方针成为当时社会关注的焦点。1989 年 12 月，江泽民总书记主持召开中央政治局常委会议，专门研究了出国留学的重要政策。会议纪要强调："增强公费留学人员的荣誉感和义务感，树立公费留学人员必须履行回国义务的观念。""单位公派留学人员是公费留学人员的一部分，要加强管理，克服盲目性。""国家公费出国留学计划仍保持现有留学经费总额，但要调整结构、精选精派、定人定向、力争保质保回。""原则上不派学位人员，减少往美国和加拿大派遣留学人员的数量。"针对公派出国留学人员滞留不归问题，邓小平在 1992 年视察南方时说："出国派人这个政策不能变"，"希望所有出国留学的人回来。不管他们过去的政治态度怎么样，都可以回来，回来后要妥善安排。这个政策不能变。告诉他们，要做出贡献，还是回国好"。

根据邓小平南行讲话精神，在总结多年的出国留学工作实践正反两方面的经验和教训的基础上，从建立社会主义市场经济体制和培养高层次人才的需要出发，1992 年 8 月，国务院办公厅发出了《关于在外留学人员有关问题的通知》（国办发〔1992〕44 号，也称 44 号文件），回答了留学工作中许多重大政策问题，全面阐述了国家对滞留海外的留学人员的一系列具体政策，指出"党和政府一贯关怀、团结广大出国留学人员，期待他们早日学成回国，建功立业"，重申了公派出国留学人员有义务为国家服务，同时鼓励留学人员以各种方式回国服务，国家保证留学人员来去自由。该通知在对过去出国留学工作经验的总结和提炼基础上，明确将"支持留学，鼓励回国，来去自由”作为中国出国留学工作的总方针，它理顺了国家为公民出国留学提供方便与留学人员学成后为国家建设做出贡献之间的关系，体现了党和国家对在外留学人员的信任和关怀，也体现了国家要保护留学人员在外合法权益的思想，对出国留学、归国工作起了很大的推动作用，标志着中国出国留学教育已走向成熟。在“十二字”总方针的指导下，中国对公派出国留学政策进行了一系列改革。

自 1995 年开始，国家对留学选派管理体制进行改革。原国家教委在 1995 年 2 月举行的全国出国留学人员选派工作会议上，提出《改革国家公费出国留学选派管理办法的方案》，实行“个人申请，公开选拔，平等竞争，专家评审，择优录取，签约派出，违约赔偿”的新办法，逐步以法律和经济手段取代过去以行政和思想教育为主的管理方式。该方案经过 1995 年在江苏、吉林两省一年的改革试点后，1996 年全面试行。从 1997 年起全国正式实行国家公费出国留学选派和管理办法改革方案。改革后的留学归国率明显提高，1997 年，签约派出的国家公费留学人员 1135 人，到期回归率达到 90%。另外，国家留学基金委还同有的地方、部委共同设立了合作派出项目，将国家公费的成功做法传播给单位公派留学工作，通过正确的导向作用带动单位公派留学工作的开展。

为了加强出国留学工作法制化建设，并使之与国际惯例接轨，1996 年 6 月，国家留学基金管理委员会（简称“国家留学基金委”）正式成立，标志着政府职能转变和使留学管理工作更趋于国际化的思路形成，其工作重点是调整和完善国家公费留学政策①。

2000 年，国家留学基金委设立了“重点高校系主任、研究所/实验室骨干出国研修项目”。2002 年，根据国家经济建设的发展和中国加入 WTO 后对人才的需求，该项目增加了对信息、生物技术及经济、法律等学科的资助名额，设立“高级研究学者”类别，大幅度提高资助力度。2002 年 12 月 13 日，教育部和财政部联合下发了《调整国家公派留学人员奖学金

① 韦钰．出国留学工作二十年：纪念邓小平同志关于扩大派遣留学人员讲话 20 周年［N］．光明日报，1998－06－28．

资助标准》的通知，国家留学基金委在财政部的支持下，将资助标准平均提高了44%，以此全面改善了国家公费留学人员在外生活条件，尤其对“高级研究学者”生活费标准有较大幅度提高，充分体现国家对培养高层次人才的重视。2003年，公派留学生大多数为40岁以下的青年骨干，质量比往年又有较大提高。

从2003年开始，国家对公派留学选派计划做出了较大调整，确立了重点支持的七大学科领域；实施“高级研究学者项目”，将高级研究学者的选派与建设一流大学和重点学科相结合，培养学科带头人和重点实验室主任；全面启动“西部地区人才培养特别项目”，并与西部13个省（区、市、兵团）签订合作协议，让国家公派出国留学项目全面走入西部地区。该年度录取人员中包含重点资助学科人员1126人。同年，国家提高了公派留学资助金额度。

2004年，在以往出国留学政策法规的基础上，国家公派出国留学工作思路确定为：提高层次，扩大规模，保证重点，增强效果。这一工作思路的确立促进了公派留学申请者的总体水平的提高，留学人员综合素质好，学术水平较高，申请研究方向多是有关学科前沿，标志着中国留学教育政策更加趋于完善。同年，国家留学基金委设立了《青年骨干教师出国研修项目》，采取与高校合作资助的方式，选派重点高校青年骨干教师出国留学，2004—2008年，通过这一项目选派人数超过1万人。由于采取了与选派单位合作资助的方式，派出单位在人员的选拔上更加注重结合自身的人才队伍建设和学科建设，使选派更有针对性，选派的人员素质大幅度提高。在国外单位的选择上也更紧密地结合各校的国际合作与交流渠道，选派效果良好。

中国公派出国留学生主要是研究生，本科生很少，“送出去”的教育层次比较高。2005年以来，中国一直在实施“国家公派研究生项目”，把派出人员主要限定在“985工程”、“211工程”及其他重点高等院校申请公派研究生类别的人员。2006年国家公派出国留学将进一步配合国家科教兴国、人才强国的战略要求，按照“选拔一流的学生，派到一流的学科专业，师从一流的导师”的选派思路，科学规划，调整结构，在保证国家重点领域、重点学科对高层次人才需求的同时，加大研究生的选派力度，提高选派层次。为推进高水平大学建设，经国务院批准，教育部、财政部于2007年1月设立了国家建设高水平大学公派研究生项目。2008年开始采取国外高校或导师、国内高校、国家留学基金委三级审核方式，留学专业以《国家中长期科学和技术发展规划纲要（2006—2020年）》确定的重点领域及其优先主题、前沿技术、基础研究为主，并以选派研究生和访问学者为主。此后国家每年选派五千名研究生出国攻读博士学位或联合培养博士。当年国家公派选派规模首次突破1万人，派出人员的整体素质也有明显提高。

自费留学政策更趋完善——1993年7月，原国家教委颁布了《关于自费出国留学有关问题的通知》，自费留学政策进一步调整和放开。这个政策也是国家新的出国留学方针在自费出国留学问题上的反映。通知发布后，中国公民申请、办理自费出国留学的渠道畅通了。中国加入WTO后，教育部就简化对大专以上学历人员自费出国留学的审批手续发出通知，不再向申请自费出国留学的高校在校生和具有大专以上学历但尚未完成服务期年限的各类人员收取“高等教育培养费”，不再对上述人员进行“自费出国留学资格审核”。

1999年8月24日，教育部、公安部、国家工商行政管理局联合发布《自费出国留学中介服务管理规定》，指出“自费出国留学中介服务”系指“经批准的教育服务性机构通过与国外高等院校、教育部门或者其他教育机构合作，开展的与中国公民自费出国留学有关的中介活动”。2000年教育部特别认定授权从事出国留学专业服务的合法留学中介服务机构。截至2009年4月28日，中国经认定已取得资格证书的自费出国留学中介机构有389家，分布于全国30个省、市、自治区。经过十几年的发展，留学服务中介机构逐渐规范化，在全国范围内涌现出了一批专业服务水平高、重质量、讲诚信的品牌留学服务机构。为了加强管理、维护留学人员的利益，教育部会不定期就自费留学活动当中的突出问题发布留学预警，内容包括国外学校资质、留学中介违法违规情况、外国留学政策新变化等。

2002年11月，为了支持自费留学，教育部报请国务院批准，不再对具有大学以上学历的自费出国人员收取高等教育培养费。2003 年，教育部首次设立“国家优秀自费留学生奖学金”，该奖学金首先在美国、日本、英国、法国、德国五个国家进行试点，试点阶段奖励名额为 100 人，试点资助的主要对象为在学的年龄在四十岁以下，正攻读博士学位的自费出国留学生，他们每人获得 5000 美元的资助。这是我国历史上首次由国家资助自费出国留学。2004 年也奖励 100 人，其后每年的资助名额都有所增加。截至 2008 年底，总共资助约 1400 余人，且资助范围也已逐渐扩展到在 32 个国家的中国自费留学生。目前该奖学金每年资助 300 人，一次性奖金 5000 美元。“国家优秀自费留学生奖学金”体现了国家对广大自费留学生的关怀和期望，中国全方位留学教育的发展战略得以进一步拓展。自 2001 年以来，中国自费出国留学人员在留学人员中所占比例一直保持在 90% 以上。

鼓励回国作为留学工作重点——1992 年邓小平在南行讲话时说：“希望所有出国学习的人回来。不管他们过去的政治态度怎么样，都可以回来，回来后要妥善安排。这个政策不能变。告诉他们，要作出贡献，还是回国好。”1992 年 8 月，国务院办公厅发布的《关于在外留学人员有关问题的通知》明确把“支持留学，鼓励回国，来去自由”作为中国出国留学工作的总方针。围绕这个总方针，中国适时调整鼓励回国政策，从“鼓励回国，来去自由”到“鼓励海外留学人员以多种形式为国服务”，回国政策更加灵活且务实；与此同时，有关部门致力于落实政策，创造条件，真正发挥留学人员的作用，鼓励回国的政策体系也在持续的改革中不断完善，取得了较为显著的成效。

为解决留学人员回国就业的信息渠道不畅问题，中国留学服务中心于 1993 年就开发建成了“留学人才、技术、项目供需信息网”，后更名为“中国留学网”，这是中国第一个专业留学网，成为留学人员与国内单位的重要沟通平台。从 1993 年以来，回国人数每年以 13% 的速度递增，尤以公派留学生居多，1994 年公派留学生 2071 人，当年回国 2196 人，1995 年派出 2054 人，回国 2160 人。1996 年教育部对国家公派留学制度进行改革，实行“个人申请、专家评审、平等竞争、择优录取、签约派出、违约赔偿"，进一步推动公派回归率逐年上升。到 1997 年时，教育部已经在全国设立了 450 余个博士后科研流动站，吸引了千余名留学归国博士入站工作。

为了鼓励和吸引留学人员特别是优秀留学人员回国工作或为国服务，教育部启动了若干资助项目。1996 年 4 月，教育部设立了面向高层次海外留学人才的"春晖计划"，支持在外优秀留学人员回国工作或为国服务，以多种方式参加祖国建设。2000 年底又增设了"春晖计划"海外留学人才学术休假回国工作项目。以"集团式、捆绑制、基地化"模式，组织数百名优秀留学人员到全国各省、自治区、直辖市，开展学术交流、合作项目研究、人才培养等服务活动，为留学人员报效祖国开辟了"绿色通道"。教育部还利用"春晖计划"组织优秀留学人员到西部地区挂职服务。全国各地各部门十分重视引进海外人才工作，相继制定并实施了一系列涉及留学人才的计划、规划、部署与安排。

2000 年 7 月 28 日国家人事部召开的全国留学人员回国工作会议提出了创造良好环境，重视和开发中国留学人才资源，吸引更多留学人员回国工作、为国服务的留学教育思路，并明确把吸引高层次留学人才回国视为当前留学工作的总体目标，在"十五"期间，争取每年吸引百万名左右的留学人才回国工作。会议宣布为进一步吸引和鼓励高层次留学人员回国工作而制定《关于鼓励海外高层次留学人才回国工作的意见》。

2001 年 8 月，人事部、教育部、科技部、公安部、财政部共同下发了《关于鼓励海外留学人员以多种形式为国服务的若干意见》，还公布了高等院校和科研院所优秀人才申办五年长期居留和多次签证的具体操作办法。2001 年，人事部实施《留学人员创业园管理办法》，吸引和扶持留学人员创业，培育具有创新能力与国际竞争力的高新技术企业和科技企业家。全国很多省市纷纷出台了有关留学人员创业园的优惠政策，以此吸引和支持留学人员回国创业。《关于鼓励海外高层次留学人才回国工作的意见》与《关于鼓励海外留学人员以多种形式为国服务的若干意见》对吸引海外高层次留学人才回国工作或以多种形式为国服务提供了有力的政策和机制保证，是对以"鼓励回国"为核心的留学教育政策的完善落实。

2003 年，“留学人员回国服务工作部际联席会议”成立以来，国家先后制定了吸引高层次留学人才回国工作的意见、高层次留学人才界定的指导意见，开展了海外高层次留学人才回国资助试点，要求各相关部门在更大范围、更广领域、更高层次上吸引留学人员及留学人员团体通过各种适当形式参与祖国建设，为留学回国人员入出境及居留、税收、融资、创业等方面提供了便利。

2003 年 12 月 26 日，中共中央、国务院发出《关于进一步加强人才工作的决定》，再次提出要大力实施人才强国战略，建设宏大的高素质人才队伍；加大吸引留学和海外高层次人才工作力度；继续贯彻支持留学、鼓励回国、来去自由的方针，鼓励留学人员以不同方式为祖国服务。2007 年 1 月人事部发布了《留学人员回国工作“十一五”规划》，提出了“十一五”期间留学人员回国工作的指导思想和基本原则，提出“拓宽留学渠道，吸引人才回国，支持创新创业，鼓励为国服务”的工作要求。

为了进一步完善相关的政策体系，重点吸引高层次人才和紧缺人才，进一步提高吸引高层次留学人才的针对性和实效性，2007 年 2 月 15 日，由人事部、教育部、科技部、财政部、外交部、国家发改委、公安部、国务院侨办等 16 个部委共同签署的《关于建立海外高层次留学人才回国工作绿色通道的意见》正式印发。这是中国吸引海外高层次留学人才回国工作的又一重要举措，它分别对高层次留学人才回国的报酬、申报项目、职称和职业资格评定、知识产权保护、配偶就业、子女入学以及出入境及居留便利等方面作出了规定。

总体来看，1992 年以来，中国适时调整出国留学政策，确立了“支持留学，鼓励回国，来去自由”的留学基本原则，建立了新的留学人员选派机制，进一步放宽自费出国留学政策，加大吸引留学人员回国工作的力度和针对性，进一步拓展全方位留学教育的发展战略。2004 年，国家公派出国留学工作思路确定为：提高层次，扩大规模，保证重点，增强效果。在以往出国留学政策法规的基础上，这一工作思路的确立，标志着中国留学教育政策更加趋于完善，也促进了中国出国留学教育的规范化发展。

2. 来华留学教育长足发展

中国接受外国留学生的价值取向在不同历史时期有所差异。新中国成立以后，改革开放以前，在国家百废待兴，经费严重匮乏情况下，为了加强与当时社会主义国家的友好合作，中国政府向越南、朝鲜以及东欧的一些社会主义国家和亚非拉等第三世界国家的留学生提供奖学金。1950—1978 年的 28 年间，全国 30 余所院校累计共接收培养了 12800 余名留学生，他们几乎全部是由中国政府提供奖学金①。这一阶段，来华留学政策强调来华留学教育的政治利益，中国接受留学生的数量、国别、专业和类别等完全由政治和外交工作需要来确定，留学生数量和来源国范围都非常有限。

改革开放后，在 20 世纪八九十年代，我国重视加强与第一、第二世界国家的教育交流，发达国家派遣的来华留学生数量增长很快。进入 21 世纪以来，中国在强调留学教育的政治、外交利益的同时，开始重视培养对华友好人才。此外，随着中国经济的发展，在全球化背景下，来华留学教育的发展为各国留学生提供了更多的选择机会和潜在的就业机会，越来越多的各国留学生自主选择来华学习。

（1）恢复来华留学政策阶段（20 世纪 70 年代末到 80 年代末）

党的十一届三中全会确立了改革开放的总方针，中国从此实行改革开放基本政策，外交方面与美国、苏联、日本等大国的关系实现了正常化，与第二、第三世界主要国家进一步加强了交流与合作。其后国民经济一直保持快速稳定增长，来华留学政策由封闭逐步走向开放。改革开放后来华留学教育的一个重要标志，就是来华留学生源扩展到西方国家、工业化发达国家。这一阶段的另一标志性特点是突破了以前仅接收公费留学生的状况，开始招收自费留学生。1978 年，中国开启了自费来华留学通道，从试办汉语短期培训班开始，招收来华学习的短期自费留学生。自费留学生数量增长很快，从最初的仅 30 人，发展到 1987 年的 6100 人②。然而，来华

① 叶莎莎. 开放的中国吸引世界青年来华求学［N］. 中国教育报，2004-03-19.

② 程家福，胡德维. 简论来华留学教育 60 年发展的历史经验［J］. 理工高教研究，2009（12）：44-47.

长期学习的学生数量增长缓慢，1978 年为 432 人，1987 年仅增加到 2044 人。

1979 年，国务院批准了《关于接受自费外国留学生收费标准问题的请示》；1979 年 5 月，教育部等四部委联合发布《外国留学生工作试行条例》，为自费来华留学提供了条件。

1980 年，教育部发出《关于高等学校开办外国人中文短训班问题的通知》，从而大大推动了汉语短期班教育的发展，也对来华留学生教育的发展有一定的促进作用。1984 年，教育部长何东昌在第三次全国外国留学生工作会议上指出：加强对汉语教学和研究，不仅是扩大接受留学生的需要，而且也是发展对外交流、扩大对外影响的需要。他还提出了在个别国家试办大学预科，使学生有机会在国外学习汉语。1985 年 10 月，《国务院批转国家教育委员会等部门制定的〈外国留学生管理办法〉的通知》中明确指出：接受来华留学生工作涉及面广，需要各方面密切协作，分工负责。1987 年，国家成立对外汉语教学领导小组，目的是加强对外汉语教学的领导，统筹和协调对外汉语教学工作。国家对外汉语教学领导小组的成立为来华留学生在国外学好汉语基础提供了可能。1988 年，国家发布《汉语水平考试（HSK）大纲》。随着 HSK 的完善，它逐渐成为来华留学生到我国高校学习时实际汉语水平的最好证明。

为了规范和促进短期来华留学教育，1980 年教育部在《关于高等学校开办外国人中文短训班问题的通知》中不仅把举办汉语短训班的审批权从教育部下放给省、直辖市、自治区政府有关部门，而且赋予高校在举办汉语短训班上的招生自主权。随着工作量的加大以及各地政府掌握和运用政策水平的提高，国家进一步拓展了高校在管理来华留学生方面的自主权。

1985 年《外国留学生管理办法》中规定：各高校在完成国家下达的任务后还可以通过其他途径接收留学生。这一政策使得高校可以自主招收各种类型的来华留学生。1987 年，原国家教委等三部委联合下发的《关于加强和改进外国来华留学生管理工作的通知》中决定：把给予留学生的“勒令退学”和“开除学籍”处分权下放给高校。由此可见，高等学校管理来华留学生的工作已经脱离“国与国之间的外交关系”的影响，高等学校掌握来华留学生管理自主权标志着来华留学生管理政策逐步走上了一条结合国内教育体制、按照教育规律来制定的轨道。

1989 年原国家教委颁布的《关于招收自费外国留学生的有关规定》中规定：由有关省、直辖市、自治区一级教育主管部门负责接受来华留学生院校的资格审批，凡是具有接受来华留学生资格的高等学校，由学校决定是否接受外国人来华学习的申请和录取。这意味着，国家不再下达计划招生的指标，来华留学生的数量由高等学校自主决定。1990 年中国具有招收来华留学生资格的高等学校有 192 所①。

20 世纪 80 年代，由于中国在重点发展同第三世界关系的基础上，加强了同第二世界的外交联系，这一阶段，第二世界来华留学生数量发展迅速，占来华留学生总数的近一半，成为这一时期来华学生的主体，发达国家留学生所占比例也有所提升。与此同时，相对于改革开放以前，这一阶段政治因素对来华留学教育影响力逐步减弱，经济因素的影响力日益增强，国家逐步打开了自费留学通道。

这一阶段，由于受综合国力、各方面的社会条件，以及教育，特别是高等教育本身的改革和发展条件的限制，再加上中国社会与世界的相互了解还是比较有限，所以自费来华留学渠道不是十分畅通。加上当时高校的招生计划要由政府有关主管部门审批等，因此这一时期的来华留学生的规模和层次，仍然处于一个比较低的水平②。

（2）规范管理阶段（20 世纪 90 年代）

进入 20 世纪 90 年代后，中国处于空前有利的国际国内形势之中。从国际形势来看，中国与世界上主要发达国家、广大的发展中国家，特别是周边国家，都形成了比较稳定、和睦的外交关系。受中国秉持的“坚持大国是关键、周边是首要、发展中国家是基础、多边是舞台的原则，处理好与国际体系中不同力量的关系”的外交方针的影响，留学教育进入快速发

---

①② 教育部 2004 年第 10 次新闻发布会：通报我国来华留学工作有关情况［EB/OL］.（2004 - 03 - 18）［2012 - 12 - 01］. http：//www. moe. gov. cn/publicfiles/business/htmlfiles/moe/moe_ 2265/200408/2583. html.

展时期①。90 年代后留学生源国家分布范围更广，来自中国周边国家的各类别留学生占总数的七成以上，且主要集中在韩、日两国。来自周边国家的学历生和非学历生占总数的比例都比较高，欧美国家短期生和普通进修生等非学历生所占的比例较高。

1992 年，邓小平南行讲话和中共十四大以后，得益于中国经济的繁荣、高等教育的发展以及良好的外交关系，在经过 20 世纪 80 年代稳步增长后，来华留学教育步入历史上发展最快的时期，不仅在数量上有重大突破，而且实现了全方位的拓展。

1993 年公布的《中国教育改革和发展纲要》明确政府逐步把留学生的录取权、奖惩权、对外交涉权、招生权等交给了学校，进而提高了高校接收外国留学生的积极性。到 20 世纪 90 年代末，高校接收的自费留学生占留学生总体的 90% 左右，远远超过政府接收的公费留学生规模。

这一阶段，我国形成国家、地方和高校三级管理的来华留学生管理体制。来华留学生教育体制也逐步健全。1996 年教育部成立了国家留学基金管理委员会，专门从事国家计划内中国公民出国留学和外国公民来华留学的组织、资助、管理等工作，使留学生教育的招生、选拔和管理工作走上了法制化轨道，为在原有基础上进一步改革、完善来华留学教育工作提供了一个良好的契机和机制。1996 年中国接收留学生 41211 人，一跃进入世界接收外国学生数量的前八强②。

1998 年 2 月，教育部副部长韦钰在全国第三次外国留学生工作会议上指出：今后一个时期来华留学工作的总方针是“深化改革，完善管理，保证质量，积极稳妥发展”。翌年，她又在全国来华留学生工作会议上指出：进一步提高对来华留学工作战略意义的认识，是做好今后一个时期工作的重要前提。

2000 年教育部等三部委共同发布《高等学校接受外国留学生管理规

---

① 沈国放．中国新外交的理念与实践［EB/OL］．(2007－07－12)［2009－09－18］．http：//www. chinaorg. cn.

② 傅锦彬，方竹根．高校发展来华留学教育的对策研究［J］．黑龙江高教研究，2003 (4)：78－81.

定》。至此，中国形成了国家、地方和高校三级各司其职的管理体制，为高校接收来华留学生工作走上规范化、法制化轨道提供了政策保障。

为了让更多的海外学生、学者到中国进行学习和研究，加强中国与世界各国多领域的交流与合作，2001 年，教育部出台《关于中国政府奖学金的管理规定》。其中把奖学金分为 6 种：本科生奖学金、研究生（包括硕士和博士）奖学金、进修生（包括普通和高级）奖学金和汉语进修生奖学金；按照项目又把奖学金分为 5 种：HSK 优胜者奖学金、优秀留学生奖学金、长城奖学金、中华文化研究项目（资助）和外国汉语教师短期研修项目（资助）。另外，教育部还相继出台了各种奖学金的申请办法，具体规定了各种奖学金项目的申请人条件、申请时间和途径以及奖学金的用途等。

1992 年教育部把《中国汉语水平考试（HSK）办法》作为测试外国留学生进入中国高校学习前汉语水平的科学依据；1995 年又把“来华留学生数理化水平考试”成绩定为考查所有来华学习数理化专业的留学生学业基础的依据。

1998 年 2 月公布的《自费来华留学生收费标准》中明确规定：考虑到接收高校各种条件的差异，并参考国际上通行的收费办法，其收费标准只规定各项收费的幅度。经上级主管部门同意后，各高校可在规定的幅度内自行确定收费标准。这种富有弹性的收费政策极大地调动了高等学校接收外国留学生的积极性。

为加强来华留学生教育工作的法制化管理，规范和简化外国留学生来华申请手续，促进来华留学教育事业的健康发展，教育部先后颁布了《中小学接受外国学生管理暂行办法》（1999 年 7 月 21 日教育部令第 4 号）和《高等学校接受外国学生管理规定》（2000 年 1 月 31 日教育部、外交部、公安部令第 9 号）。此外，为了扩大中国教育的对外宣传，吸引更多的外国学生来华留学，国家留学基金管理委员会和中国留学服务中心还分别在各自的互联网主页上开设来华留学专栏，中国留学服务中心还组织高校赴境外举办中国留学说明会。

经过 20 世纪 80 年代的稳步增长，90 年代来华留学教育迎来了一个较长的快速发展期。1990年，自费来华留学的人数首次超过政府奖学金生人数，达到3800余人，比1979年增加了10倍。其后几年，中国接收来华留学生的人数快速增长，特别是1992年以来，中国社会政治稳定，经济建设实现持续高速发展，综合国力和国际地位显著提高，来华留学工作也取得了前所未有的大发展。来华留学生数量大幅度增加，从1992年的1.4万余名，发展到1996年的4.1万余名，年均增长速度超过30%，留学生层次也明显提高。这一时期来华留学工作发展的一大标志是，自费留学生人数大幅度增加，成为来华留学生的主流①。

（3）扩大招生规模，重视留学学历层次和培养质量（2000年以后）

21世纪以来，国家进一步下放招生自主权，扩大规模，并且开始重视留学生的学历层次和培养质量。

2000年1月，教育部、外交部和公安部联合发布了《高等学校接受外国留学生管理规定》，将来华留学工作的方针定为“深化改革，加强管理，保证质量，积极稳妥发展”，规定高等学校招收外国留学生名额不受国家招生计划指标的限制，可以自行招收校际交流外国留学生和自费外国留学生，外国留学生的录取由高等学校决定。这一规定与之前的《中小学接受外国学生管理暂行办法》（1999年7月21日教育部令第4号）形成系统的管理办法，加强了来华留学教育工作的法制化管理，规范和简化了外国留学生来华申请手续，有利于促进来华留学教育事业的健康发展。

2001年加入WTO以后，中国经济全球化进程实现了跨越式发展，教育成为国际服务贸易的重要内容，“学生流动”更为活跃。从留学生数量来看，2002年成为新中国成立以来接收外国留学生最多的一年，来华留学人数与出国留学人数首次持平。

2003年，教育部确立“扩大规模、提高层次、保证质量、规范管理”的来华留学工作原则，明确了来华留学教育工作的思路，成为各地区开展此项工作的指南。

---

①　教育部来华留学工作简介［EB/OL］.［2012-12-10］. http://www.moe.gov.cn/publicfiles/business/htmlfiles/moe/moe_850/200506/8292.html.

2004 年 2 月，国务院批转了教育部《2003—2007 年教育振兴行动计划》，计划中提出：今后来华留学教育工作要以“扩大规模、提高层次、保证质量、规范管理”为指导方针。来华留学生规模在 2004—2007 年获得快速增长，分别达 11 万、14 万、16 万和 19 万之多，年均增幅达 26.4%，连续 4 年实现跨越式发展。国家留学基金委员会网站在公布 2004—2007 年来华留学生年度统计数据时，连续四次使用“留学生人数又创历史新高”作为标题。鉴于来华留学教育发展的大好形势，教育部领导在 2006 年提出了新的来华留学教育发展目标，即到 2020 年留学生总数要达到 50 万。

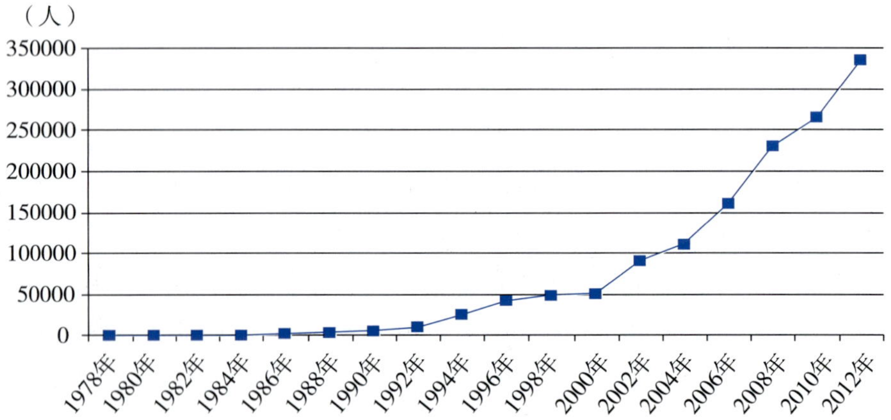

图 3.36　1978—2012 年来华留学生总数变化

【数据来源】2000 年前数据由历年《中国教育统计年鉴》整理获得，2000 年及以后数据来源于历年来华留学生统计，网址为 http：//www. cafse. org. cn。

2005 年以来，我国政府又相继出台一些新政策，以保障来华留学生的培养质量。2005 年起我国对来自亚洲部分国家的中国政府奖学金本科生试行数、理、化知识补习。2007 年，教育部印发了《来华留学生医学本科教育（英语授课）质量控制标准暂行规定》，并确定了可以招收英语授课的临床医学专业外国留学生的 30 所院校。

2008 年，为落实《国家教育事业发展“十一五”规划纲要》，政府大幅扩大中国政府奖学金来华留学规模，2008—2010 年每年增加 3000 名左右来华奖学金生名额，主要鼓励高等院校接收高层次来华留学生。2008年，来华留学生中学历生有80005名，占来华留学生总数的35.8%，比上一年增长17.29%，高于来华留学生总人数的增长速度①。

2009年教育部又发出通知，要求中国政府奖学金留学生中以汉语接受本科教育的，将接受为期1—2年的预科教育。这些政策的出台都标志着中国政府在关注来华留学生规模扩大的同时，越来越重视留学生的培养质量问题。

2010年7月，胡锦涛同志在全国教育工作会议上指出："在经济全球化深入发展的今天，我们要加强教育国际交流与合作，提高教育交流与合作水平，利用好国内国际这两种教育资源。"②

2010年7月29日，国务院颁布的《国家中长期教育改革和发展规划纲要（2010—2020年）》中规定："进一步扩大来华留学生规模。增加中国政府奖学金的数量，重点资助发展中国家学生，不断优化来华留学人员结构。积极实施来华留学预备教育，增加高校外语授课学科专业，大力提高来华留学教育质量。"③

为了贯彻全国教育工作会议精神和落实《国家中长期教育改革和发展规划纲要（2010—2020年）》，加强国际教育交流与合作，推动来华留学事业健康发展，提高中国教育国际化水平，2010年9月21日教育部出台了《留学中国计划》，其中指出："不断完善来华留学生政策、法规、制度。明确政府、来华留学教育机构和留学人员的权利、义务和责任。保证来华留学工作依法、科学、规范，营造来华留学工作良好的法制环境，形成有利来华留学事业科学发展的体制和机制。"④ 作为来华留学工作的纲领性文件，该计划为来华留学工作未来十年的发展作了规划，提出到2020年，全

① 来华留学人数首次突破20万［N］. 人民日报，2009-03-26.

② 中华人民共和国教育部. 在全国教育工作会议上的讲话［EB/OL］.［2012-12-12］. http://www.moe.edu.cn/publicfiles/business/htmlfiles/moe/moe_176/201009/97450.html.

③ 中华人民共和国政府. 国家中长期教育改革和发展规划纲要（2010—2020年）［EB/OL］.［2012-12-12］. http://www.gov.cn/jrzg/2010-07-29/content_1667143.htm.

④ 中华人民共和国教育部. 教育部关于印发《留学中国计划》的通知［EB/OL］.［2012-12-12］. http://www.moe.edu.cn/publicfiles/business/htmlfiles/moe/moe_850/201009/108815.html.

年在内地高校及中小学校就读的外国留学人员要达到50万人次，其中接受高等学历教育的留学生达到15万人。

（二）政策导向促进中国留学事业长足发展

改革开放以来，党和政府始终把留学工作作为落实科教兴国、人才强国和建立创新型国家战略的重要组成部分。经过30年的发展，出国留学事业的总体格局已经发生了显著变化，正在由改革开放初期的公派留学、拔尖人才留学，向公派与自费结合、出国留学大众化方向发展。出国留学工作经历了从起步到发展和不断完善的过程，从国家到地方，从高等院校到科研院所，逐步建立起一整套与社会经济发展相适应的出国留学管理和运行机制，出国留学政策为中国培养优秀的科研人才，为社会和经济建设提供了重要的支持。与此同时，中国政府正在努力完善来华留学教育规章制度和管理体制，营造良好的来华留学环境，来华留学人数迅速增长，学历层次和培养质量明显提高。

1. "来去自由"政策促进出国留学快速发展

改革开放以来，中国的公费出国留学政策从1978年的"突出重点，统筹兼顾，力争多派"的政策，到1986年的"按需派出，保证质量，学用一致"的工作原则，到1997年起正式实行"个人申请、专家评审、平等竞争、择优录取、签约派出、违约赔偿"的国家公费选派办法改革，又到1999年明确的"博采各国之长，精选精派"的原则，再到2003年的"三个一流"原则；自费留学则从开始制定政策，到20世纪90年代初重新调整，从而彻底放开自费留学；回国留学方面，1992年中央确定"支持留学，鼓励回国，来去自由"的十二字工作方针，充分体现了尊重公民出国留学权利的国家政策。随着教育对外开放的深入，留学教育政策更加开放、稳定、完善并走向成熟，促进了留学活动的可持续发展。留学生数量显著上升，从1978年到2012年年底，各类出国留学人员总数达264.47万人。基本形成公派出国留学为主导、自费出国留学为主体的工作格局，基本形成以在外留学人员服务与管理工作为核心的政策框架①。2011 年，中国留学人数为 33.97 万人，占当年全球留学总人数的 14%，为 2000 年出国留学人数的 8 倍，居世界第一②。

为吸引留学生回国工作创业，我国建立了多方面的配套服务体系，包括建立留学人员创业园，成立了“中国留学服务中心”及“留学回国工作办公室”，建立了出国留学工作研究会推动留学回国工作健康发展，并以项目为载体，做好海外优秀留学人才引进工作。启动了“千人计划”；实施支持在外留学人员短期回国服务的“春晖计划”及“春晖计划”海外留学人才学术休假回国工作项目，鼓励已在国外高校任教的留学人员利用学术休假年回国在高校从事讲学和研究；实施“长江学者奖励计划”、“新世纪优秀人才支持计划”、“留学回国人员科研启动基金”等各类引才项目；通过特聘教授岗位制度的实施，招揽大批海内外中青年学界精英参与中国高校重点学科建设。

留学归国人员成为中国科学教育发展及现代化建设的重要力量，留学归国人员中涌现了像路甬祥、韦钰、陈章良等一大批著名科学家及优秀专业人才，成为社会主义现代化建设不可或缺的人才。据统计，到 2004 年前，在教育部直属高校目前在岗校长中，有 77.61% 的人有过留学经历。62.31% 的博士生导师是留学回国人员。此外，81% 的中国科学院院士、54% 的中国工程院院士、72% 的“九五”期间国家 863 计划首席科学家是留学回国人员③。他们在载人航天工程、高温超导、人类基因组序列“工作框架图”绘就等重大项目和高科技领域的重大突破中都做出了重大贡献。根据教育部统计，在目前的教育部直属高校中，近 80% 的校长由留学归国人员担任。与此同时，目前留在海外的几十万学人也通过回国讲学、联合科研攻关、引进项目和资金、提供信息服务和技术咨询等各种形式为

---

① 教育对外合作与交流进展情况［EB/OL］. http://www.moe.gov.cn/publicfiles/business/htmlfiles/moe/s7204/201302/148024.html.

② 2011 年度出国留学人员 33.97 万人［N］. 中国教育报，2012-02-11.

③ 回国，我们第一选择：来自中国留学人员回国创业成就展的声音［N］. 中国教育报，2004-03-03.

祖国建设贡献着他们的力量。广大出国留学人员不仅直接为中国的教育科学文化事业做出了重要贡献，而且促进了中国文化在国外、境外的传播，扩大了中国在国际社会的影响，成为联系中国和世界的重要纽带。据统计，留学回归人数呈现稳步上升趋势，改革开放以来，留学回国人员总数达 109.12 万人，有 72.38% 的留学人员学成后选择回国发展①。

2. 完善留学管理体制促进来华留学规模扩大

来华留学教育结构的演变是由中国政治、经济、教育、文化等多种因素交互作用所决定的。随着中国改革开放的深入和综合国力逐步增强，中国已成为一个具有潜力的巨大市场，外国企业来华投资，建立合资及独资企业为外国青年提供就业机会，使得外国青年学习汉语，熟悉中国国情，熟悉中国经济、科技，乃至社会生活状况的愿望增强。这为开展来华留学工作带来发展的契机。来华留学教育也经历了即由计划经济到市场经济的转换，由政府主导到公民自主选择，由精英留学到大众化留学的转换。改革开放以来，中国来华留学生教育事业取得了长足的发展。来华留学生人数从 1978 年的 432 人发展到 2012 年的 328330 人；留学生的国别从 70 多个国家，发展到来自世界各地的 200 多个国家；来华留学生的类别从当初的语言生发展到本科生、研究生、高级进修生、普通进修生等；留学生的专业分布由当初的单一专业发展到文、理、工、农、医、艺术、体育、经济等；接收留学生的学校由改革开放初期的 40 多所，发展到 2012 年的全国 31 个省、自治区、直辖市的 690 所高等院校、科研院所和其他教学机构。来华留学生教育经历了从无到有，从小到大，从边缘化逐渐向中心化转移的发展过程。在来华留学生数量迅速增加同时，自费生比例增长迅速，从 1978 年全部享受政府奖学金，到 2012 年自费留学生占来华生总数的 91.24%。②

为促进来华留学事业发展，中国政府在努力提高政府奖学金规模和力

① 教育对外合作与交流进展情况［EB/OL］. http://www.moe.gov.cn/publicfiles/business/htmlfiles/moe/s7204/201302/148024.html.

② 数据来源于《2012 年全国来华留学生简明统计报告》，网址为 http://www.moe.gov.cn/publicfiles/business/htmlfiles/moe/s5987/201303/148379.html。

度，构建多元化奖学金体系，对留学生的资助力度在不断加大。根据中国与有关国家之间的教育交流协议和交流计划，2000 年教育部向 152 个国家提供了中国政府奖学金名额。2000 年 9 月有来自 130 个国家的 1664 名获得我国政府奖学金的新生进入中国高等院校学习，加上已在校学习的学生，2000 年共有来自 148 个国家的 5362 名留学生享受中国政府奖学金在华学习，占全年留学生总数的 10.28%。其中来自亚洲的奖学金生 2648 名，占奖学金生总数的 49.38%；欧洲 1320 名，占 24.62%；非洲 1154 名，占 21.52%；美洲 205 名，占 3.82%；大洋洲 35 名，占 0.65%。接受学历教育的奖学金生共有 3044 名，占奖学金生总数的 56.77%。2000 年还有 148 名留学生和外国学者获得教育部“长城奖学金”（通过联合国教科文组织提供）、“优秀生奖学金”、“外国汉语教师短期研修奖学金”、“HSK 优胜者奖学金”和“中华文化研究奖学金”等专项奖学金来华学习或从事研究。①

目前中国设立的来华留学生奖学金包括中国政府奖学金、地方政府奖学金、高校奖学金、企业奖学金和外国政府奖学金。据统计，2008 年共有来自 189 个国家和地区的 22.3 万名各类来华留学人员，分布在全国 31 个省、自治区、直辖市的 592 所高等院校、科研院所和其他教学机构，比 2007 年同比增长了 14.32%。不仅人数增幅明显，来华留学教育层次也进一步提高。2008 年，来华留学生中学历生为 8005 名，占来华留学生总数的 35.8%，同比增长 17.29②，这个速度高于来华留学生总人数的增长速度。国家对留学教育高度重视，不断增加各类奖学金数额，如 2008 年中央财政投入 5 亿元，奖学金人数达 13516 名，同比增长 33.15%，发放规模及受益范围明显扩大。享受中国政府全额奖学金的外国留学生可享受免交注册费、学费、实验费、实习费等，学校免费提供校内住宿，享受门诊医疗服务和中国政府奖学金来华留学生综合医疗保险等待遇。此外，这些来华留学生每月还可领取一定的生活费，标准为本科生 1400 元、硕士生

---

① 中华人民共和国教育部．中国教育年鉴 2001［M］．北京：人民教育出版社，2002.

② 来华留学人数首次突破 20 万［N］．人民日报，2009－03－26.

1700 元、博士生 2000 元。2010 年，获得中国政府奖学金的来华留学生将增至 2 万名①，这种经济手段将直接推动留学生数量增长，并有利于吸引国际留学生，特别是发展中国家生源。

随着接收来华留学生院校和留学生数量的增多，留学生管理也在不断完善，来华留学手续也在简化。1988 年，国家教委规定：高等学校接收外国留学生的来华签证一律使用《外国留学生人员审批登记表》。来华留学生只需填写本表，驻外使领馆根据登记表审查合格，即可签发来华学生签证。1993 年又改为中英文对照的《外国留学人员来华签证申请表》，使得来华留学程序更加方便、快捷和人性化。

3. 我国留学政策尚待关注的问题

改革开放以来，中国政府根据中国国情、文化背景，外交政策以及社会经济发展的需要，制定并不断调整留学政策，以保证政策的连续性和时效性。在全球化背景下，现有的留学政策面临着挑战，例如大量精英滞留海外，海外学生安全问题频发，非法中介欺骗消费者情况时有发生等，不完备的政策体系成为影响留学教育健康发展的制约因素。目前我国留学服务市场存在巨大贸易逆差，来华留学人员学历层次、专业分布以及生源国分布不平衡等问题都需要依据有针对性的政策进一步调整与完善。

（1）精英滞留海外造成人才流失

1978—2011 年，中国共送出了 224.51 万名留学生，成为全球最大留学生输出国。而同期留学回国人员总数为 81.84 万人，回归率为 36.5%，超六成留学生滞留海外。按照国际留学教育的发展规律，发展中国家在经济的起飞阶段，回归率与滞留率之比若保持在 2∶1 为最佳，这个比例被称为“最佳黄金回归比例”。然而从目前的统计数据看，中国留学生的回归率与滞留率之比为 1∶2，即有三分之一的海外留学人员回国效力，有三分之二的留学生在国外工作与学习②。自费留学人员的回归率总体偏低，而公派留学人员的回归率较高。根据国家留学基金委统计，1996—2008 年国

① 来华留学人数首次突破 20 万［N］. 人民日报，2009－03－26.

② 专家深度剖析：中国留学生“学而不归”现象［N/OL］.［2012－11－16］. http://news.xinhuanet.com/overseas/2005—11/05/content_3736418.htm.

家公派的留学人员共计48605人，预计应回国37494人，实际归国人数为36614人，回归率为97.65%①。有相当一部分自费留学生学成后选择定居国外，这对中国造成了智力和教育资源的双重流失，也使中国成为世界上最大的人才流失国，很大程度上削弱了中国的人才竞争优势。

（2）国外留学人员安全问题值得关注

改革开放初期，出国留学人员以大学毕业后出国深造为主。现在，更多的人从高中甚至是初中开始就选择出国留学，留学“低龄化”的趋势日益显著，直接出国读中学的人数也大幅增长。2010年中国出国留学的高中及以下学历学生人数为7.64万，占当年出国留学总人数的19.8%。2011年高中生出境学习人数为7.68万，占当年中国总留学人数的22.6%。在2011年《高中生出国留学意向分析》中，在有出国意向的被调查高中生中，70%计划高中毕业后出国读大学，24%计划出国继续高中学习，6%计划在国内完成大学学业后出国读研究生②。

大量低龄留学生在海外学习和生活，面临着复杂而多样的安全隐患，涉世不深的学生往往思想还没有定型，缺少辨别是非的能力，很容易受到不良思想的引诱而迷失方向。因此保障国外留学人员安全已经成为我国留学教育工作的重点和难点，制定相应的政策已刻不容缓。

（3）留学中介服务需政策规划

自费出国留学人员数量增加，使得留学中介服务应运而生，发展迅速。据统计，2004年，有些省80%以上的留学生通过留学中介出国③。目前，教育部公布的合法留学中介机构达448家。但由于缺少相应的法律、法规及有效的监督，非法中介欺骗消费者和国外院校的情况也时有发生。

① 880名公派留学人员没按期回国，要进行违约赔偿，国家留学基金管理委员会秘书长刘京辉回答记者提问［N/OL］.（2009-03-25）［2012-12-10］. http：//www.chinanews.com/edu/cglx/news/2009/03-25/1617835.shtml.

② 留学“低龄化”高中生做着怎样的“出国梦”［EB/OL］.［2012-12-12］. http：//edu.gmw.cn/2012—09/14/content_5079224.htm.

③ 中华人民共和国教育部. 2004年4月28日教育部举办《自费出国留学中介服务委托合同（示范文本）》新闻发布会［EB/OL］.［2012-12-12］. http：//www.jsj.edu.cn/index.php/default/news/index/289.

为保护留学生权益，需从国家层面出台一些法规、政策来规范中介服务，充分发挥留学中介的积极作用，降低留学风险。

（4）来华留学多方面失衡待调整

虽然近些年来来华留学人数数量有所增长，但总体而言，来华留学尚处于比较初级阶段。

从生源分布来看，来华学生的生源国尽管遍及世界各地，但韩国、日本两国留学生之和约占总数一半，生源分布明显失衡。从学历层次来看，非学历生在来华留学生中占主体地位，普通进修生规模一直保持领先。普通进修生和短期生主要学习汉语言、文学和管理等学科，来华留学生学历层次有待提升。在学科分布上，来华留学生学习文科的占七成，理工科留学生比例较小。以 2005 年为例，当年全年各类来华留学人员总数超 14 万人，其中前来学习汉语的人数为 86679 名，占 60% 以上①。为改变来华留学教育多方面失衡现象，不仅需要根据留学服务市场需求，加大营销力度，塑造留学服务品牌，更需要从根本上优化我国高等教育的学科结构，提升高等教育质量。

---

① 张宗棠. 2005 年来华留学人数逾 14 万 学汉语类人员占 60% 以上［N/OL］.［2012－12－10］. http：//news. xinhuanet. com/newscenter/2006－06/05/content_4649497. htm.

第四章

国际留学教育发展趋势与展望

国际留学教育的发展受到政治环境、经济发展、地缘文化、社会环境等多方面因素的影响。尤其是国际金融危机的爆发给世界带来了巨大的冲击，也促使世界政治、经济、文化产生深刻的变化，国际留学教育随之受到直接影响。发达国家在科技、社会、文化和教育等方面依然领先，但近年来受到金融危机的困扰，出现了经济发展的低迷和停滞。以新兴经济体为代表的发展中国家则利用后发优势在世界经济格局中扮演着日益重要的角色。通过派出留学生学习发达国家的先进科技和管理经验，通过吸引国内外人才为本国经济建设和提升竞争力服务，今后发展中国家可以有较大的作为。研究和预测国际留学教育发展趋势，可为制定科学合理的留学教育政策提供客观依据。

一、国际留学教育发展趋势和政策走向

随着经济全球化和教育国际化的进展，世界范围内的学生流动日趋频繁。在越来越多的学生为适应国际化趋势、增强个人职业竞争力而选择出国留学的同时，各国政府也将留学政策作为强化人才战略、促进教育服务

贸易发展的重要环节给予了高度重视。在这一背景下，国际留学教育的发展趋势和政策走向显示出一些共同特征。了解这些特征，可以帮助我们展望未来的国际留学教育，以便制定出顺应趋势的相关政策，促进我国留学教育的持续健康发展。

（一）国际留学教育发展趋势

1. 国际留学教育市场将成为人才竞争的角力场

经济往来的加深和国际竞争的加剧，促使各国将留学教育政策纳入到国家人才发展战略之中，并将政策重点放在对国际学生的吸引、服务和支持上。同时，将留学教育作为一项产业予以发展，提高本国在国际留学市场所占份额，通过提供教育服务获得巨大的经济利益，增加对外教育服务贸易顺差，以此带动本国经济增长，这是各国应对教育国际化和知识经济发展而纷纷采取的战略。发达国家在这方面走在了世界前列，美国、英国、澳大利亚、法国和德国各吸收了全世界超过6%的外国留学生，而77%的留学生选择前往OECD国家学习①。由于在科技学术、经营管理、教育制度与体系等方面拥有较强的竞争优势，发达国家继续领跑国际留学市场的局面在短期内不会改变。

美国作为世界上接收留学生最多的国家，获得了巨大的经济利益。根据联合国统计处统计的28个国家和地区的教育服务贸易数据，2005年美国教育服务贸易出口额位居世界第一，达到141亿美元，占比57%②。英国政府也不遗余力地采取措施发展留学教育，有学者算过一笔账，一个外国留学生完成学业至少可以给英国增加3万英镑收入，而且每增加一个外国留学生，又将给英国增加0.5个就业机会③。澳大利亚20世纪80年代以后将教育视为出口产业，制定了相应的留学政策和教育服务出口政策，自费留学生数量

---

① OECD. 教育概览2012：OECD指标［M］. 中国教育科学研究院，译. 北京：教育科学出版社，2012：390－391.

② 中国服务贸易指南网. 教育服务行业发展［EB/OL］.［2013－06－27］. http：//tradeinservices. mofcom. gov. cn/h/2008－02－21/24390. shtml.

③ 刘慧，曹步峰. 战后外国留学生教育的发展趋势［J］. 外国留学生工作研究，2007（2）：23.

迅速增加。澳大利亚国际教育出口额在2008—2009年度达到172亿澳币，较上一年度增长了23.2%①。自从2006年国际教育上升为澳洲第三大出口产业以来，其产业价值就一直处于高速递增的状态，目前国际教育产业已经持续成为澳大利亚价值最高的服务产业，排在澳洲旅游产业之上。

发展中国家作为国际留学的主要生源地，一方面通过派遣留学生而后发追赶所需要的科学技术与管理经验，另一方面也承受着人才外流所带来的智力损失。目前在主要留学目的地国所接收的高等教育阶段国际留学生中，来自发展中国家比较集中的亚洲、非洲以及拉丁美洲和加勒比海地区的留学生，在总数当中占70.5%，其中亚洲生源占52.5%②，全世界每两个留学生中就有一个来自亚洲。根据美国国家科学基金的最新数据，并结合其他经合组织（OECD）成员国的评估数据，出生于发展中国家的高级科学技术人员大约有三分之一最后是在发达国家从事研究工作。相关数据还显示，美国的科学技术劳动者中有10%来自外国，在澳大利亚这一比例为25%，而中国和印度两国在别国尤其是在美国工作的外流移民最多③，这一状况在今后若干年内不会改变。

本书第二章“国际留学教育概况”从流出率和流入率的角度考察了OECD国家的留学状况。OECD国家的留学生流入率基本上都高于3%，高于10%和在5%—10%的国家各有6个，而留学生流出率则大多低于4%，大多数国家的留学生流入率高于流出率。这一状况表明发达国家的教育体系具有明显优势，因而吸引国外学生前来留学的国际竞争能力较强。相比之下发展中国家基本上是国际学生流出率高于流入率，表明其高等教育数量和质量尚不能满足国内民众的教育需求，因此会有较多的国内学生到海外接受更优质的教育，而本国吸引海外学生前来留学的数量却较少。因此，国际留学生由发展中国家流向发达国家，尤其是流入传统留学目的地

---

① 澳大利亚留学网．2008—2009年澳洲教育出口收入统计［EB/OL］．［2013-06-27］．http://www.17liuxue.com/ShowVNews.asp?ItemID=13520.

② OECD．教育概览2012：OECD指标［M］．中国教育科学研究院，译．北京：教育科学出版社，2012：410.

③ Jean-Baptiste Meyer．人才外流形式改变的政策含义［EB/OL］．(2003-05-01)［2013-06-27］．http://www.scidev.net/zh/science-and-innovation-policy/brain-drain/policy-briefs/zh-131289.html.

国的基本趋势会长期保持。

流出率也可以反映一个国家的高等教育利用国际资源的程度，流入率则可以反映一个国家对国际教育资源的贡献程度。发达国家学生的流出率和流入率都较高，表明发达国家高等教育对国际教育资源的利用程度及贡献程度都较高。但大部分发达国家的学生流入率都高于学生流出率，表明发达国家对国际高等教育资源的贡献大于利用。而从教育服务贸易的角度来看，由于学生流入率较高，发达国家从接收留学生当中所获得的经济利益也较大，同时较强的人才吸引力也使发达国家通过留学教育而获得了更具优势的人才储备。因此，发达国家为应对国际竞争，将继续以留学教育为主渠道，在国际教育服务贸易市场猎取精英人才。

发展中国家则大多数都是学生流出率高于流入率，表明发展中国家对国际高等教育资源的依赖和利用大于贡献。从教育服务贸易和人才储备的角度来看，流出大于流入对发展中国家来说无疑是不利的，但这可能是一个必然要经历的过程。发展中国家采取措施减少这一过程带来的损失，并利用后发优势少走弯路，通过学习先进科技和管理经验，在较短时间内赶超发达国家并不是没有可能的。制定积极的留学政策吸引外国优秀人才的同时，鼓励出国留学并以优惠政策促进人才回流，将成为发展中国家在国际留学教育市场变被动为主动的关键举措。

2. 未来十年国际留学教育市场规模将进一步扩大

随着经济全球化和教育国际化的进展，教育上的国际交流与往来日益加深。通过留学学习世界先进科技和管理经验，掌握不同国家和民族的语言文化及社会状况，熟悉国际交往与商务运作规则，这是全球化时代的新型人才所需具备的学习经历和素养要求。留学也促进了人才在国际范围内的流动，因此各国都把发展留学教育作为培养和吸引人才的重要途径而加以特别关注和重视，从国家战略的高度采取各种措施为留学生提供支持和服务，提高本国教育体系对国际学生的吸引力，通过发展留学教育来增强教育国际竞争力。

随着世界范围内各个国家特别是发展中国家的全民教育发展，接受和完成基础教育的人群不断扩大，有越来越多的年轻人具备升入高等教育继续学习深造的条件。同时，世界经济格局的多样化特别是新兴经济体国家的经济快速增长，也使得更多国家的越来越多的普通民众有条件支付海外留学的费用，而留学目的地国的国际人才政策也吸引着更多的学生奔赴海外，踏上留学的道路。

2010 年，全世界高等教育阶段外国留学生人数超过了 410 万，比 1975 年增长了 4 倍多，比 2000 年增长了 99%①。与 20 世纪相比，21 世纪初的留学生增长速度显著加快，今后随着国际交流的不断扩大，这一增长趋势有望继续保持下去。根据 OECD《教育概览 2011》提供的数据，自 2000 年以来，世界范围内高等教育阶段的外国留学生总数的年均增长率为 6.6%。如果按照目前的这一增长率进行估算，以 2010 年 410 万名留学生的数量作为基数，到 2020 年世界高等教育阶段国际留学生人数将会达到接近 800 万（估算值约为 770 万）的规模。

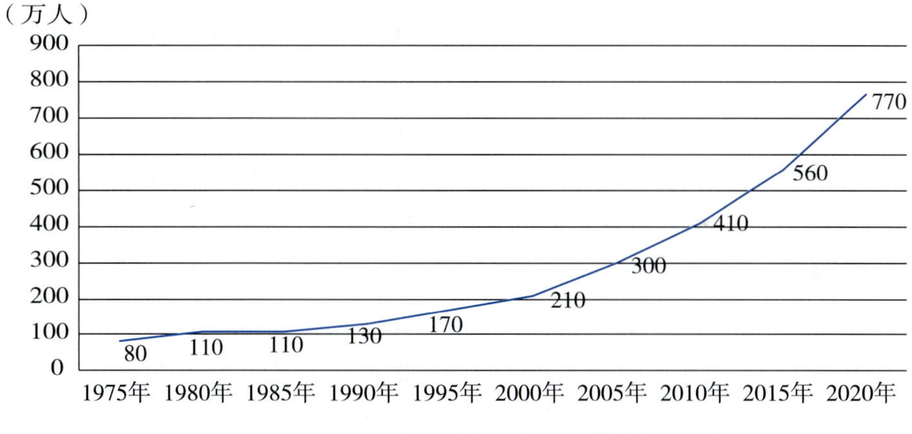

图 4.1 1975—2020 年国际留学教育规模的发展趋势

【数据来源】OECD. 教育概览 2012：OECD 指标［M］. 中国教育科学研究院，译. 北京：教育科学出版社，2012.（2015 年、2020 年为估算数据）。

为应对国际金融危机带来的冲击，世界各国纷纷采取措施刺激经济增长，并通过留学教育、劳动和移民政策吸引国际人才，使之为发展本国经

① OECD. 教育概览 2012：OECD 指标［M］. 中国教育科学研究院，译. 北京：教育科学出版社，2012：392.

济服务。针对国际人才提供种种便利和优惠待遇，有利于促进人才的国际流动，为今后国际留学的进一步增长做出了较好的铺垫。未来几年，不仅前往传统留学目的地国的国际学生数量将继续增长，而且随着更多国家的积极参与和政策跟进，将有越来越多的国际学生前往新兴留学目的地国学习，从而带动国际留学教育市场整体规模不断扩大。

3. 将有更多国家参与分配国际留学教育市场份额

根据国际上研究人口流动和迁移影响因素的“推拉理论”，人口是沿着经济、社会、文化等方面更为有利的方向进行移动的。促使人口向外迁移流动的不利的社会经济条件构成了“推力”，反之促使人口向内迁移流动的有利的社会经济条件构成了“拉力”。发达国家由于在制度、资本、人力资源以及教育质量与服务等方面拥有十分明显的优势，因此具有较强的吸引国际学生的“拉力”，它们在国际留学教育市场中长期以来一直占据着绝大部分的份额。但近年来由于世界各国纷纷加强了人才战略的推进，特别是新兴经济体国家的强劲发展带动了教育服务贸易的进步，越来越多的国家积极参与到国际留学市场的竞争中来，这种趋势促使留学市场发生了很大变化。

从地区分布来看，根据第二章“国际留学教育概况”当中的分析数据，2001 年北美和西欧接收的留学生占国际留学教育市场份额为73%，而2010 年这一比例降至57.68%。与此形成对比的是，东亚和太平洋地区接收留学生所占份额有较大的提高，从 2001 年的 12.61% 升至 2010 年的21.05%。市场份额增幅较大的还有阿拉伯国家，从 2001 年的 1.3% 升至2010 年的6.14%。这一变化表明，传统留学目的地国及其所在区域正在逐渐失去绝对的优势，而新兴留学目的地国及其所在区域正处在上升和成长阶段，在国际留学教育市场具有良好的发展前景。

从国家分布来看，美国、英国、澳大利亚、法国和德国作为五大中坚留学目的地国，2010 年在国际留学市场依然占有半壁江山（50.57%），而中国、韩国、新加坡、新西兰、埃及、捷克等新兴留学目的地国，也进入了排名前20 位，表明越来越多的后起之秀开始在国际留学市场上扮演重要角色。作为第一大留学生接收国，美国在国际留学市场依然占有最大的份额，但其下降速度较快。20 世纪末美国占国际留学市场份额高达 67%，由于受“9·11”事件以及留学市场格局变化的影响，其市场份额大幅下降，到 2010 年已降至 19.17%。作为亚洲新兴留学目的地国，中国、韩国和新加坡 2010 年的留学市场份额分别为 2.01%、1.66% 和 1.36%，虽然数据显示的份额较低，但这几个国家的留学教育发展势头都不错，今后有望继续增长。

4. 国际留学教育需求日益呈现出多样化的特点

伴随国际留学教育规模的扩大，留学需求也日趋多样化，表现在留学教育的参与主体、留学形式、专业分布与学历层次等方面都出现了多样化的趋势。

在留学主体上，从政府机构派遣到自费出国留学，从青年学生出国到低龄学生留学，留学主体日趋多样化，精英留学已日趋向大众留学转变。例如我国目前的自费出国公民在赴外留学生中已占绝大多数比重，2000—2011 年自费留学人数占比达到 91.3%，而近年来低龄出国也出现了快速增长。

在留学形式上，从攻读正规学历课程以取得学位的长期留学，到参加交换留学、短期留学、语言培训，乃至于参加冬夏令营、修学旅行、考察访问等，留学形式越来越灵活多样。此外，合作办学、海外课程等也都成为可供学生选择的留学产品。灵活多样的留学形式为青少年学生提供了多样化的选择机会，使他们可以根据自身的留学目的、时间及经济条件等来规划和安排留学，从而扩大了留学的参与率和覆盖面。

在专业分布上，也越来越呈现出多样化的趋势。商科和理工科依然是热门领域，但相对于理工科及科学类的专业而言，日益大众化的留学市场需求中，商科、法律等文科类专业更受普通大众的青睐，这些专业的增长趋势也比较明显。根据 OECD《教育概览》数据，OECD 国家的国际留学生专业分布中，学习社会科学、商科与法律的学生比例是最高的，且近年来有逐渐提高的倾向，其比例在 2004 年、2006 年、2008 年和 2010 年分别为 31.74%、33.6%、34.49% 和 35.69%，表明偏向应用的文科类专业越来越受到留学生的欢迎。一些新兴专业如公共服务、创意艺术、游戏动漫、服装设计、博彩管理、物流专业等近年来也受到不少留学生的追捧。

在学历层次上，随着留学大众化和低龄化趋势的出现，出国求学的学历层次有所下移，呈现出多样化倾向。现在出国留学的很多人已不再是去攻读硕士学位和博士学位这样的研究生课程，而在相当于本科的学术类高等教育课程就读的学生构成了出国留学人员的主体，不少尚未完成中等教育的低龄学生也早早加入到出国留学的队伍中来。

5. 国际留学教育中的地缘性因素依然关键

地缘因素在国际留学史上一直是影响留学目的地选择的重要因素。在我国，清末张之洞鼓励留学日本，认为“游学之国，西洋不如东洋：路近省费，可多遣；去华近，易考察；东文近于中文，易通晓；西书甚繁，凡西学不切要者，东人已删节而酌改之。中、东情势风俗相近，易仿行，事半功倍，无过于此”。清末大批中国学生赴日留学，就是受到地缘因素的影响。虽然时隔百年，但今天国际留学中的这种地缘性趋向仍然没有改变。

联合国教科文组织、OECD 等国际组织的研究结果显示，全球学生区域流动的重要性正在超过全球流动，例如欧洲国家、东亚和大洋洲地区的学生流动就反映出地缘政治的演变①。根据 OECD《教育概览 2012》提供的数据，以欧洲国家为主的 OECD 国家的学生，通常都是选择其他 OECD 国家作为留学目的地，这就意味着欧洲国家的学生通常是在欧洲区域内留学。数据显示，来自 OECD 国家的外国留学生平均有 93% 是在其他 OECD 国家学习，而欧盟 21 国接收了欧盟区域内 98% 的外国留学生；在这 21 国注册的外国留学生中，76% 来自欧盟 21 国中的另一个国家②。

亚洲国家也是如此。本书第二章“中国留学教育现状”的数据显示，2011 年来华留学生中，亚洲国家学生占到 65%，虽然比起 2001 年的 75% 已有明显减少，但仍然占来华留学生总数的近三分之二。而日本的留学生

① OECD. 教育概览 2011：OECD 指标［M］. 中国教育科学研究院，译. 北京：教育科学出版社，2011：322.

② OECD. 教育概览 2012：OECD 指标［M］. 中国教育科学研究院，译. 北京：教育科学出版社，2012：401.

来源则更依赖于亚洲国家及邻近国家，2012 年日本接收留学生总数为 13.8 万人，其中 92.3% 是来自亚洲的学生，仅中国和韩国就分别占了 62.7% 和 12.1%①。2012 年 OECD《教育概览》的数据显示，韩国接收的留学生也有高达 79% 是来自于邻国。

今天国家间的交通工具十分发达，无论身在何处，基本上都可以在一天之内到达世界上任何一个其他角落，这为远距离留学和国际往来提供了很大的便利。但国际留学中近距离的区域流动依然十分活跃，这是明显地受到地缘因素影响而产生的结果。一般而言，邻近国家具有地理接近、交往成本较低的便利条件，而且彼此关系更为密切，相互之间的经济往来和人员交流也更加频繁。邻国的历史文化和语言文字也较为接近，教育体系也常常具有相似性，对留学生来说障碍相对较少，更容易适应国外的学习和生活。

对于发展中国家的留学生来说，选择留学目的地国的决定因素更多的是教育、科技与文化的发达程度以及对留学生的吸引政策，因此中国、印度的大批留学生前往美国、英国等相距遥远的国家留学，地缘因素在这里是退居次位的。但从全世界范围来看，仍然不可忽视地缘因素的影响，特别是它往往和地缘政治环境相互关联，因此成为各国在制定吸引留学生政策时比较关注的重要环节。

6. 国际文化交流与理解将进一步扩大

21 世纪是科技发展的世纪，也是文化复兴的世纪。无论是发达国家还是发展中国家，在追求日新月异的科技进步的同时，越来越多的人开始关注文化传统和人的心灵世界，认为这是给人类带来终极幸福的关键，也是科技发展的动力源泉和最终归宿。教育是传递和弘扬科技与文化的人类实践活动，留学教育则促进了不同国家和民族之间的科技与文化交流。

如今国际的学生流动与以往有所不同，以往主要是从留学生源国向留学目的地国的单向流动，而现在随着留学需求以及留学服务的多样化，出

---

① JASSO. 平成 24 年度外国人留学生在籍状况調査結果［EB/OL］.［2013－02－18］. http：//www.jasso.go.jp/statistics/intl_student/data12.html.

现了留学生在生源国和目的地国之间的双向流动以及在多个国家之间的多向流动。不少留学生在国外学习一段时间后又回到国内学习或工作，从而在生源国和目的地国之间多次往返流动，也有的学生可能在一个国家学习之后又到另一个国家学习。随着留学生的往来移动，科技与文化也在不同国家之间不断地流动。留学生的这种双向和多向流动体现了 21 世纪作为多元文化世纪的特征，各国无论国家大小和发达程度高低，都有机会参与这种相互影响和渗透的国际化进程。

对这一状况给予充分认识和高度关注，有利于帮助各国特别是发展中国家提高文化自觉和自信，在科技与教育立国的同时建立起文化立国的观念，通过留学生的派出与接收，强化国内外文化的交流与合作，特别是进一步弘扬和发挥本民族传统文化的作用，为世界文化的多元化与和谐发展做出积极贡献。

（二）国际留学教育政策走向

1. 向国家战略层面上升

早期的国际留学教育政治导向性较强，各国通过接收留学生来提高各自在国际上的政治影响力。例如美国自 1946 年起设立的联邦政府“富布莱特奖学金”，就通过每年资助数千名各国优秀学生到美国留学，向其传输美国文化、生活方式和价值观念。而从 20 世纪 80 年代中后期开始，国际留学教育中开始出现市场经济的要素，出现新的发展方式。随着全球经济一体化的进展，各国政府高度重视教育的国际化，培养本国通晓国际事务的国际化人才并吸引海外人才为己所用，这一政策已被很多国家提到战略及国策的高度。

目前全球留学生数量不断增大，世界经济格局趋于多元化，留学教育的重要性越发凸显。纵观 21 世纪以来各国留学教育政策的发展，不难发现，美、英、澳等几个主要留学目的地国或出台专门性的留学教育发展政策，或在科技发展政策中增加国际化的因素。尤其是在分权国家，原本中央一级政府对留学教育的涉足仅限于移民局等政府部门，教育部对于留学教育涉入十分有限，留学生的招收与派出基本属于地方教育行政部门和院校自身的业务范畴。然而，进入21世纪后，英国、澳大利亚、新西兰、加拿大等分权国家先后出台了促进留学教育发展的国家战略、国家计划，凸显出留学教育在教育、经济、文化、外交等几个方面的重要意义。

在澳大利亚，进入21世纪以来，国际教育战略确定为将澳打造成国际学生的首选目的地，计划到2025年招收100万国际学生，占国际留学教育市场份额的八分之一。为此，澳大利亚建立了包括教育部、外交与贸易部、移民与多元文化和本土事务部等在内的跨部门国际教育推广协调机制，由教育部牵头，确保战略的顺利实施①。日本在20世纪80年代提出到21世纪初实现接收留学生10万人的计划，经过20年的努力到2003年实现了这一目标。2008年，日本政府又提出了到2020年接收30万留学生的计划，届时留学生数量占日本高等教育机构学生总数的比例将由目前的3%—4%提高到10%，从而与德国、法国等非英语圈发达国家的水平持平②。

相比之下，新兴留学目的地国利用后发优势，在吸收、借鉴先进国家留学教育政策经验的基础上，积极制定符合本国留学教育发展需要的政策。其中韩国尤为突出，2001—2012年先后四次更新了留学教育发展目标，其2004年方案被称为“留学韩国计划”。该计划目标是努力使韩国成为东北亚教育基地，到2010年外国留学生人数达到5万人，在韩外国留学生的比例达到学生总数的1%，其中韩国大学本科层次的外国留学生占本科生总数的2%，研究生层次的外国留学生占研究生总数的5%。2008年韩国提前实现外国留学生教育发展目标，随后韩国政府修订目标方案，即到2012年实现招收10万名外国留学生的目标③。目前在韩留学生人数快速增加，韩国已逐渐从主要生源国向留学目的地国转变，成为国际留学教育市场上的一匹“黑马”。

---

① 高立平. 策略与启示：对国外大学招收国际学生的考察［J］. 黑龙江高教研究，2010（4）：57.

② 日本外务省日本留学综合指南，“‘留学生30万人计划’宣传活动”［EB/OL］.［2013-05-28］. http：//www.studyjapan.go.jp/jp/toj/toj09j.html.

③ 魏建华. 韩国外国留学生教育快速发展的政策分析及启示［J］. 浙江科技学院学报，2010（5）：371.

2. 向获取高端人才倾斜

在当今知识经济的时代，各国都将人才，尤其是高端人才的获取视为在国际竞争中胜出的利器。在这一观念的推动下，各国留学教育政策呈现出对高端人才的偏好，不仅在签证、奖学金、移民等多个方面实行优惠措施，而且在国家层面的发展战略中对这一政策倾斜加以明确。在签证政策方面，对研究生阶段留学生的签证要求往往低于本科阶段或更低阶段的留学生。在打工政策上，对研究生阶段留学生的限制往往较少，而新近才解除留学生打工禁令的国家也是从研究生和本科生阶段留学生向职业教育和语言教育课程的留学生扩展。在移民政策上，这一趋势更为突出。美国、日本、加拿大等许多国家都出台过渡性签证，帮助留学生完成从留学到工作的过渡。一些传统的非移民国家也纷纷出台吸引高级人才到本国就业的利好签证政策，体现出对高级优秀人才的渴望。

美国 2012 年底通过了《科技工程留学生就业法案》，为在美国大学取得科学、技术、工程和数学博士和硕士学位的外国毕业生建立新的绿卡计划，帮助他们留在美国工作和创业。该法案旨在留住国际高级研究人才、保持美国优势竞争力，为留学生在美国发展提供更有利的条件。此外，美国还采取了扩大可延长实习期限（OPT 签证）的外国留学生范围等措施，2011 年新增多个领域，涉及 50 个专业，但必须是 STEM 专业（数学、农业科学、生物科学、化学、物理和天文学、地质科学、工程学等），其毕业生可在美国实习长达 29 个月①。这一措施增加了留学生在美国的就业机会，同时也拓宽了学生选择专业的范围。

日本政府从 2012 年春季开始实施高级人才打分制，对希望前往日本工作的外国籍工作人员从学历、工作经历和年收入等方面进行综合打分，得分高者将获得更加优厚的待遇。这项政策将率先在“学术研究”、“高级专业·技术”和“经营·管理”三种签证资格的审批程序中执行，其目的是

---

① DHS. 17-Month Extension of Optional Practical Training for Certain Highly Skilled Foreign Students [EB/OL]. [2013-06-27]. http://www.dhs.gov/xnews/releases/pr_1207334008610.shtm.

吸引海外高级人才到日本工作和定居，为日本的经济增长注入活力①。

加拿大2011年开始实行毕业工作许可项目（Post Graduation Work Permit Program），凡是完成8个月以上学习的国际学生均可以申请该项目，毕业后合法在加拿大工作最长达三年。有数据显示，未来十年加拿大会有超过一百万个就业机会，而移民和国际学生将获得其中很大比例的岗位。由于现在加拿大技术人员短缺，毕业工作许可项目（PGWPP）的目的就是鼓励更多优秀的国际学生毕业后申请成为加拿大永久居民②。

另一方面，以往通过大量派出留学生来达到提升本国经济、科技实力的国家，纷纷转换思维，将留学教育的重点转移到吸引留学生上，积极推动本国教育和文化的对外传播，扩大国际影响。韩国、日本、新加坡等亚洲国家均属此类。不仅后发国家开始重视吸引留学生，传统留学目的地国也改变了任由留学教育自然发展的态度，开始在政策中强调吸引留学生的重要性，力争在世界范围内选拔优秀人才。

以韩国为例，韩国政府正在采取新的教育国际化战略，即推行引进高端智力的国际英才培养计划，吸引更多的外国优秀学生赴韩国留学，促进韩国与各国之间的教育、科技、文化交流，提高韩国的教育国际化程度及国家总体竞争实力。为此，韩国政府实施了一系列吸引外国留学生的措施，包括统一管理“韩国国际奖学金”、扩展相关能力考试、实施推进亚洲高等教育学生交流的“亚洲校园”计划等。经过努力，韩国吸引的国际学生已从2004年的1.7万人快速增加到2011年的8.9万人。作为吸引海外优秀学生的战略步骤，韩国教育科技部于2012年上半年公布了《“学在韩国”2020计划》，提出到2020年招收20万名杰出学生到韩国留学的目标。该计划从国家战略的角度对招收国际学生进行了部署，韩国教育科技部官员认为，一方面要改善留学生教育的管理与服务质量，同时要提高留学毕业生的就业率和改善定居条件，使韩国成为对海外学生更具吸引力的

---

① 高度人材に対するポイント制による優遇制度の導入について［EB/OL］.［2012－10－19］. http：//www.immi-moj.go.jp/newimmiact_3/index.html.

② CIC. Stay in Canada After Graduation［EB/OL］.［2012－10－20］. http：//www.cic.gc.ca/english/study/work-postgrad.asp.

国家。为此，韩国政府致力于改善留学教育质量以及留学生的生活与就业环境。同时，针对很多韩国企业希望招聘国际学生但却缺少这方面信息的状况，韩国政府加强了国际优秀学生的信息收集、管理与服务，例如通过“留学韩国系统”中的外国优秀学生数据库向相关企业提供服务①。

3. 以加强服务保障为重心

全球留学生规模的不断增大也使得留学教育的质量和安全问题暴露出来，给各国留学生的管理和服务提出了新的挑战。留学生对留学教育的需求不再仅停留在完成“跨境”这个形式的层次上，而是深入到留学教育过程，更加注重留学教育的内涵和质量。为应对这一转变，增强本国留学教育的吸引力，世界上很多国家都意识到留学生管理与服务的重要性，纷纷出台相关的法律法规，规范留学生的管理，提高留学生服务的质量。

在这方面，澳大利亚走在了前头，早在 1991 年便出台了专门的《留学生教育服务法》，此后不断根据留学生的状况适时调整。2001 年澳大利亚校长委员会颁布了《澳大利亚大学对国际学生提供教育的条例和纲要》，该条例得到澳大利亚 38 所大学的签名认可。其目的主要是保证澳大利亚高等教育的质量和信誉，保护教育消费者的合法权益，最终保护国内高等教育体系，提高高等教育的国际竞争力。2005 年澳大利亚联邦、各州和领地的教育培训部长们就跨国质量框架达成共识，确保为境外提供的教育质量位居国际前列。自 2004 年起，澳政府开始对海外的跨国教育项目进行审计，截至 2006 年 11 月，已访问并审计了 80 个跨国教育项目②。

在美国，2005 年已有 34 个州制定了指导开展全球教育的章程，同年 10 月美国参议院通过了《健康、服务和教育机会法案的修正案》，其中涉及教育国际化的主要内容包括：（1）塑造美国欢迎外国学生的开放形象，把美国高校纳入世界竞争的轨道；（2）政府加强与院校的合作，分担院校在招收外国学生方面的压力，把积极开拓国外生源市场纳入政府工作日

---

① Suh You-mi. New Global Korea：From Brain Drain to Brain Circulation [EB/OL]. [2012 – 08 – 29]. http：//english. mest. go. kr/web/42207/en/board/endownload. do? boardSeq = 69168.

② 王剑波，姜伟宏，康丽贞．国际跨国高等教育质量监管对我国的启示 [J]. 现代大学教育，2009 (6)：62.

程；(3) 充分挖掘潜力，运用类似英、加、澳等国的营销策略，通过网络等途径为院校做宣传，使美国保持吸引世界最聪颖人才的优势；(4) 评估并更新长达50多年的美国签证制度，为学生签证的快捷性制定明确的标准，加快识别和排除危险人员的速度①。

韩国、新西兰等国也相继出台了专门加强留学生利益保护的法律法规。而在另外一些国家，尽管没有专门的法律法规，但在国家层面的留学教育发展战略以及已有的相关教育法律法规中，都凸显出对留学生管理与服务的重视。例如，新加坡出台的《私立教育法》(2009年) 设定了私立教育机构招收留学生的条件，对于保护留学生利益、提高留学教育质量无疑具有积极意义。

4. 与劳动、移民政策走向联动

尽管绝大多数国家在接收留学生的过程中，为摒除留学动机不纯的申请者，都以“学成回国”为基本的前提和原则，但在留学教育的出口阶段，各国留学教育政策显示出与劳动、移民政策联动的发展趋势，这与国际人才竞争加剧密不可分。在具体政策措施方面，多数国家都给予留学生优惠政策。例如，美国形成了F1—OPT—H1B—绿卡从留学到移民的签证流程；澳大利亚、加拿大创设技术移民的渠道，为留学移民提供可能。高水平优秀人才格外受青睐，往往在移民的过程中得到各国政府的支持。澳大利亚和新西兰在近些年政策不断地更新，吸引优秀的人才到当地去学习和发展。2013年澳大利亚将推出PSW (Post Study Worker) 政策，即留学生在毕业后的两年时间中可以在澳大利亚本土工作和生活，这也是吸引留学生的一个十分诱人的政策，这样就能保证在澳留学的学生们有在澳生活、学习、工作等多方面的经验，也让长期的澳洲生活成为可能②。

不仅如此，非移民国家也在签证、资助等阶段做文章，加强针对留学生的就业服务措施。新加坡政府提出改变新加坡“留学中转站”的情况，留住优秀人才，推出附带有工作要求的奖学金项目，形成了留学—奖学

---

① 聂名华，黄云婷．美国高等教育国际化发展战略分析［J］．学术论坛，2011 (6)：199.

② 育路教育网．出国留学：各国留学品质将再提升［EB/OL］．［2012－10－15］．http://cg.yuloo.com/xwzx/1018779.shtml.

金一工作一条龙的人才确保政策。而在英国，经济危机使得政府资助更多地流向本国学生，留学生在缴纳高昂学费的同时却不能通过校外打工降低留学成本，同时2010年签证政策的调整几乎关闭了留学生毕业后在英工作的渠道①。可见，留学生政策与劳动、移民政策的联动不仅仅体现在招收和挽留优秀人才方面，在限制留学生数量方面也有所体现。

二、中国留学教育发展趋势和政策走向

在国际留学教育规模日益扩大和发展的背景下，我国的留学教育也取得了很大发展。留学教育规模不断扩大，参与留学的范围更加广泛，出现学成归国热潮，来华留学的规模也迅速增长，扩大了我国在国际留学市场所占份额，提高了教育国际影响力和竞争力。考察和探讨我国留学教育发展趋势和政策走向，有助于帮助我们整理思路，更好地制定相关政策，推动我国留学教育的持续健康发展。

（一）中国留学教育发展趋势

1. 继续扩大规模是留学教育的主要发展趋势

进入21世纪以来，我国留学教育呈现快速发展的态势，出国留学和来华留学人数均有大幅度增长。出国留学人数1978—1999年总量为33.38万人，而2000—2012年10余年间的总量就达到232.13万人，相当于之前20余年的近7倍。仅2011年一年的出国留学人数就有33.97万人，比1978—1999年的22年总量还多，2012年出国留学人数更是攀升到41万人之多。来华留学方面2001—2010年累计接收留学生156万人次，占改革开放以来我国接收来华留学人员总数的80%，来华留学规模迅速发展，年均增幅接近20%。2012年共有来自全球200个国家和地区的32.83万名留学生在华

① Macready, Caroline, Clive Tuker. Who Goes Where and Why? An Overview and Analysis of Global Educational Mobility [M]. New York: The Institute of International Education, 2011: 75.

学习，创来华留学生人数历史新高。

目前出国留学和来华留学在总体规模上趋于接近。由于国内民众对优质教育资源的需求快速增长以及国内教育资源相对不足，出国留学仍有望保持持续增长的趋势。来华留学主要取决于我国总体发展环境及吸引留学生的政策，只要我们能够保持政治、经济、社会以及对外关系等各方面的稳定和良好发展，进一步采取有力的留学生吸引政策，不难预测来华留学将会保持一个较好的增长态势。

从扩大教育国际影响力、提高国家总体实力的角度出发，今后我国尤其需要加强吸引国际学生来华留学的工作，这对于改善我国教育的总体质量、提高教育发展水平也会起到促进作用。目前我国确立的来华留学方针是“扩大规模，优化结构，规范管理，保证质量”，十六字方针中“扩大规模”排在首位，反映出国家对来华留学教育现状及发展趋势的基本判断，以及与现状和趋势相对应的政策举措。

来华留学规模的迅速扩大需要相关硬件设施建设跟上事业发展步伐，增加来华留学经费投入是保证硬件设施建设得以顺利推进的必要条件。同时，扩大奖学金覆盖面，使更多留学生从中受益，也对进一步增加经费投入提出了要求。各级政府高度重视，将其列入教育和公共事业发展规划，取得财政的支持，是保障留学教育事业经费的必要措施。拓宽经费来源，制定政策鼓励民间、社会团体以及企业参与其中，是增加留学教育经费的重要环节和途径。

2. 来华留学占据国际市场份额有望进一步提高

随着经济增长和国家总体实力的增强，我国作为世界第一人口大国和第二大经济实体，在国际上的地位和影响力也在不断提高，这对国际学生流动的走向也产生了影响，我国正在成为吸引国外学生的留学生接收国。金融危机以后，国际上就业形势越发趋紧，而中国经济发展势头依然强劲，很多国外学生认为在中国未来发展机会较多，因而希望到中国来留学。1999—2009 年，全世界赴美国留学人数增长 1 倍，而留学中国的人数增长 6 倍，2009 年留学中国的美国学生超过 1.5 万人。2006—2007 年，美国赴中国的留学生增长 19%，远远超过赴其他国家留学人数的增长速度。

美国国际教育协会执行副会长佩姬·布明道（Peggy Blumenthal）指出："不只美国学生想去中国，各国学生都想去。中国其实早已从留学生输出国，转变成为领先的留学生输入国。"①

目前来华留学生的规模不断扩大，增长速度较快。进入21世纪以来的来华留学生人数年均增长率接近20%。2009—2011年各年度来华留学人数分别为23万、26万和29万，每年以大约3万人的数量不断递增，2012年人数达到32.83万。我国教育服务贸易出口占国际市场份额虽然还较低，但近年来有显著的增长。从2003年的0.11%上升至2007年的0.53%，2010年在国际留学市场所占份额达到2.01%，目前我国在世界前20位的留学目的地国当中已跻身第7位。

从我国经济社会及文化教育的总体发展趋势来看，未来我国留学教育有望继续保持强劲的发展势头。伴随经济社会的持续发展以及国际化程度的不断提高，我国总体实力和国际影响力仍处在上升阶段，这对于吸引国际留学生是一个重要的有利因素，国家的高度重视和政策上的支持也将起到吸引留学生来华学习的推动作用。在这种发展形势下，我国接收留学生在国际留学市场上所占份额有望进一步提高。

从经济学角度来看，我国的教育服务贸易存在着明显的逆差，即输入大于输出。输入即购买国外的教育服务，学生出国留学就是教育服务的输入；反之输出即对外提供教育服务，接收来华留学生就是教育服务的输出。我国存在教育服务贸易逆差一方面是由于在总体规模上出国留学大于来华留学，另一方面是由于我国的教育服务费用远远低于国外特别是发达国家的教育服务费用。因此，从缩小服务贸易逆差的角度，我国也需要致力于扩大来华留学的规模，加大在国际留学市场所占的份额，提高教育的国际竞争力。

《国家中长期教育改革和发展规划纲要（2010—2020年）》在教育国际交流合作重大项目中特别列出"实施留学中国计划，扩大来华留学生规

① 唐宇华. 美国际教育协会外联总监：这是留学中国最好的年代［N/OL］.［2010-01-04］. http://news.xinhuanet.com/world/2010-01/04/content_12750355.htm.

模”，体现出国家对来华留学工作的高度重视。为贯彻规划纲要的要求，教育部2010年出台了《留学中国计划》，确定来华留学教育的发展目标为：到2020年使我国成为亚洲最大的留学目的地国家，2020年在内地高校及中小学校就读的外国留学人员达到50万人次，其中接受高等学历教育的留学生达到15万人，根据国家战略和发展需要，逐步增加中国政府奖学金名额，来华留学人员生源国别和层次类别更加均衡合理。

2012年各类来华留学生总数为32.83万人，其中攻读学位的来华留学生人数为13.35万人。按照《留学中国计划》的要求进行测算，来华留学总人数和攻读学位人数只要平均每年增长2.15万和0.21万就可以完成2020年的目标，年均同比增长率分别为5.4%和1.45%。而本书第二章“中国留学教育现状”报告的数据表明，我国2001年以来的来华留学规模以年均接近20%的速度快速增长，增长率较低的2012年也达到12.21%，2012年来华攻读学位人数的同比增长率则为12.35%。按照目前的增长速度进行估计，实现《留学中国计划》的目标是完全有把握的，若能保持良好的发展势头，则有可能提前完成这一任务。

3. 提高教育质量是发展留学教育的关键任务

质量是一切工作的生命线，也是留学教育工作的生命线。发展留学教育、提升教育的国际化程度和总体竞争力，关键在于提高教育服务质量。这不仅是国际留学教育的发展趋势，也是我国留学教育的发展趋势。OECD指出了教育质量对于国际留学教育的重要性：“国际学生越来越根据教育质量来选择留学目的地国，他们从印刷品和网络上获取有关高等教育各专业的广泛信息和排名，以此来判断教育质量……使得质量的重要性受到更多的重视。”①

我国在留学教育工作中十分重视质量问题，特别是在国家制定的来华留学工作方针当中，将“保证质量”列为四项方针之一，显示出我国政府对于改善和保证质量以推动留学教育发展的重要性给予了高度重视。

---

① OECD. 教育概览2012：OECD指标［M］. 中国教育科学研究院，译. 北京：教育科学出版社，2012：395.

目前我国留学生流出率和流入率与国际水平相比均较低，出国留学和来华留学都面临着扩大规模的任务，但由于流出率高于流入率，与我国进一步发挥教育国际影响力、建设教育强国的目标不能相称，因此相对而言着力加强教育体系吸引力、提高留学生流入率应是我国留学教育工作的重点任务。为此，着眼于改善教育体系质量，提高总体竞争力，并针对留学教育加强质量监督与管理，改善来华留学教育的服务质量，这是做好我国留学教育工作的迫切要求和重要环节。

提高留学教育质量，需要相关教育部门付出努力和进行探索。加强高等院校对外汉语专业的教学工作、培养合格专业人才是做好来华留学教育的重要保障。伴随留学教育发展而来的留学生规模的不断扩大，也应当相应地扩大对外汉语专业的招生规模，培养更多从事留学生教育工作的专业人才，以满足《留学中国计划》中提出的造就一大批来华留学教育的高水平师资的任务要求。同时，加强大学的特色建设尤其是高水平学科建设，是提高高等院校的办学质量、增强国际竞争力的根本途径和保障。

在扩大留学生接收规模的同时，从招生、教学等环节把握质量，是保证来华留学事业健康发展的重要课题。国家强化对留学生招生录取及教育教学工作的指导和监督，通过规章制度提出明确的要求和标准，并加强督导评估，是保证留学教育质量的关键措施。在这方面国外的一些做法值得借鉴，例如韩国教育科技部针对一些大专院校为增加学杂费收入而招收不合格外国留学生、入学后又不提供适当管理的问题，从2011年起对全国四年制大学与两年制专科学校招收外国学生情况及针对外国学生的教学情况实施评估，不合格学校将无权再招收外国学生①。

4. 为人才回流提供支持服务是留学管理的重要职责

在留学教育工作中，提高教育质量是吸引国际人才前来留学的关键因素，而对海内外留学人才提供支持与优质服务，则是充分利用和发挥留学人才重要作用的主要措施。对留学人才的支持与服务是全方位的，留学的

① 世界教育信息编辑部. 韩国政府将评估高校留学生招收与教学情形［J］. 世界教育信息，2011（10）：75.

政策支持和经费补助、毕业后的就业安排和生活待遇以及关照留学人员心理健康的咨询服务等，都可以体现对留学人才的政策关怀和实际帮助，这也是体现留学教育工作人性化的重要方面。

我国目前对留学人才的支持和服务主要集中在对出国留学生提供种种服务以及吸引留学人才回国工作方面。对公派出国人员，国家从留学派遣、经费资助、信息联络到回国的工作安排和生活待遇等，都制定了相关的政策措施予以保障。国家对自费出国人员也提供信息服务并通过市场提供中介服务，对优秀自费留学生给予奖学金奖励，对学成回国人员就业和落户等提供相关服务及政策支持。国家特别鼓励高级人才回国创业和工作，出台了一系列人才支持计划，吸引优秀留学人才回归。

我国是世界上最大的留学生源国，通过海外留学为世界输送了大批科学技术以及学术和管理人才。大量人才滞留海外与留学目的地国的吸引政策有关，同时也表明我国在人才吸引方面还有不足。为留学人才提供优良的工作条件和优厚的生活待遇，是吸引人才回归的重要因素，而国内社会和经济繁荣稳定、持续良好发展以及有利于人才发挥作用的软环境，则是吸引人才回归的关键因素。提高思想认识，形成重视人才、尊重人才、重用人才的机制和氛围，是我们做好吸引优秀留学人才回归工作的根本保障。

随着我国经济发展和国际地位提高，出国留学人员回归的热潮已开始出现。为回国人员提供更好的支持和服务，充分发挥他们通过海外留学而眼界开阔、知识先进、外语熟练、熟悉国际规则等优势和特长，使之为国家的经济建设和社会进步做出贡献，这将有利于推动我国的国际化进展，在促进经济增长的同时更好地融入国际大家庭，在国际事务中发挥作为世界第一人口大国的重要作用。

5. 跟上留学教育发展潮流，调整观念是根本

留学教育发展要求我们不断更新观念意识，跟上国际发展的脚步和潮流。21 世纪是多元文化的世纪，各个国家和各个民族在继承和发展传统文化的基础上共同构建世界文化。作为拥有古老文化传统的世界第一人口大国，中国的文化形态和发展道路会给世界带来深远的影响。今天，无论是

出国留学还是接收来自海外的国际学生，我们都需要以一种良好的民族意识和文化心态对待出国学习和来华留学学生的教育。

出国留学人员，应树立正确的留学观，抱着明确的学习目的和认真的态度出国求学。在学习国外的先进科技和管理经验的同时，也深入了解别国的文化与社会，在同我国的比较当中加深对不同文化和社会背景的认识。留学目的地国往往在科学技术和社会管理制度方面比较先进，但也会有很多问题，需要留学生抱着观察、审视和批判的态度进行了解和认识，而不是以先入为主或盲目崇拜等心态去对待国外的文化、制度与理念。

现在有不少学生的家长认为国内教育问题很多，而国外教育理念先进、重视学生的个性发展，因而为了成才早早地送孩子出国留学。一些孩子由于年龄尚小，对于留学的目的和意义没有明确认识，学习是为了家长，出国也是为了家长，结果在留学过程当中出现了种种问题。像这样不顾孩子年龄、心理特点而盲目跟风出国留学，恰恰是违背了个性成长的规律，无异于揠苗助长，因此需要家长和教育工作者引起注意。

在来华留学方面，为了扩大来华留学的接收规模、提高教育国际化程度，一方面应致力于扩大我国比较薄弱的科学类、技术类学科的招生规模，同时也应当继续保持和扩大汉语、中医等传统优势学科的招生规模，进一步发挥我国传统文化对留学生具有吸引力的特色，让来华留学教育成为我国在21世纪复兴传统文化的基地和对外宣传的重要窗口。

（二）中国留学教育政策走向

1. 落实“教育规划纲要”，实施留学中国计划

随着我国改革开放程度的不断加深和经济社会的不断发展，为了吸收国际先进经验，加快建设创新型国家，我国政府对教育国际交流越来越重视。国家教育规划对留学教育进行了部署，作为教育国际化重要组成部分的留学教育受到了国家的高度关注。

《国家中长期教育改革和发展规划纲要（2010—2020年）》（以下简称《教育规划纲要》）确立了到2020年我国基本实现教育现代化，基本形成学习型社会，进入人力资源强国行列的战略目标。《教育规划纲要》同时

对教育国际交流与合作提出了任务要求，包括中外合作办学，高校国际合作，引进海外高层次人才，校长与骨干教师海外研修培训，扩大公派出国留学规模，实施留学中国计划，争取到2020年实现来华留学生50万人、其中攻读高等教育学位的来华留学生数量要达到15万人的发展目标。

作为扩大教育开放的工作任务，教育规划纲要对留学教育提出了具体要求。对出国留学要求创新和完善公派机制，公开选拔优秀学生进入国外高水平大学和研究机构学习；加强对自费出国留学的政策引导，加大对优秀自费生的资助和奖励力度；坚持“支持留学，鼓励回国，来去自由”的方针，提高对留学人员的服务和管理水平。对来华留学则要求进一步扩大外国留学生规模，增加政府奖学金数量，重点资助发展中国家学生，优化来华留学人员结构；实施来华留学预备教育，增加高等学校外语授课的学科专业，不断提高来华留学教育质量。

从教育规划纲要的政策文本中，可以看到与留学教育直接相关的工作重点有三项。一是完善公派出国留学机制，二是扩大来华留学规模，三是引进海外高层次人才。这三项任务成为政府留学工作重点，与改革开放以来我国留学工作的总体机制有关。随着改革开放力度的加大，我国对自费出国留学采取了放开政策，公民出国留学来去自由。国家对自费出国实行政策引导，提供相关的信息服务，并对优秀自费生通过授予奖学金的方式给予奖励。而对公派出国留学则加强规范管理，完善选派机制，使公派留学更好地服务于国家人才战略的需要，培养国家经济建设和社会发展所需要的高端人才。同时我国努力扩大来华留学规模，提高在国际留学市场所占份额，扩大教育的国际竞争力，为此国家发布了《留学中国计划》以明确到2020年的来华留学教育事业发展目标。此外，重点做好引进海外高层次人才的工作，为支持国家人才强国战略提供支撑。

2. 实施“走出去”战略，扩大教育国际影响力

作为世界第一人口大国，同时也是新兴经济体的重要成员，随着经济的发展和国际地位的提高，我国将在政治、经济、文化教育等方面发挥更为重要的作用。实施“走出去”战略，扩大教育国际影响力，是新时期我国教育发展趋势和政策走向的重要内容。通过推进留学教育、合作办学、

国际项目、孔子学院等扩大教育上的国际交流与合作，是全面提高我国教育国际化水平的综合举措。目前不仅是出国留学和来华留学得到了迅速发展，而且各类学校的对外合作办学、国际交流合作项目，以及海外孔子学院等也都在政策支持和相关部门努力之下有了长足的进展，并将进一步推动我国的教育对外开放。

受地缘政治、语言和文化比较接近、地理上邻近和教育体系相似等因素的影响，留学教育中的地缘性流动趋势十分明显，加强地缘研究对于留学教育政策的制定具有重要的意义。我国西南边陲省份云南2011年拥有在校留学生1.5万人，其中60%是来自东南亚和南亚周边国家的学生[①]。西部的新疆维吾尔自治区近期设立1500多万元的教育外事专项经费，并从中拿出300万元设立政府接收周边国家留学生的奖学金项目，计划通过5—10年的发展，逐步把新疆建成面向中亚的人才培养基地及周边国家学生留学中国的重要目的地[②]。鼓励和支持这些省份与地区通过加强地缘研究促进留学教育发展，打造区域人才培养基地，对于维护地区安全稳定以及推动经济发展都有不容忽视的意义。

文化因素对留学教育的影响也值得进一步关注和研究。有学者认为21世纪是文化的世纪，而当今发展迅速的知识经济本身也包含着文化的成分，因此要在21世纪站稳脚跟乃至领跑世界，大力弘扬和繁荣发展文化事业是非常关键和紧迫的任务。党的十七大报告提出了推动社会主义文化大发展大繁荣的兴国之策，这是审时度势、顺应国际社会和时代发展潮流而提出的重要观点。作为东方文明古国，继承和发扬民族优秀文化传统，广采博收世界文明的精华，以创新的精神将古老文明融合于现代世界文明之中，是提高我国文化魅力、增强吸引国际留学生的“拉力”作用的根本途径。

弘扬优秀文化可以“走出去，请进来”，通过出国留学主动向世界发

---

① 吴珊，李婧．云南已有约1.5万留学生　东南亚南亚留学生占6成［N］．云南信息报，2011－09－19（A2－3）．

② 井波．新疆努力建设面向中亚的人才培养基地［N/OL］．(2011－09－26)［2013－06－27］．http：//bingtuan. mofcom. gov. cn/aarticle/sjshangwudt/201109/20110907757039. html．

出文化信息，通过来华留学传播中华文化，为人类文明的不断发展做出新的贡献。为此，政府加强科学决策和宏观引导，社会各界特别是文化界和教育界提高认识，广泛参与，打造和树立良好的文化品牌和教育品牌，这是提高我国文化软实力和教育竞争力，努力将我国建设成为国际文化基地和人才培养基地的重要保障。

3. 选派高端留学人员，培养顶级创新人才

目前我国的出国留学政策明显体现出对高端留学的重视和倾斜，国家通过选拔优秀学生派到国外顶尖级院校学习，来实现培养高级人才的目标。《国家建设高水平大学公派研究生项目选派办法》要求：“选拔一流的学生，到国外一流的院校、科研机构或学科专业，师从一流的导师”，“着眼于培养一批具有国际视野、通晓国际规则，能够参与国际事务和竞争的拔尖创新人才。”这是国家为适应高水平大学、重点学科和教师队伍建设而提出的人才培养策略。

《国家公派出国留学选派办法》要求公派留学优先支持能源、资源、环境、农业、制造、信息等关键领域，生命、空间、海洋、纳米及新材料等战略领域和人文及应用社会科学，其中人文及应用社会科学包括教育、政法及宣传思想文化等学科或领域。对于这些关系到国家战略发展的重要领域，优先选派高校和科研企事业单位的优秀学生和工作人员出国留学及访学，可以促进重点领域的人才培养，从而推进国家的战略发展和竞争力的提高。

2013 年国家留学基金委计划选派各类国家公派留学人员 1.8 万名，其中高级研究学者及访问学者（含博士后）项目 2500 人，国家建设高水平大学公派研究生项目 6000 人，国家公派硕士研究生项目 300 人，优秀本科生国际交流项目 2000 人，其余名额为国内和国外合作项目以及专门人才培养项目①。该计划中高级研究学者及研究生所占比重达到 48.9%，接近派遣总数的一半，体现出公派留学的高端化倾向。

---

① 国家留学基金委 2013 年选派计划总体框架［EB/OL］.［2013－06－27］. http：//www.docin.com/p-585388907.html.

2013年国家建设高水平大学公派研究生项目选派计划要求重点支持《人才规划纲要》、《科技规划纲要》确定的重点支持学科、前沿技术、基础研究、人文及应用社会科学领域。国内推选单位应结合本单位重大科研项目、重点学科及人才队伍建设等方面的需要确定选派专业和领域。留学人员派往教育、科技发达国家和地区的知名院校、科研院所、实验室或具有一流学科专业的机构。计划同时要求申请学费资助者应具有较高的综合素质和发展潜力，并在各方面表现突出，拟留学单位应为世界一流，国外导师应有很强的科研能力和水平，系所从事学科专业领域的权威专家或学术带头人，在国际上有较大影响力。

可以看到，国家为了提高公派留学的效益和质量，将选派计划集中在国内高水平大学的重点学科及前沿性、基础性研究项目上。通过派出留学来增强国内高校建设世界一流大学的科研能力和创新人才培养机制，提高我国高等教育的总体实力和国际竞争力。

国家公派留学的选拔本着“公开、公平、公正”的原则，采取“个人申请、单位推荐、专家评审、择优录取”的方式，既尊重个人的意愿和选择，也通过专家评审保证选拔的质量。同时，加强对公派出国留学人员的监管和服务，特别是在国外学习期间的指导，对于保障和提高公派留学的成效，具有重要的意义。加强驻外使领馆与公派留学生的沟通，进一步充分发挥留学生的信息来源和桥梁纽带作用，也有助于扩展相关渠道以了解和搜集国外教育及科研等方面的信息，以满足扩大对外交流的需要。

4. 严格管理中介，保障自费出国留学服务健康发展

我国自费出国留学是出国留学的主流，自费留学生占出国留学生总数的90%以上，是一笔宝贵的人力资源财富。做好自费生的政策引导和留学市场的监管服务，对于留学生的个人发展以及国家和社会的发展进步都有十分重要的意义。

健全监管机制，保障留学教育市场健康发展，是做好自费出国留学服务工作的重要环节。为了加强留学服务市场的规范管理，健全和完善法规制度，引导和规范留学中介服务机构的行为，教育部在1999年管理规定的基础上，于2012年修订并发布了新的《自费出国留学中介服务管理规定》

征求意见稿，将自费出国留学中介的审批权下放到省级人民政府有关主管部门，明确规定境外机构不得在中国境内以任何形式从事自费出国留学中介服务活动。

通过政策宣传引导广大自费生和家长正确看待出国，树立正确的留学观，对留学的目的、意义以及如何做好留学规划有一个明确、良好的认识以及思想准备，是做好自费出国留学工作的又一重要内容。引导学生做出理性规划也是保障自费留学取得成功的关键环节。留学规划需要根据个人的专业特长以及未来的职业发展进行谋划，同时考虑国外学校的特点、未来就业市场的变化趋势等因素，综合全面地思考、分析与筹谋。

目前我国公民自费出国留学逐步趋于理性，大多数出国者的目的在于利用海外优质教育资源学习先进科技文化知识，提高个人职业竞争能力。有关调查显示，69. 39% 的学生和家长认为出国留学的目的是“增强竞争力”，还有 21. 8% 的学生和家长认为留学的目的是“增加学识”，而选择“方便日后移民”的比例仅为 5%①。

尽管如此，仍有部分出国留学生存在盲目倾向，对国外教育状况了解不足，对自身条件和心理素质也缺乏历练和准备，导致出国后出现种种不适应环境的问题，无法顺利完成学业，给个人、家庭和社会都带来损失。针对这类学生应加强出国留学的宣传、引导和教育，帮助他们端正心态，理性规划，从而提高留学的成功率。

目前，低龄化留学是我国自费出国留学出现的一个新倾向，这从一个侧面反映出国内的优质教育资源不能满足需求，同时也反映出国内教育竞争的加剧。一部分家长为避开升学等竞争压力而选择提早让孩子出国留学，而这却可能引发一系列的问题。年幼孩子接受的文化扎根教育尚不充分，出国接受不同文化的教育，可能对孩子的文化认同与归属产生不利影响。低龄学生的心理适应能力和独自克服困难的意志力还比较薄弱，在远离祖国和亲人的陌生环境中容易产生心理问题，不利于孩子顺利完成学业

① 育路教育网 . 2012 留学意向调查报告发布 ［N/OL］. （2012 - 01 - 12） ［2013 - 06 - 27］. http：//cg. yuloo. com/xwzx/811644. shtm.

和身心健康成长。此外，低龄学生的自我保护能力相对较弱，在海外的人身安全也令人担忧。

完善国内的教育环境，改革考试评价及升学制度，为广大青少年学生提供优良的教育服务，是规避或解决低龄化留学种种问题的根本途径。同时应加强宣传引导，让家长懂得孩子身心发育成长的规律，帮助他们理性规划孩子的出国留学计划，这是扭转低龄化出国留学倾向的有效手段。

5. 促进人才回流，实施人才强国战略

通过相关政策促进人才回流，实施人才强国战略，是我国留学教育工作的重要任务。出国留学人员在掌握先进科技知识、通晓国际规则等方面具有优势，是国家发展建设的宝贵人力资源。吸引优秀留学人员回国服务，已成为我国人才战略的重要组成部分而受到高度重视，并将继续受到政策关注。

目前，我国从中央到各个部委以及各个地区，为吸引优秀留学人员回国创业都实施了众多的事业计划。例如引进海外高层次人才的国家“千人计划”，教育部和李嘉诚基金会共同实施的针对海内外优秀学者的“长江学者奖励计划”，人力资源和社会保障部实施的支持留学人员回国创业的“留学人员回国创业启动支持计划”，北京市实施的“海外人才聚集工程”等。其中北京市的“海聚工程”自 2009 年实施以来共评定六批海外高层次人才共 301 名，其中 109 人入选中央“千人计划”，他们分布在企业、高校和科研机构当中。

我国是世界上最大的发展中国家，也是国际留学市场上最大的生源国。和其他发展中国家一样，我国一方面通过派遣留学生而后发追赶所需要的科学技术与管理经验，另一方面也承受着人才外流所带来的智力损失。相关国家（或地区）已采取积极措施吸引人才回归并取得了成效，例如通过提供理想的工作条件和生活待遇吸引出国留学人员回国服务。自 20 世纪 90 年代开始，韩国和中国台湾有大量外流移民回归，成功地逆转了它们的人才外流。中国大陆近年开始出现“海归潮”，2012 年全年留学回国人员总数为27.29万人，比上一年增长46.57%①。自从2008年我国实施引进海外高端人才的“千人计划”以来，已经吸引了3300多名海外专家来华工作，其中90%是华人②。

20世纪90年代以来，随着全球化的深入以及新兴经济体的崛起，发达国家和发展中国家之间的人才双向流动越来越普遍，出现了所谓人才环流的趋势。居住在海外的人才经常往返于两国或多国之间。随着他们的往来移动，技术、资金和项目也在国际上呈现环形流动的趋势，这种环流可以减轻发展中国家因人才流失而蒙受的不利影响。据OECD统计，目前三分之一人才流动发生在发达国家之间，三分之一为发展中国家向发达国家流动，三分之一的流动发生在发展中国家之间，人才环流的格局正在加快形成之中③。

促进人才回流是我国实现人才强国发展目标的关键，我国应当借助国际人才环流的趋势，采取放宽国籍、绿卡、签证限制等有效措施，为数百万海外留学人才创造更好的回国服务条件和更多的为国服务机会。同时，最大限度吸引和利用国际人才资源来华服务、为我所用已成为全球化背景下实现我国人才强国发展战略的重要措施。

---

① 人力资源和社会保障部. 2012年留学回国27.29万人 比上年增46.57%［N/OL］.［2013-05-31］. http://www.1000plan.org/qrjh/article/33886.

② 王辉耀. 中国进入海归人才回流的新时代［EB/OL］.［2013-01-07］. http://www.1000plan.org/qrjh/article/24709.

③ 杜红亮，乌云其其格. 让中国成为人才环流中的重要一极［N］. 科技日报，2012-04-27（8）.

后 记

全球化和知识经济背景下的留学教育已成为国际教育服务贸易的主要形式和拉动经济增长的智能型产业。随着创新发展对国际化人才需求的不断扩大，留学教育也成为各国国际人才和创新人才战略的重点领域，而对于高等教育资源相对紧缺，无法满足人们上大学、上优质大学需求的现阶段中国社会而言，出国留学已成为越来越多学生和家庭自主选择高等教育资源的主要途径，留学教育逐渐成为社会关注的热点问题。鉴于国际留学教育研究的紧迫性、必要性和越来越高的需求，中国教育科学研究院设立2012年度基本科研基金“国际留学教育政策比较研究”专项课题，以客观、全面、系统研究分析国际留学教育历史、现状、政策和发展方向。

本书是“国际留学教育政策比较研究”课题的主要研究成果，凝结了课题组全体成员的集体智慧和学术观点。本书的主要内容有：立足国际比较研究的视角，研究国际留学教育发展现状与趋势，分析中国留学教育国际竞争力、显性优势及问题；解读主要留学目的地国留学教育发展战略和政策措施；回顾近年来中国留学教育发展历程和政策走向；展望未来十年国际留学发展趋势，提出促进我国留学教育科学有序发展的政策建议。

本书由刘建丰主编并撰写前言，由田辉完成全书统稿，课题组成员承担了全部研究和书稿撰写工作。本书第一章以及第二章第一部分由罗媛执笔；第二章第二部分由田辉执笔；第三章第一部分由李建民、秦琳共同执笔；第三章第二部分由姜晓燕执笔；第四章第一部分由李协京、李建民共同执笔，第二部分由李协京执笔。教育部国际合作与交流司对本研究给予高度重视曾多次派专家参与课题研讨和研究指导，并与中国高等教育学会外国留学生管理分会共同提供了来华留学、出国留学相关统计数据。北京大学、北京师范大学、北京语言大学、北京科技大学、北京交通大学、中央民族大学给予本课题相关问卷调查大力协助，在此一并致谢。

出版人　所广一
责任编辑　刘明堂　翁绮睿
版式设计　孙欢欢
责任校对　贾静芳
责任印制　曲凤玲

图书在版编目（CIP）数据

国际留学教育研究报告．2012／刘建丰等著．—北京：教育科学出版社，2014.3
（国际教育研究书系）
ISBN 978－7－5041－8180－0

Ⅰ．①国…　Ⅱ．①刘…　Ⅲ．①留学教育—研究报告—中国—2012　Ⅳ．①G649．29

中国版本图书馆 CIP 数据核字（2014）第 032666 号

国际留学教育研究报告 2012
GUOJI LIUXUE JIAOYU YANJIU BAOGAO 2012

出版发行	教育科学出版社		
社　址	北京·朝阳区安慧北里安园甲 9 号	市场部电话	010－64989009
邮　编	100101	编辑部电话	010－64989419
传　真	010－64891796	网　址	http://www.esph.com.cn
经　销	各地新华书店		
制　作	北京金奥都图文制作中心		
印　刷	保定市中画美凯印刷有限公司		
开　本	169 毫米×239 毫米　16 开	版　次	2014 年 3 月第 1 版
印　张	18	印　次	2014 年 3 月第 1 次印刷
字　数	244 千	定　价	49.00 元

如有印装质量问题，请到所购图书销售部门联系调换。